名校教授、企业家、作家、媒体运营人士联合推荐

赢在传播

——大传播时代的媒体营销攻略

孙雁彬 著

时代出版传媒股份有限公司
安徽教育出版社

图书在版编目（CIP）数据

赢在传播:大传播时代的媒体营销攻略 / 孙雁彬著.
—合肥:安徽教育出版社,2014
ISBN 978-7-5336-7795-4

Ⅰ.①赢… Ⅱ.①孙… Ⅲ.①传播媒介—市场营销—研究
Ⅳ.①G206.2

中国版本图书馆 CIP 数据核字（2014)第 131691 号

赢在传播——大传播时代的媒体营销攻略
YINGZAI CHUANBO——DA CHUANBO SHIDAI DE MEITI YINGXIAO GONGLüE

出 版 人:郑　可
质量总监:武常春
责任编辑:王宗琦
营销策划:何宏贵　韩　宁
装帧设计:陈熙颖
责任印制:陈善军

出版发行:时代出版传媒股份有限公司　安徽教育出版社
地　　址:合肥市经开区繁华大道西路 398 号　邮编:230601
网　　址:http://www.ahep.com.cn
营销电话:(0551)63683012,63683013
排　　版:安徽创艺彩色制版有限责任公司
印　　刷:安徽瑞隆印务有限公司

开　　本:720×960　1/16
印　　张:17.75
字　　数:245 千字
版　　次:2014 年 6 月第 1 版　2014 年 6 月第 1 次印刷
定　　价:39.00 元

序

作为研究电视媒体多年的江淮子弟，常会有学界和业界的朋友问我："你家乡的安徽电视台既无区位优势，也无经济优势，为何能在硝烟弥漫、激烈竞争的中国电视市场上长期居于第一方阵呢？"

老实说，这个问题三言两语说不清楚，甚至说清楚了，别人也不一定觉得正确。运用逻辑来判断，一个媒体的成功必然有很多的因素，但是，最重要的因素必然是人。安徽电视台也不可能例外。这不，我的老朋友、安徽电视台高级编辑、资深制片人孙雁彬春节期间送来的这部书稿又给我提供了一个生动的实证案例。

雁彬在安徽电视台供职有20多年了，一直在节目部门从事业务工作，做过《新闻观察》、《前沿访谈》等电视栏目的制片人，深受观众和同行的认可。这几年雁彬逐渐退出一线部门，做起了节目的管理工作。但是，一个有思想的人无论在什么时候、在什么地方都不会停止自己的思考。不过两三年的光景，雁彬就把自己过去从事记者、编导和制片人时的思考和心得、对新闻价值和媒体功能的认识以及与企业打交道的经验进行了系统的总结和提炼，化作了一部理论与实战功能兼具的专著。

因为书稿较厚，所以只是粗读、速读了一遍。尽管如此，我总体感觉这部书还是有很多特点的：

首先，此书结构宏大，题材贯通，体现了作者具有丰富的实践经验和较熟练的学术驾驭能力。因为电视业界的朋友往往习惯于使用镜头语言叙事，所以，我看到的他们撰写的书稿一般都很单薄，有很多甚至勉强成书。但是，雁彬的这部书稿从媒体和记者的自我认知开始，对媒企关系、媒介营销、品牌建构、危机传播和应对以及新媒体的发展、特点和开发利用，洋洋洒洒，凡几十万字。这固然是作者自身媒体经验丰富的表现，但也反映了他的理论功力和对庞大主题结构的驾驭能力。

其次，作者在媒企之间穿行自如，态度和观点超脱。作为一个具有丰富经验的记者和编辑，在论述媒企关系的时候，他跳出了媒体的局限，经常客观的论述媒企各自的特点、优势和局限，令人信服地阐述了两者的鱼水关系，甚至常常站在企业的角度，为之如何与媒体打交道出谋划策，持论甚为公允，言之非常有物。

第三，该书稿虽然很长，但思维和语言流畅，易读易懂，加之案例选择经典而又丰富，所以，读起来并不觉得枯燥。

第四，该书基本做到了从媒体的角度看企业，从企业的角度看媒体，从传统媒体和企业的角度看新媒体，从传播的角度看危机，从品牌的角度看营销，角度多变，但基本不走题失焦，因此，无论是对媒体还是对企业界抑或是对学术界，都有一定的启示和借鉴作用。

当然，用更高的学术标准来衡量，本书稿也存在一些明显的缺点，比如在强调“赢在传播”的同时，对传播的“价值”论述较少；学术理论色彩有些淡薄；学术规范上也还有一些瑕疵。但是，总体来说，这是一本有价值的、值得阅读的、应用性很强的传播学专著。

雁彬是安徽电视人的一个缩影，他的专著也回答了本文篇首那个人家问我的问题：安徽电视台为什么长期位居省级卫视第一方阵？因为他们有一大群像雁彬这样不但工作勤奋，而且勤于理论思考、善于经验总结的电视人。恩格斯曾经说过：一个民族想要站在科学的最高峰，就一刻也不能没有理论思维。同理，一个电视媒体要想持久地占据市场的制高点，就一刻也不能停止理论的思考和总结。希望家乡的电视台多出现一些像雁彬这样的人和《赢在传播》这样的专著。

是为序。

陆地

2014 **年** 3 **月** 8 **日于北大燕园**

陆地：北京大学视听传播研究中心主任、教授、博导，《新闻与传播》杂志主编

前言

在做电视记者和制片人期间，经常会有朋友找到我，问他们的单位能否上条新闻。这是一个复杂的问题，一方面，媒体里每天都有大量的企业新闻、经济新闻，另一方面，有偿新闻是被明令禁止的，高压线不能碰。企业或组织如果想在新闻里出现，必须具备媒体需要的东西，也就是新闻价值。怎样才能让事件具有新闻价值呢？这需要寻找甚至策划。我们经常交谈了很长时间之后，才发现其实许多企业都是有“新闻点”的，有些“点”如果挖掘出来并加以放大，还有可能做成好新闻，只是他们还不知道。

由此可见，企业需要懂媒体，才能有效地进行媒体的投放，就像媒体需要懂企业，才能做出好的经济报道一样。

这些年，我由媒体的“热运行”进入了“冷思考”：媒体和记者正在经历哪些变局？企业怎样和媒体打交道？在广告铺天盖地、几乎脱离人们信任的时候，企业怎样借力媒体来进行品牌的营销？遇到舆论危机时应该如何应对？新媒体怎样成为营销工具等等，都是我常关注的问题。一些朋友要我给他们出点子，给他们的营销人员做些媒体知识的普及，我会和他们分享以上这些心得，我还经常会用企业的眼光去打量媒体，由甲方变成乙方去想问题，逐渐发现这也不失为一个很好的角度。一些朋友鼓励我把所讲的内容写出来，说这对他们也许很有帮助！于是我将自己的经验和资料进行了一番搜集整理，便有了这本《赢在传播——大传播时代的媒体营销攻略》。

赢在传播，没有太多的玄妙和理论，有些方法和点子就是一张纸，把它捅破了，大家也就很快理解了，所以，本书实战的例子比较多，而道理的阐述则相对较少。由于本书的有些内容就是讲稿，所以比较随意和口语化，对一些概念的解读，也只是我个人的即兴想法，难免会有失严谨和正统，希望大家不要把它当成教科书，否则发生偏差，就有点担待不起了。

在本书整理和写作的过程中，我深感媒体的格局变化之大，也深感企业媒体营销实践的变化之快，新的东西不断地涌现，前面提到的内容，到第二遍再看的时候，就有时过境迁的感觉了。看来要想用一本书涵盖媒体营销的手段和秘籍，似乎这本书需要时时刷新，否则很快会被飞速发展的现实甩到后面。

现实永远是那么生动和新鲜，而书本总是显得稚嫩和滞后，书稿形成之后，我又做了一些修改、添加、删除的事情，总想让它更加完美一点再呈现出来，后来发现根本就没有满意的时候，我想到了禅宗里的一句话：世界是不可表达的，当你要表达的时候，你已经错了。我不仅在表达，而且在追求完美地表达，是不是更错了呢？于是在朋友的鼓动下横下心来，干脆现在就付梓吧，一来听听企业界的反应，看看对他们能不能有点用，二来权当提供一个靶子供人批评，搜集意见，以求提高。

在本书即将出版的时候，我内心油然而生的是感谢。首先感谢鼓励我写出这本书稿的人，如果这本书是一片麦田，你们就是去年的种子；感谢同事和领导，你们的理解、帮助让我在完成这本书的过程中更有信心；感谢古井集团和天方集团，你们不仅提供了精彩的案例，还提前预订了此书作为营销人员的读本，这让本书的写作更具有了使命感和目标感；感谢北京大学陆地教授在百忙之中为本书写序，你的才华和视野我虽望尘莫及，但我们一直是好朋友，因为我们有共同的东西——对视听传播行业的持续关注；感谢社会各界的专家为本书写出精辟的评语，你们对本书价值的洞见有些连我自己都没有认识到，我会把这些评语看成是对我的鼓励和努力的方向；感谢安徽教育出版社，这本书凝聚着你们许多人的智慧和劳动。借这个机会，也感谢生活，感谢生活中的顺境和逆境，感谢给了我正能量和负能量的人和事，你们从不同的方面丰富了我的人生，让我感到生活是如此丰富，如此斑斓，如此好玩。

再过两天就是农历的马年了，春节的气氛日浓，窗外是不息的车流和匆匆的人群，每个人都在自己的生活轨迹上行走和奔跑，愿马年给所有人带来吉祥！如果这本书再能给奔忙的人们一些的帮助，我将非常欣慰。

孙雁彬

2014 年 1 月 28 日于合肥天鹅湖畔

第一部分
认识传媒　知彼知己——看透媒、企关系，学会与“狼”共舞

一、认识媒体　/4
1. 离不开的媒体　/5
2. 媒体是什么？　/5
3. 媒体以广泛关注为目的　/6
4. 媒体的逐利之道　/7
5. 媒体是各种力量博弈的平台　/7
6. 媒体病了——过度商业化的媒体　/11
7. 媒体的分类　/15
8. 媒体的功能　/16
二、认识记者　/26
1. 记者的天职是真实地告知　/27
2. 从“无冕之王”到“新闻民工”　/28
3. 圈里的“潜规则”　/30
4. 记者的生存之境　/31
三、看透媒企关系　/32
四、学会与“狼”共舞——如何与媒体打交道　/34
1. 尊重原则　/34
2. 诚信原则　/35
3. 适度原则　/36
4. 不结怨原则　/36
五、接受采访——采访中的控制与反控制　/37
1. 有备而来　/38
2. 强调关键正面信息　/39
3. 把每次提问都当成传达核心内容的机会　/40

4. 不要重复负面信息 /40
5. 用记者感兴趣的方式把企业或组织想表达的内容推销出去 /41
6. 对最想表达的内容进行提炼 /41
7. 保持镇静 谨防陷阱 /41
8. 从公众角度出发 /42
9. 显示个人风格和魅力 /42
10. 不说"无可奉告",营造友善环境 /43
11. 谨防自己的话被断章取义 /43
12. 不要将最高领导推到前台 /44
13. 面对视频媒体要注意的事项 /44

第二部分
借力传媒 营销品牌——如何运用媒体实现营销

一、传播即营销——把企业新闻变为社会新闻 /49
二、有一种力量叫传播力 /51
三、赢得消费者的注意和认同是商业营销的先决条件 /54
四、炒作式传播:商业传播的策划 /54
五、有偿传播的几种方式 /56
1. 硬广告 /56
2. 软广告 /58
3. 有偿新闻 /61
4. 搜索引擎优化 /61
5. 网络炒作 /63
6. 视频短片 /65
六、争取做免费的宣传 /66
1. 发稿不仅是请客吃饭 /67

2. 企业要有新闻眼、新闻感觉 /67

3. 培养优秀的写作能力 /70

七、善于借势——寻找和媒体的共振点 /70

1. 绑定大事件和热点事件——营销推广的“核武器” /71

2. 绑定媒体的报道议程 /84

3. 绑定媒体有影响力的活动——和媒体一起出名 /89

八、善于制造——当前的社会充满“有意安排的事件” /90

1. 制造话题 /93

2. 制造事件 /103

3. 制造故事 /117

4. 公益攻心 /127

5. “制造”中需要注意的问题 /131

九、另类营销——企业品牌的软传播 /133

1. 发挥名人、明星效应—— 名人是传播的“良导体” /133

2. 出席活动和策划活动 /137

3. 出版书籍 /139

第三部分

应对传媒 化解危机——企业危机中的媒体应对

一、危机来临——危机已经成为企业经营的常态 /143

二、企业危机的几个诱发因素 /144

1. 自身的管理不善,产品和服务出现缺陷 /144

2. 来自媒体的挑战 /145

3. 竞争对手的中伤 /150

4. 新媒体时代舆论危机的概率大大增加 /155

5. 公地悲剧 /156

三、企业危机的特点　/157

1. 危机爆发的不确定性　/157
2. 危机处理的紧迫性　/157
3. 危机发生后具有扩散性、传导性　/157
4. 舆论的关注性　/157
5. 两面性　/157

四、媒体炒作企业“坏消息”的几个兴奋点　/158

1. 食品安全　/158
2. 企业陷入法律纠纷　/158
3. 与媒体对抗，状告记者　/158
4. 民族歧视　/159
5. 腐败问题，高管被拘　/160

五、处理危机是企业管理者的基本功　/160

六、危机公关不是欺、瞒、堵——危机处理的秘籍　/161

1. 真心沟通　/163
2. 承担责任　/171
3. 迅速反应　/178
4. 权威证实　/185
5. 系统运行　/193
6. 转移焦点　/196
7. 不要与媒体对抗　/199
8. 不要洗白自己，抹黑他人甚至整个行业　/206
9. 不要树敌太广　/207
10. 让自己的雇员积极参与　/209

第四部分
善用网媒　创造机遇——把新媒体变成营销工具

一、网络媒体时代,是糟糕的时代更是美好的时代　/213
1. 网络媒体时代传播者的特征　/214
2. 网络媒体传播的特点　/216
3. 网络媒体时代:企业公关应该意识到的几个方面　/218
二、如何进行新媒体营销——新媒体营销的途径　/224
1. 付费广告　/225
2. 直接发布信息　/226
3. 建立网站　/226
4. 社区营销　/227
5. 搜索引擎优化　/227
6. 博客营销　/228
7. 微博微信营销　/231
8. 网络视频营销　/240
9. 网络图片营销　/245
10. 电子邮件营销　/247
11. 知识型营销　/248
12. 其他营销方法　/252
三、网络炒作——走不远的模式?　/253
1. 网络炒作的几种思路　/254
2. 网络炒作的步骤　/256
3. 网络炒作的底线　/259
4. 网络危机的应对　/262

第一部分

认识传媒　知彼知己

——看透媒、企关系，学会与“狼”共舞

媒体营销是指企业和社会组织运用媒体的传播来扩大知名度、提高美誉度，提升自身价值的推广行为。

通常，我们说到营-销，必须要有以下几个要素：一是产品，就是要销售的是什么东西；二是通路，就是通过什么渠道进行销售；三是市场，产品主要的销售对象和人群在哪里；还有一个就是传播，如何让社会大众都知道你的产品的品质和内涵，如何鼓动大家购买你的产品。

在营销的这几个要素里面，传播起着非常重要的作用。人类也有不需要传播就进行买卖的时代，那大概是原始社会，甲有一只羊，乙有一袋米，甲乙双方互相看中对方的东西，进行物物交换，结果甲用一只羊换了乙的一袋米。但是进入商品社会，只要有交换，就必须要有传播了。商品是专门用来交换的劳动产品，只有让别人知道它的品质好，包含的劳动多，它才会有更多的价值，才能卖出更好的价格。

人类的传播经历了口语传播时代、文字传播时代、印刷传播时代、电子传播时代，如今，我们已经身处在一个大传播时代。

在这个时代里，新老媒体竞相生长，媒体终端层出不穷，传播格局深刻变化，各种声音混杂并存。这是一个媒体高度发达、有点过剩的时代，也是公众对媒体高度依赖的时代。广播电视、报纸杂志、互联网、户外媒体、PAD、手机等等，成了我们生活的一部分，当今时代的一个普通人，要想一天不吃饭容易，要想一天不接触媒体很难。

在这个时代，不可想象一个面向大众的商品如果不打广告它能卖得出去。可以说在这个时代没有传播就没有销售，所以，美国西北大学的舒尔茨教授早就提出“传播即营销”这个概念，他认为传播就是与顾客沟通，让顾客了解产品和服务的价值。

在这个时代，注意力也是生产力，传播也是生产力，扩大宣传，吸引公众，成为营销中越来越重要的环节，传播和吸引公众的手段也层出不穷，就拿电影和电视剧的营销来说，绯闻的炒作早已过时，《101次求婚》的活动和视频营销、《北京遇上西雅图》的小三骂战营销、《小时代》和《富春山居图》的烂片吐槽营销等等，让人应接不暇，有的电影制片费用的三分之一都用于宣传推广，其手段用一些观众的话来说真是“闪瞎了我的钛合金狗眼”。

在这个时代里，一个企业或组织必须学会如何利用媒体进行产品和品牌的营销，一个大一点的企业，必须有专人和机构去研究媒体和传播，制定本企业的媒体战略，比如，选择什么媒体进行本企业的宣传，怎样的投放能够达到最佳效果，采取什么传播方式才能能让自己的品牌广为人知、迅速增值，但又花钱最少，润物无声。

一、认识媒体

企业的传播离不开媒体，认识媒体，懂得一些媒体知识，是企业传播的第一步。

说到媒体，大家凭经验会对它有什么样的认识呢？我们大概最熟悉的就是“喉舌论”——新闻事业是党和政府的喉舌，人民的喉舌。还有一种在西方比较流行的观点：媒体是社会公器、大众良心、第四种权力等等。关于对媒体的定义和说法，我们后面还要提到，总体上看，新闻类的媒体都是以客观、公正、真实作为自己的追求。但自古以来，媒体几乎无法完全做到这一点，这主要是由媒体所处的环境决定的。媒体由人们当初希望的社会公器、大众良心变成了一个驰骋市场、追逐利益的机器，变成了各种利益集团传递自己声音、显示自己能量的平台。

随着环境的变化，中国的媒体这几十年来经历了巨大的改变。市场化生存、媒体间竞争，给中国媒体带来了观念的进步，市场繁荣，但是媒体的市场化也产生了一些负面的东西，媒体在利益的诱惑下新闻报道的立场往往发生偏移。一些媒体把自己定义为舆论监督，但在神圣光环的背后，极有可能带有偏向性、主观性，这里面有媒体吸引受众的需求，有记者想扬名的渴望，甚至有些媒体和记者为达到目的，不惜搜罗假新闻，编造负面消息对企业进行要挟，进行新闻敲诈，这样的事情时有发生，2013 年爆出的几个案例就非常有代表性：网名为“边民”的董如彬炮制“黄氏四兄弟”和中国“第一癌症村”，新快报的记者陈永洲发表的大量针对企业竞争对手的失实报道，背后都是受人指使，其报道也都是拿人钱财的交易之作。这样的事情在眼下的中国媒体界并不少见，只是在企业和媒体博弈的时候，企业出于自我保护的原因，不愿意站出来对抗媒体，使这样的事情经常像雪片沉入大海一样无声无息了。

认识媒体，研究媒体的传播特性，应用媒体为自己的品牌传播服务，与传媒同台共舞，甚至应对媒体随时可能发生的挑战和攻击，已经成为企业经营的一个重要内容。

1. 离不开的媒体

古人说：秀才不出门，全知天下事。如今不止是“秀才”，大爷大妈和黄口小儿坐在家里都能知道天下事了，这是因为我们现在有了更加发达的媒体。现代人就是通过接触媒体，把自己和世界联系起来的。由于媒体太过发达，我们和亲朋好友的交流都很少了。开始是电视夺取了我们和家人交流的时间，后来则是电脑，智能手机出现以后，这种情况就更加严重了，公交上、饭桌上，到处可见“低头族”，年轻人低头用手机刷微博、微信，这已经成为我们这个时代的一种景观——手机从通讯工具摇身一变成了一种媒体介质。年轻人在一起不怎么说话了，全在玩手机！媒体对我们生活的影响还体现在一个现象里：平常不曾谋面，但是见了面，我们却能够谈论同一个话题，全社会都在谈论同一个话题，为什么？因为我们都在接受同一个东西的影响——媒体。现代社会里，从天下大事到家长里短，我们几乎都是通过媒体感受到的。

媒体对人类生活的渗透和搅动从来没有向今天这样巨大，媒体深刻地影响着当代人的生活，我们已经进入一个高度“媒体依赖”的时代，媒体包围着我们的生活，影响着我们的人生观、价值观，对周围的一切都产生着潜移默化的作用。现代媒体包含网络、报纸、电视、电台、短信、户外等形态，回想一下，我们有哪一天离开过媒体吗？

2. 媒体是什么

媒体在英文中的写法是 Media，所谓媒体，是指传播信息的媒介，就是传播的载体或平台,能为信息的传播提供平台的就可以称为媒体了。美国传播学家施拉姆在《传播学概论》中写道,“媒体就是在传播过程中,用以扩大并延伸信息的传播工具”。

3. 媒体以广泛关注为目的

媒体应该是一个中立的信息发生器,它靠传递对人们有用的信息吸引人,靠吸引眼球来积累价值,因为它传递的信息越吸引人(具体的指标是发行量、点击量、收视率等),购买它的人就会越多,愿意通过它做广告的客户就越多。将发行量、点击量、收视率搞上去,争取广告价值的最大化,这是目前大部分媒体的普遍盈利模式。

新闻类的媒体讲究新闻价值,“价值”是指对人的有用性,即满足人的需要。我们需要媒体,是因为它有很多对我们用的信息,媒体对公众的价值体现在哪些方面呢?换句话说,什么样的信息最好卖,最受公众关注呢?按照新闻学中的理论,新闻价值大致体现在以下几个方面:1、时新性。所报道的事实是新近发生的,事实内容是新鲜的。人家街头巷尾都当故事讲了,你的媒体才刊播出来,肯定就没有价值了,除非你有跟别的媒体不一样的说法和看点。2、重要性。就是媒体报道的内容和受众对象有利益的关联,信息对受众很重要。3、显著性。就是媒体报道的人和事大部分人都会关心。事件、人物越具有显著性,关注的人就会越多,我们的媒体为什么热衷于明星、领袖、权威、精英的采访,就是这个道理。4、接近性。周围的事情比遥远的事情对受众的吸引力更大,一般说,媒体上报道的事情离受众的物理距离和心理距离越小,越能得到受众的关注,比如物价的涨落关系到每个人的生活,它几乎什么时候都是人们关注的焦点。再如有考生的家庭特别关注的是中、高考消息,这都是因为事情和这个家庭有接近性。5、趣味性。非常态的事情比常态的事情更具新闻价值,所谓“人咬狗才是新闻,狗咬人不是新闻”。有人情味、有情趣的事件更能吸引人。6、坏消息。恐怖事件、自然灾害重大事件等传播的速度是最快的。7、让人产生愤怒的消息。只要是能引起公愤的消息,一定会引起大规模的关注。

4. 媒体的逐利之道

媒体是通过卖出信息（报道、节目）来获得财富收益的，它的信息价值是怎么计算的呢？那就是订阅率、收视率、点击率。

当前的形势下，媒体的主要盈利模式如下：

刊播信息（节目）→赢得收视率、订阅量、点击量→赢得广告

其实媒体的另外一个收入来源应该是它的版权收入，国外的一些大的媒体集团版权收入都可以占其营收的一半，但在中国，媒体的收入还是过分地依赖广告，这种盈利模式的直接后果就是大家为了博取眼球而不断厮杀，不断地突破底线，因为收视率、订阅量和点击量直接决定媒体的广告定价。

那么决定媒体的收视率、订阅量和点击量的因素又是什么呢？除了上面提到的时新性、重要性、显著性等特性以外，还有一点是非常重要的，就是中立性。它不能是社会上某一利益集团的代表，它越代表社会大众，就越会得到最广大群体的关注。

媒体是一个中立的信息传播器，它因为中立而有价值。媒体为了保证其自身的利益，它始终以收视率、订阅量和点击量的最大化为目标，因为这些决定着媒体的市场价值。所以，一般的正规媒体、想做好的媒体，都非常珍惜自己的纯洁性，喜欢来自企业正面的广告企图，而对来自企业的非正面的广告企图，是躲得远远的，说白了，就是媒体喜欢企业刊登硬广告，不希望企业做软新闻和各式各样的有偿新闻。媒体希望以广告的形式满足企业的信息传播需求，这并不是说它们不想要送上门的钱，而是它要获得更多的钱，如果它在具体的报道中倒向一家企业，失去了中立性，它就失去了公众和其他企业的信任。只有广泛的中立性、公立性，媒体才可能有广泛的受众。

5. 媒体是各种力量博弈的平台

随便打开一本新闻学的教科书，里面都会告诉你媒体应该是民意的代表，是社会公器、大众良心。一些媒体也喜欢以大众代言人自居自诩，我们不怀疑一些媒体人做纯新闻的理想和冲动，但现实中，这些口号很多时候都无奈地成为媒体赚取收视率和发行量的一种技巧。就像有些政客在他从政的

时候，会说他是怀着为民谋福利的思想，而不会说他做官是为了满足自己的权力欲。媒体要想做到客观、公正、公利、中立，真正成为社会公器是非常艰难的，在现实社会中几乎无法做到，媒体实际上就是各种力量进行博弈和喊话的平台。我们来分析一下在媒体中的各种力量。

1)中立、公利的力量

传播媒介要想获得大多数人的认同，必须具有公利性、中立性，具有社会公器的作用。它要以客观、公正来赢得社会大多数人群的认可，这是媒体人的抱负和理想，也是媒体创造广告价值的正确途径。民国时期《大公报》影响很大，据说蒋介石必看此报，床头一份，办公桌一份，休息沙发上一份，《大公报》为什么有这样大的影响呢？就是因为当时的报纸主编王芸生坚持公众的立场，坚持良心办报。由于报纸的影响力非常大，一些蒋介石的部下找到王芸生，想上些稿件，以求自己的“业绩”能被蒋介石看到，但许多都被王芸生严词拒绝了。就是因为这些拒绝，才保证了《大公报》的中立和公利。

2)执政党和国家的意志

在西方国家，媒体被认为是独立于行政、立法、司法之外的“第四种权力”，是用来制衡党派和政府的一种力量。在中国，媒体肩负着传播、体现党和国家的意志的责任，媒体作为大众传播媒介，有着传播主流价值，引导社会舆论，引领社会潮流，陶冶审美情趣的功能。它是执政党和政府进行社会动员，进行社会管理的重要工具。所以，媒体一贯被比作“党和政府的喉舌”。

3)媒体的“单位”利益

我们前面说过，在市场化不断发展的今天，媒体不光是一个中立的信息传播机器，它还是一架逐利的机器。媒体过去靠政府拨款来运转，现在媒体被推入市场，“单位人”要靠媒体创收盈利生存，媒体的运转很大程度上要以逐利为目的，所以，各个媒体的广告部门都是一个核心部门，它是媒体老板的钱袋子。媒体的单位利益主要体现在媒体的广告诉求上，就像我们在“媒体的逐利之道”中说的，正规的媒体喜欢来自企业正面的广告要求，那种损害其公正性换取小利益的交易，为一般媒体所不屑，但媒体并不都是能够“守身如玉”的，市场的竞争往往使得个别媒体为小利而忘大义。

4）其他利益集团的利益

有钱、有权、有势的组织、单位甚至个人，或为了树立和提升其形象，或为了让上级知道其工作成果，纷纷借助媒体发力和造势，这种政治的和商业的力量往往会左右媒体立场，改变传媒声调，使传媒形象受损。有的单位只要出够了钱，甚至可以买下报纸的版面、电台电视台的时段，内容由出资单位定夺。出卖版面和时段实际上是媒体的一种短视和自残行为，也是媒体界的一个丑陋现象。从这几年的情况看，传媒的单位所有化，代表某集团利益的现象日趋严重，大量的传媒在被财富集团染指，或与权势部门结盟，很多大企业和组织不只是从经济的角度，更多是出于政治的考虑在投资媒体。

5）媒体领导和记者编辑的个人利益

讨好领导、讨好客户，这是媒体领导不得不做的事情，记者编辑也要应付社会上方方面面的关系。另外，现在记者编辑的生存状态比之以前更加复杂，年轻一代的新闻人基本上是“新闻民工”，靠挣工分吃饭，追求好新闻、轰动新闻成为他们的本能，有时甚至铤而走险去制造新闻。北京电视台生活频道的“纸馅包子”事件就是这些新闻民工在这种生存状态下制造出来的产物。因此我们不断地看到有偿就报的新闻（给了利益没有新闻价值的也报）、有偿不报的现象（一些负面的新闻事发单位给了记者“封口费”，记者便封口了）。由于媒体人的私利作祟，索贿新闻、受贿新闻、奉迎新闻、马屁新闻等“怪象新闻”在媒体上经常堂而皇之地出现。

美国学者对媒体做了精细的研究，他们认为，新闻报道的背后往往是受利益驱使的，一个媒体的运行其实是受几种力量牵扯着的。新闻职业的道德要求媒体公正、客观、中立，国家权益要求媒体必须维护主流和权威，而市场竞争会使媒体新闻的选择标准发生偏移，记者和编辑的偏见也时常会反映在新闻的报道中，广告商对媒体的影响不光体现在广告上，还会在很大程度上影响媒体登载的其他内容。新闻媒体是个平台，各种力量和声音在这个平台上得以展示。

各种力量在媒体平台上的博弈，陈永洲事件也许是比较好的注脚。

2013 年 10 月 23 日和 24 日，新快报头版以特大黑体字刊登“请放人”、“再请放人”的呼吁，起因是该报记者陈永洲以涉嫌损害企业声誉的罪名被长沙警方拘留。在此之前，陈永洲在新快报上发表大量报道，剑指中联重科存在国有资产流失、畸形营销、销售和财务造假等问题，2013 年 9 月 9 日，中联重科向长沙市公安局报案，称新快报的文章捏造事实，对中联重科进行诬蔑诋毁，严重损害了企业的商业信誉并造成重大损失。

陈永洲被拘留和新快报的特大黑体字呼吁，让众多人质疑：即便记者做了失实报道，警方就能以涉嫌损害商业信誉罪刑拘吗？民众的质疑随着陈永洲的认罪而停止，陈永洲向警方承认，自己在未经核实情况下，连续发表针对中联重科的失实报道，收取中间人几千到数十万元不等的酬劳。

央视对陈永洲事件进行了详细报道，谁知央视的报道一出，有人就提出疑问：第一、央视的报道涉嫌违法。因为陈永洲还没经法院定罪，你怎么就把他报出来示众并说他犯罪？第二、给陈数十万让他发稿的是谁？为何不把行贿者也纠出来示众？为何对此讳莫如深？对这些质问，央视只能沉默，因为这也许并不是央视的“自主行为”，因此还有人说：这里面的水很深，一般人就不要去深究了，也没有办法深究。人们感觉到，在这起事件背后，各方背后都“有人”，甚至有人说这是“黑吃黑”。

陈永洲事件掀开了中国新闻媒体寻租内幕的一角，显示了各方力量借媒体平台的角斗，这样的戏剧在媒体界经常上演，只不过新快报和陈永洲在这条路上走得太远，锋芒也太露，新闻纸最终没有包裹住内幕的交易。

在媒体的报道中，可供选择的信息、声音是无限量的，但媒体传播的内容是有限的，媒体的传播实际上是一种选择，而有选择就有了可操纵性。权力、力量、利益相互博弈，胜者就掌握了话语的霸权。所以，媒体最终是姓权力的，媒体的声音实际上就是权力的声音。

今天的媒体，充斥着各种各样的策划，承载着各个利益集团或商业或政治的考量，媒体的可信度大大下降，就连一贯以“公正”作为追求的美国媒体也是如此。美国著名的民意调查公司盖洛普不久前公布的一项调查显示，只有44%的美国公众表示相信美国媒体，而在上世纪七八十年代这个比例是80%。

各种力量都试图在媒体上展示自己的形象和声音，大家都在做，你不做，就会被丢在后面，特别是在市场上试图有所作为的企业，如果能争取到媒体的支持，就是把话语权掌握在了自己的手里。

6. 媒体病了——过度商业化的媒体

媒体虽然有商业的属性，但它绝不是一般的企业。在任何一个社会，媒体都应该自觉承担社会责任，在中国更是如此，媒体要坚持正确的舆论的导向、价值的导向和审美的导向，要引领社会的风尚，传递正能量和正确的价值观。

但可惜的是，现在有的媒体进入市场之后，过度地商业化了，投入到商海之后缺乏自律，一味地“傍大款”，成为权力的工具和金钱的俘虏。媒体的过度商业化有如下表现：

1)有偿新闻

通常情况下，新闻报道都是能够中立、客观的。但我们也经常发现，在媒体的大量报道中间，经常夹杂着立场明显偏向某个单位、个人或利益集团的报道，人们很容易在这类报道中嗅到金钱的味道。如果一些企业和个人为了宣传自己，给媒体或记者钱物，以求得以新闻报道的形式宣传自己，那么他们就是在搞有偿新闻。

媒体不是权力部门，它不拥有对社会公共事务直接进行管理的“硬权力”，但其掌握的话语权对社会有着很大的影响力，可以说它是社会中的一种“软权力”。既然是一种权力，在缺少监督和制约的情况下，媒体和媒体人就可能借其手中的权力寻租，可能形成一个“权力卖场”，这就会形成有偿新闻，让媒体人“失身”。《报刊文摘》曾报道过这么一件事情，某食品质量报两位记者向台商敲诈钱财，当台商交付广告费后，两位记者撤下《波力果冻发霉起泡搀杂质》的曝光稿，换上了《质量，“波力”的永恒主题》的长篇通讯。一些财大气粗的广告主（通常是媒体的大客户）由于竞争需要，建立关系很铁的后援传媒，每到大事出现的时候，他们都要以新闻的名义宣传自己的企业怎样为客户着想，怎样克服困难履行职责等，这实际上也是一种有偿新闻。当然也有一些企业为了掩盖自己的问题不被媒体曝光，使用不正当手段来“摆平”某些记者的，这就是我们下面要说的有偿不闻。

2）有偿不闻

有偿不闻是近年来出现的一个名词，指一些记者因为拿了人家的钱财而将本该报道的事件隐瞒不报道，造成对公众知情权的侵害。近年来，媒体界发生过多起被权力和金钱强行戴上“眼罩”的情况。广西的南丹矿难、山西的繁峙矿难是典型案例。三鹿集团倒掉之前，网上盛传一篇“三鹿集团危机公关建议”的帖文。帖文说，三鹿公关代理公司建议三鹿与某著名搜索引擎签订300万广告投放协议，以享受负面新闻删除保护。虽然该搜索引擎旋即表示拒绝这样的公关提议，但是不可否认的是，如此这般的公关已经越来越多了。

值得注意的一个现象是，某些大的新闻媒体居然向一些地方和单位摊派所谓宣传费，一年几十万到上百万不等。各地方也不敢得罪，本着花钱消灾的心理，就把钱给了，否则这个媒体会在你的地盘上今天找个事，明天找个茬。一些官员给了钱之后，会心安一些，有的甚至想，我和某某大媒体都有战略合作关系了，觉得挺有脸的。

3）出卖版面和时间段

受商业利益的驱使，很多媒体等不及客户上门“购买”，而是主动“出卖”。电视广播卖时段，报刊卖刊号、卖版面，只要对方的出价有足够的吸引力，媒体可以不讲道义，只论功利，有偿出让“话语权”。于是我们看到了公安、法院、检察院等行业用固定版面宣传自己的现象，花纳税人的钱宣传自己。在有些媒体上，我们甚至还能看到烟草行业的报道和广告，这显然是行业花了很大的代价公关而成，前几年一些报纸还设有烟草行业的专版，真是让人目瞪口呆。

4)登载虚假广告

近年来，虚假医疗广告、药品广告在媒体上大肆泛滥。广告新闻化，广告故事化，媒体成为不法商人坑骗公众的帮凶。虽然国家有关部门三番五次地开展打击不法广告的行动，但这一顽疾无法根绝。运动式执法那一阵风过后，虚假广告又在媒体特别是一些都市报上沉渣泛起，哄骗百姓。究其原因，就是一些媒体舍不得抛下那一点小利，而忘记了媒体社会责任的“大义”。

5)讨好广告主

我们可以观察到媒体讨好广告主的几种现象：

一是媒体人频频讨好广告主。媒体经常丧失原则地为广告主服务，老总常在广告部门和新闻部门之间搞平衡，划定保护圈，牵涉到广告大客户的监督报道不能搞，为的就是保住广告主在自家媒体的广告份额，你不保住，它就非常可能流向竞争媒体。比如2013年7月发生的新西兰恒天然集团的事件，涉及到的一些中国企业基本上都是各大卫视的大客户，他们纷纷和各电视台联系，要求在报道的时候规避一些问题和事情，各大媒体依照领导指示，给足了这些企业面子，恒天然事件便在汹涌而来的高温新闻(2013年的夏天非常热)和影视剧的炒作中波澜不惊地过去了。我们还发现一种现象，就是现在的媒体似乎在老板们面前丧失了尊严和骨气，常见的是，企业老板请记者吃饭，饭桌上基本上都是老板在指点江山，都是老板在侃侃而谈，记者不断地点头称是。这一方面是因为记者大都较年轻，还不太成熟，但更重要的是，这种现象凸显出媒体和广告主的地位。媒体是党和政府、人民的喉舌，现在有人戏说，媒体快成了出钱人的喉舌了。在房价高企不下的今天，一些房地产老板就是借助媒体，炒高房价。因为房地产广告成了一些媒体的主要经济来源，所以媒体也乐得去推波助澜，高唱颂歌，变成房地产商的扬声器。房地产商也确实认为“媒体是靠我们养着呢”。

第二就是组织吹捧文章。媒体为讨好广告主，写吹捧文章。比如一个楼盘开工以后，媒体配合开展各种花样的炒作，很多房地产开发商身边都培养了一批记者，这些记者在广告的诱惑下什么样的牛都敢吹，什么“成功人士”、

"精英领地"、"顶级生活"、"时尚品质",有点草木就说成是小桥流水,几棵小树可以说成绿树成荫,以至诞生了我们这个时代特有的"房地产文学"。

第三就是开展评比。在媒体与广告商的合谋中,双方最情投意合的莫过于各种名目的评选,看起来很公正、客观,而且也轰轰烈烈、有声有色,实际上很多是暗箱操作,自导自演。就拿这几年最常见的楼盘评比为例,楼盘评比的一个重要指标就是广告投放量,说楼盘排名实则就是广告投放量排名。近年来,种种论坛、各种名目的人物评选(通常都是"十大"人物),又成了媒体抢占企业高端资源、讨好企业老板的重要招法。可以说,很多媒体公布的榜单,其真实性、权威性是公众深度怀疑的。

6)报道过分追求轰动效应

媒体为了吸引眼球、产生轰动效应,对一些小的新闻进行爆炒,以猎奇的眼光,竭力捕捉"人咬狗"之类的新闻。其实这往往是媒体向企业发出的新闻攻势,看你企业接招不接招。譬如,企业上层正常的离职辞职,被说成高层地震,硬是被弄出很多雾水。一次长虹集团一高管病休,媒体报道说他辞职,另一长虹集团高管打趣地说:"现在有些媒体一有风吹草动就乱写,搞得我们这些人都不敢生病了。"

7)挑衅、讹诈企业

正常的舆论监督是媒体的社会职责,也是实现百姓知情权的一个渠道,但是现在有些媒体的监督不是建设性的,而是敲诈和讹诈性的,抓住企业的一个小毛病,进行威胁和挑衅,要企业满足媒体的一些要求(通常是广告赞助、记者差旅费等),否则就曝光。而且常常冠以独家报道、内幕、黑幕等,最后还要习惯性地留句话:"本报(台)将继续关注、跟踪报道。"令摊上事的企业胆战心惊。一些记者借助曝光威胁企业,通常的方法是先给你来个电话,说我们接到投诉,反映你们的企业有什么问题,现在跟你核实一下,如果没有什么出入,明天就刊发了。吓得你赶紧说且慢,这个问题我们正在处理或者已经得到解决,一定不要刊发,希望就此问题多多沟通,以后还要多多合作。最后往往是企业给出一笔广告费或好处费结束。曝光、舆论监督被异化成了一些媒体和记者向企业要挟和挑衅的手段，成了媒体讹诈企业的杀手锏。

8)拉广告行为对企业形成骚扰和纠缠

媒体市场化后，很多媒体的下设机构、挂靠机构已是纯商业组织，但常打着传媒的旗号，以记者的名义来纠缠企业。一些企业主不胜其烦，干脆不接陌生电话。

7. 媒体的分类

按照媒体的传播方式不同，我们通常把媒体分为以下几种：

1)平面媒体：主要包括报纸、杂志、画册、信封、挂历、台历等。平面媒体是出现最早的媒体。

2)广电媒体：主要包括广播、电视、电影、音像制品等。

3)互联网媒体：包括基于互联网技术衍生的各种产品，如博客、微博、论坛、微信、手机报等，互联网的每一次技术提升，都会创造出新的产品、服务方式和平台，这些产品和平台实际上往往就是一种媒体。

4)户外媒体：高炮(通常竖立在广场上、高速公路的两边)、墙体、街道上、公共汽车停靠站等地方的灯箱广告牌、楼宇电梯广告、大型建筑物上的LED、空飘、电视墙等。值得一提的是，江南春的分众传媒延伸了传统的关于媒体的定义，他创造性地开发了楼宇电视等，还要把商场顾客目光所及的地方都要设置企业的宣传品。他们创造了“生活媒体圈”的概念，把广告放在人们生活轨迹的每一步中。

5)移动电子媒体：随着移动互联技术的发展，移动电子媒体的终端也多种多样，手机原来只是用来打电话发信息的工具，现在几乎是一台小的电脑。移动电子媒体包括手机、平板电脑等。

通常，我们把平面媒体和广电媒体称为传统媒体，而把基于互联网技术的媒体称为新媒体。

现在的媒体正在走向互相融合，于是产生了“融媒体”的概念，融媒体不是一个独立的实体媒体，而是一个把传统媒体和新媒体的优势整合，使其发挥优势的方法。比如报纸是传统媒体，但把它变成电子版，在互联网中供人点击,就是一种融媒体的思路。还有电子杂志,电子书等,都属于融媒体的范畴。现在人们看电视,也不一定要在电视机里看了,用户在互联网上可以点击具体的节目,也可以实时观看各家频道,这也是一种融媒体的表现。

与融媒体相连的是全媒体的概念。全媒体是指信息通过新老媒体的多种手段(多媒体),通过多种媒体形态进行传播,实现任何人、任何时间、任何地点、以任何终端都能获得想要的信息。过去,我们要想推广一个内容,只需在一两个大的媒体上发布即可,现在,一般都需要全媒体的推广,多渠道的运作,实现线上线下的互动,才能有理想的宣传效果。全媒体、融媒体、多媒体等概念逐渐被人们所熟知,并在宣传推广中加以利用。

也有人以出现的先后顺序来给媒体做划分,报纸刊物为第一媒体,广播为第二媒体,电视为第三媒体,互联网则被称为第四媒体,移动网络为第五媒体,我们觉得这样的分法只有在教授新闻发展历史的时候才有意义,所以就不投入精力讨论它了。

8. 媒体的功能

媒体的功能有很多,传播信息是其首要功能,其次是传承文化、提供娱乐,当然,社会协调也是其重要功能,尤其是在中国,新闻媒体是执政者治理社会的一个重要手段。所以舆论引导的功能就被特别地提了出来。下面就媒体的功能做一点阐述,在这里我们只讲和企业公关有关系的一些功能,至于文化传承和娱乐功能,非常好理解,我们就不赘述了。

1)传播新闻

新闻是对新近发生的客观事实的报道。在公民社会里,社会大众有一项极其重要的权利叫做知情权,这是民主社会的基础。媒体,尤其是新闻类的媒体的基本功能,就是满足人们的知情权。

新闻就是为公众提供信息,让大家知道当前社会上发生了什么事情,这些事情是公众应该知道但还没有知道的。现在有些媒体中开辟的所谓“民生新闻”里,酒鬼打架、婆媳纷争等成了主角,这些都是伪新闻。媒体中这种没有意义的伪新闻多了,对整个社会是一种伤害。因为媒体的素质一定程度上决定了公民的素质，媒体对社会大众的素养有着教化的责任，打个比方，餐饮业为公众提供食粮，媒体给公众提供的是精神食粮，媒体当然应该向公众提供优质、安全的、有营养的精神食粮，而不应该将陈芝麻烂谷子提供给公众。

在新闻的传播中有一种现象值得提出来讨论，就是新闻传播之后的社会效果。富士康的连连跳楼，幼儿园里的刺幼惨案，都把媒体推到了风口浪尖。有人说，因为媒体的报道引起了社会过分的关注，才引发了效仿。在福建南平幼儿园杀童案件发生不到一个月的时间里，全国各地相继发生了5起类似的校园惨案。许多人说，媒体能否减少这样的新闻报道，以防社会上有些对社会不满的人跟风效仿，发生连锁反应。

我们认为，之所以发生仿效，引起连环效应，不是因为媒体报道了这个事情，而是因为媒体没有态度。在一些容易引起仿效的事件上，如果报道不当，引起负面的社会效果是必然的，我们只能从改善报道、提升报道水平上去思考这一问题，绝不能用掩耳盗铃、给媒体蒙上眼睛的办法，将这类事件隐瞒不报，那样就侵犯了公众的知情权。每一个社会组织都有不同的功能，媒体的天职就是满足公民的知情权，哪怕公众知道一些事情之后会付出一点代价，也不是知情不报的理由。

还有一点值得讨论的就是“新闻”和“宣传”的区别。新闻是对新近发生的事实的客观报道，不太强调传播者的主观意图。宣传则是为达到传播者的意图去传播信息。所以新闻和宣传是有着很大区别的。在集权社会里，传播受到的控制会多一些，主要反映统治者的声音，而公众的呼声则是放在第二位的。而在现代社会里，真实反映周围世界的变化，客观报道新闻事件，全面传播各方面的声音，则被视为新闻工作者的基本职业道德。

2)守望环境

在众多关于媒体的说法中，美国报人普利策说过的一句话颇有影响，并得到了新闻从业人员的广泛认同，他说：“倘若一个国家是一条航行在大海上的船，新闻记者就是船头的瞭望者。”瞭望者在看什么呢？是各种不利于大船航行的事物。普利策在这里指出了一个新闻工作者的职责和功能，就是对社会环境的守望，这也是新闻工作者的社会责任。他应该是人类社会所生长的自然环境、社会环境、包括政治经济文化等环境的监看监听者。新闻媒体应该以一种负责任的态度，冷静地观察周遭事物，对社会前进中的障碍特别警觉，提醒公众注意，为社会这艘大船正常顺利的航行提供足够的、及时的信息参考。这就是媒体的社会责任。

正因为媒体是公共信息平台，它的很重要的功能是公共环境监测，所以媒体常被西方传播学者称为“社会公器”。也正因为如此，我们认为，好的新闻应该是摆脱流行偏见，表现职业勇气，揭示事实真相的新闻。如果一个媒体或迫于自己的生计，或迫于某种权力的压力而使真相频频流失，这就是媒体的失职。

3)社会监督

一百多年前，美国的揭黑新闻运动开启了美国媒体进步的新时代，那些揭露石油公司、金融寡头、腐败政客的新闻记者成了人们心目当中的英雄。其实，每个时代都需要有新锐的媒体和具有责任良知的记者。新闻媒体作为社会公器，舆论监督是它的基本功能之一。

在西方，传媒贵为“第四种权力”，与行政、立法、司法并立。当然，“第四种权力”只是一种比喻，它是指媒体可以对公权力形成一种制衡。为政者、立法者、司法者要受到社会各方面的监督，权力才能在阳光下运行，媒体实际上是代表公众在行使监督权。

在一些西方国家，媒体的监督权有强力的司法庇护。1964年，美国最高法院作出一个判例，认为让新闻媒体保证每一条新闻报道都真实无误，是一件不可能的事。因此，明确了一条非常重要的原则，即当政府公职官员因处理公众事务遭受媒体的批评和指责，使个人的名誉受到损害时，不能动辄以诽谤罪起诉和要求金钱赔偿。除非公职官员能拿出足够的证据，证明媒体的指责是出于“真正的恶意”(ActualMalice)，即造假、恶意攻击或不负责的误传等。美国高院的态度很明确：对于公众事务的辩论，应当是毫无拘束、富有活力和完全公开的。1923年，《芝加哥论坛报》报道芝加哥市政府破产的一篇新闻失实，被政府告上法庭。伊利诺伊州法院坚持新闻和言论自由原则，判决该报无罪。判决书说：“宁可让一个人或报纸在报道偶尔失实时不受惩罚，也不能使全体公民因担心受惩罚而不敢批评一个无能和腐败的政府”。

在中国，舆论监督对社会产生了巨大作用，曾经风头很劲的新华社“内参”，央视“焦点访谈”、“新闻调查”、“每周质量报道”，《财经》杂志，《南方周末》等在行使舆论监督权方面显示出很大的威力。媒体的监督力量、问责精神曾经使中国社会发生很多积极的变化。

媒体的监督经常出现越位问题，就是媒体替代了有关行政和司法部门。可能是由于我国正处于特殊的发展期，社会矛盾积累的较多，也可能是很多行政司法部门的效率不高、不作为，中国老百姓解决问题往往不找行政司法部门而是直接找新闻媒体。他们认为新闻媒体解决问题快，成本低，动静大。这样会造成一个后果，媒体成为裁判者。媒体应该是信息的传播者，但是，在现在的中国，媒体往往需要扮演裁判者的角色，有时候仅凭媒体工作者的那点知识和简陋的调查，是无法充当裁判者的。大众有事不找“有关部门”而找记者，实际上暴露出的是行政和司法部门的缺位。媒体的监督还有一种情况就是不自觉地“被人当枪使”。媒体既然是一种力量，就有各种各样的势力想利用，比如两个企业相互竞争，相互掐架，他们就将媒体拉进来，将媒体绑在自己的战车上，向对方开炮。一些媒体出于各种原因也自觉不自觉地充当了利益集团的代言人。

4)反映、制造和引导舆论

舆论就是公众的意见和言论。社会舆论反映人心的项背，影响着人们的行动和局势的发展，在造成和转移社会风气方面有非常大的影响。

舆论是新闻报道的重要内容，在现代社会中，人与人之间的口口相传形成的舆论场已经很小了，舆论往往要通过媒体的传播才能形成更大的力量。

新闻媒体不光客观地报道舆论，还制造和引发舆论、引导舆论。也就是说，媒体不仅能传播舆论，也是舆论的制造者、生产者和引导者。历来的政治领导人都非常重视舆论的力量。陈胜、吴广起义的时候，他们就知道制造舆论，在鱼肚子里面写上“陈胜王”几个字，以此激励人们跟着他们起来造反。中国和世界的政治斗争中，制造舆论、利用舆论、引导舆论的例子不胜枚举。舆论宣传不仅历来与政治斗争紧密联系，而且也成为现代战争的重要组成部分，新闻媒体成为取得信息优势和精神征服的工具，成为获得政治影响力、精神杀伤力和军事威慑力的武器，成为战争获胜的重要条件。2005 年 12 月 14 日，《今日美国报》披露，美国国防部曾斥资 3 亿美元资助媒体公关公司在伊拉克等国开展宣传攻势，控制当地舆论。美国一些顶尖的咨询公司非常注重舆论的价值，博雅公关公司就提出：对舆论，我们只能做三件事，一是为了既定的目标而改变它；二是假如没有的话可以去创造它；三是使原有的舆论观点与态度加强。这是制造舆论、引导舆论的另一种表述。

5)营造拟态环境

拟态环境(Pseudo－environment)一词是美国学者李普曼在其《公共舆论》中提出的，他说媒介环境其实是一个拟态环境，大众传播媒介创造了我们关于世界的图像。传媒提供的图像常常是片段的、片面的和扭曲的，因此我们关于这个世界的图像也通常是扭曲的，可惜现代人对此并没有多少觉悟。

拟态环境，就是由媒介传播形成的信息环境，传播媒介大多具有特定的倾向性，因而“拟态环境”并不是客观环境的再现，它并不是客观环境的镜子式再现，而是大众传播媒介通过对新闻和信息的选择、加工和报道向人们所展示的环境。媒介所创造出来的拟态环境不仅制约人的认知和行为，而且通过制约人的认知和行为对客观的现实环境产生影响。

我们经常说媒体的报道要以正面宣传为主，也就是因为现代社会的人们都是生活在媒体构建的拟态环境之中。媒体上整天都是负面的、消极的、丑陋的新闻，大众就会认为这个社会就是消极的和丑陋的。我们在报纸上看到几则有毒食品的报道，就感觉现在什么都不能吃了，看到游乐园过山车停在半空中，停电了，看到飞机冲出跑道的事，就觉得现在世界太不安全了。其实这可能只是极个别的现实，但是如果这些事情集中在一个版面上，或者一段时间内集中报道，就会给人世界末日的感觉。其实，世界是正常的，但是按照

“人咬狗才是新闻”的理念去搜集、报道新闻，受众就会认为这个世界充满了不安全的东西。

李普曼认为，在大众传播极为发达的现代社会，人们的行为与三种意义上的“现实”发生着密切的联系：一是实际存在着的不以人的意志为转移的“客观现实”；二是传播媒介经过有选择地加工后提示的“象征性现实”，即拟态环境；三是存在于人们意识中的“关于外部世界的图像”，即“主观现实”。人们的“主观现实”是在他们对客观现实的认识的基础上形成的，而这种认识在很大程度上需要经过媒体搭建的“象征性现实”即拟态环境的中介。经过这种中介后形成的“主观现实”，已经不可能是对客观现实“镜子式”的反映，而是产生了一定的偏移，成为了一种“拟态”的现实。历史上大炼钢铁、“放卫星”的报道让我们以为还有几年就赶超英美了，这样的触及人们智力底线的闹剧也许不多，但足够证明脱离现实的拟态环境营造是多么的可笑与可怕。

现代社会中人们的行动很大程度上是根据媒体描摹的拟态环境做出的。我们发现，拟态环境会直接影响企业的经营，媒体炒作所构建的拟态环境就是“德隆”瓦解的直接原因，德隆的负责人唐万里直言不讳地指出，媒体是他们危机的直接制造者。

德隆公司是一家总资产高达数百亿元的股份制企业，2004 年 3 月，国内某媒体以德隆资金链断裂为题进行主题报道，部分银行受此影响，开始对德隆公司的贷款进行紧缩，随后一直在中国股票市场上扮演领军角色的德隆系股票在股市上受挫，4 月 14 日一直昂首挺进的德隆系“三驾马车”同时跌停，德隆想回天已无可能，就像唐万里在 4 月 22 日接受媒体专访时所说的：“舆论危机影响到经营危机和经营环境，包括非常敏感的银行体系。媒体报道了公司资金链断裂，银行就很紧张，不给你贷款，这样我们的经营就很困难。”

由此可见，企业的经营处于两个环境中，一个是企业的实际环境，另一个是由传媒中介营造的拟态环境，拟态环境是靠营造的，有时会决定企业的生死。所以企业都喜欢正面报道，而对问题报道、批评报道避之唯恐不及，因为处理得不好是要命的。

我们通常将拟态环境叫做舆论氛围，它对企业的影响体现在以下几个方面：1、政府的决策。在中国社会的转型中，大众传播也是一种“治理术”，传媒被视为一种治理社会的工具。政府的管理经常会参照媒体的报道来行动，一件事情，如果媒体不报道，政府有可能不会问，如果报道了，政府就不好不问了，而且媒体的观点态度经常能够左右政府的观点和态度。2、媒体的报道会影响银行的行为。一旦有对企业不利的报道，银行就会判断贷款风险，一旦银行停止贷款，企业的资金链可能断裂。3、媒体报道影响消费者的行为。一旦媒体报道某产品有害，消费者就会敬而远之，特别是日用品。所以，如何处理与媒体的关系，让企业的拟态环境变得好一些，也是众多企业家伤脑筋的问题，他们经常感叹企业是“成也媒体败也媒体”。

我们前面说过拟态环境对企业的影响巨大，其实它对社会管理者的影响更大，由于拟态的现实往往左右着人们对世界的认知，所以党和政府一再强调要“以正确的舆论引导人”、“正面宣传为主”等，就是要造就跟客观现实更加接近的拟态环境，更利于和谐、发展的拟态环境。从这个角度讲，媒体在报道上要时时想着报道后的效果。媒体的本性是贪食“反常事件”的，所以，灾难往往能成为媒体的节日和盛宴，在遇到突发事件、重大事件时，媒体往往会一拥而上，欣喜若狂。四川雅安的地震，媒体就有反应过度之嫌，让人觉得这场灾难过分严重，再加上一些媒体将报道者变成了主角，将别人的坟场变成了报道者的秀场，导致公众对雅安地震失去了真正的认知。2003 年的“非典”虽然已经过去十多年了，但那种由媒体宣传而造成的恐慌我们还是记忆犹新。由于媒体的过度报道，全中国都处于一种恐怖的气氛当中，北京那时候简直就是一座“死城”。清华大学教授李希光在他的《恐惧来自何方？关于非典报道的媒体批判》一书中说：“人们陷入了另一种恐慌——这是一场由一种特殊病毒带来的社会恐慌，这种病毒比非典病毒传播速度快许多倍，比非典的感染力强许多倍，比非典的破坏力大许多倍，这是一种什么样的病毒呢——媒体病毒。媒体可以在一夜之间让全世界知晓一条重要消息，这种全球的舆论压力可以让当局采取行动，但是今天，媒体已经把人们对这场公共卫生突发事件的恐惧推向了前所未有的高度，现代媒体技术对病毒危险的扭曲性放大，致使恐惧本身成为另外一种公害。”

这种灾难性的拟态环境也经常被企业碰到，农夫山泉就是一例。2013年4月的农夫山泉危机中，农夫山泉几乎四面楚歌，各种媒体争相登载农夫山泉和京华时报的官司。水还是那个水，但是，由于农夫山泉陷入了是非，市场上又有数家饮用水品牌可供选择，人们就不去选择农夫山泉了。

6)动员社会

媒体是社会管理者的一个工具，社会管理者常常利用媒体进行社会动员。在一些社会管理者看来，媒体就是政治力量实现自己目的的工具，是宣传的武器，是教化人的工具，是洗脑机、是传声筒。它通过宣传，把各种各样的人吸引到传媒系统中，将人们的思想、价值观训化为同一模式。人们的思想、情感认知统一了，社会动员就实现了。媒体的这一功能在战争状态下或者社会动荡期发挥得更加明显。有观点认为，世界上有两种人对人类影响最大：一是政治家，二是传媒人。其实，政治家也是通过传媒去影响社会的。所以，没有哪个政治家不重视传媒。马克思指出“只有形成革命的舆论，才能有革命的行动。”“革命就是造舆论”。列宁也指出“报纸不仅是集体的宣传员和集体的鼓动员，而且是集体的组织者。”

正因为如此，每个党派都会有自己的机关报，现在的社区都会建立自己的qq群，只要是个组织，就需要有一个媒体去传达信息，协调和动员人们的行动。中国共产党在成立之初就开办了自己的机关报，现在各民主党派也都有属于自己的媒体。大家仔细看就会发现，每一个媒体背后都会有主办或主管之类的组织。

也正因为如此，每一个有抱负、有战略远见的企业家，都会十分重视媒体，甚至出资去开办媒体。

7)设置议程

媒介议程设置(agenda setting)的基本思想最初是美国新闻工作者和学者李普曼提出来的。1922年，李普曼在其经典著作《舆论学》(Public Opinion)中说:“新闻媒介影响我们头脑中的图像”,这是议程设置理论的雏形。1968年,美国学者马尔科姆·麦肯姆斯(Maxwell McCombs)和唐纳德·肖(Donald Shaw)对李普曼的思想进行了实证性研究,并发表了论文《大众传播的议程设置功能》,核心观点是:大众传播媒介在一定阶段内对某个事件和社会问题的突出报道会引起公众的普遍关心和重视,进而成为社会舆论讨论的中心议题。”

后来,又有许多传播学者对“议程设置”理论进行总结和概括,美国学者沃纳·塞佛林和小詹姆斯·坦卡德在其《传播理论:起源、方法与应用》一书中认为:“媒介的议程设置功能就是指媒介的这样一种能力:通过反复播出某类新闻报道,强化该话题在公众心目中的重要程度。”美国学者科恩说:媒介远不是一个信息和意见的提供者,大众传播可能无法影响人们怎么想,却可以影响人们去想什么。很多时候它可能并不能成功地告诉人们怎么想,但是在成功地告诉它的读者想什么方面,它却极为出色。中国学者郭庆光教授在《传播学教程》一书中这样描述“议程设置”:“大众传播具有一种为公众设置‘议事日程’的功能,传媒的新闻报道和信息传达活动以赋予各种‘议题’不同程度的显著性的方式,影响着人们对周围世界的‘大事’及其重要性的判断。”

媒体的议程设置功能在生活中的表现是,一件事情,媒体报还是不报,报到什么程度,决定着社会舆论的关注程度。比如雅安地震,全国的媒体铺天盖地的报道,多家电视台卫星频道24小时不间断的报道,就给人感觉这事非常大了。如果只是在固定的新闻节目里报道,人们关注的程度会不一样。在眼下思想多元、信息渠道多元的形势下,媒体不能决定人们对一个事件的看法,但却能决定人们关注什么事件。在新闻单位的选题中,年度、月度和本周将重点报道哪些题材都是有规划的,这些规划或者是根据上级部门的指令,或者是媒体自身打造影响力的需要。一些媒体提出了“年年有活动,月月有主题、周周有重点”的口号,一方面是试图造势,引起社会对本媒体的关注,另一方面,也是试图用制造议题的方式影响社会,用自己发觉的事件和事件中包含的价值观去引导社会,发挥新闻媒体的议程设置功能。

了解媒体的这个功能对企业非常重要，一是企业要知道媒体时时都是在进行议程设置的，要想宣传自身，最好能找一个角度，加入到媒体的议程和选题中去，这样我们企业的宣传和推广就会事半功倍。二是在遭遇危机时，企业要想办法改变媒体的议程设置，化解危机，要利用自己作为消息来源者的角色，积极对媒体进行公关，掌握危机议程的主动权。这其中有很多例子，我们在后面的章节中会接触到。

8)媒体既能扬声，也能变调

扬声与变调，严格说不是媒体的一个功能，而是媒体在报道时的一个常见现象，这个现象是企业管理人员必须充分了解的。

我们大都清楚媒体的扬声功能，借助媒体，企业可以扬名。企业的一切传播活动都是从其自身利益为出发点，借助大众传媒这个平台向外发声、传话。在企业看来，媒体就是传声筒、扬声器，这个观点就不多说了，我们这里重点谈谈变调。

企业老总可能都有这样的体会，我们希望媒体来报道我们，但稿子登出来后，片子播出来后，经常发现所表达的意思和自己的原意始终有点拧巴，甚至压根就不是你原来的意思。所以企业老总常抱怨“媒体尽给我瞎说”。我们相信除了极少数记者是故意歪曲事实之外，大多数情况下都是记者的无意之过。我们来看几种情况。

一是记者的有意之过。一些小报和网站的记者编辑，特别是娱乐性质的，为了让新闻“抢眼球”，常常故意曲解被采访者的意思，闹出点事儿来。比如一位明星来到南方某城市演出，这个城市因为“黄色事业”很发达，在全国有点名气。刚下飞机，记者上前问该名人：“你对我们这个城市的小姐怎么看?”名人知道这可能是个陷阱，便装傻：“这个城市有小姐吗?”第二天，该媒体的消息出来了：某名人到某城市商演，下了飞机就问“有小姐吗”。弄得这位名人欲哭无泪。这当然是个极端的例子，但是，一些雷人的消息就是按此套路炮制出来的，你只要说出能制造话题的几个字，就会被无限放大。

二是记者的无意之过。拿电视记者来说，他们大都比较年轻，阅历有限，采访和编辑的时间也有限，经常是一条片子当天采访，当天就要出来，根本来不及征求被采访人的意见。有一位省政协委员接受电视台的采访，谈汽车工业发展后给城市交通带来的拥堵问题，该委员接受采访时谈的中心意思是：汽车工业发展必然会给城市交通带来拥堵，汽车的发展应该是调整方向，某些城市的限制购车不失为一种治理之策，另外，为了解决拥堵问题，要大力进行城市公共交通建设，以缓解不断增长的汽车给城市造成的压力。但经过记者剪辑之后，中心意思变成了：汽车工业的发展必然给城市交通带来巨大的压力，所以必须对汽车工业加以限制。节目播出后，这位委员的汽车界的朋友马上打电话表示不满：作为一个政协委员，你怎么能这样说呢？汽车界还指望你为我们鼓与呼呢，你这可是落井下石呀。这位委员是欲哭无泪，哭笑不得，声称："以后再也不接受记者采访了！"

媒体报道的失真和变调，一方面有记者自己断章取义的因素，即记者根据自己对新闻的选择和判断来引用你的采访。另一方面也与被采访人和记者的沟通不畅有关，有时被采访人的模糊言辞也会误导记者。因此企业在接受媒体采访时，一般要先和媒体记者进行深入沟通，了解媒体对新闻的判断点，以及他们想从你这里得到什么样的素材。我们掌握了媒体报道的规律和流程，就能做到有的放矢，防止对企业不利的信息传播，防止媒体在传达声音时变调。

二、认识记者

上世纪 90 年代，央视"焦点访谈"的两位记者到东北采访一个化妆品品牌，因为有点曝光的意思，老板把两个记者给关了起来。后来的事情可想而知，这个品牌从那件事情之后就销声匿迹了。我们经常听说"法盲"这个词，那个时候，还有一种盲叫"媒体盲"。放在现在，很少会有人再去干扣押记者那样的事情了，但是，时至今日，一些人对记者和媒体依然是不甚了解的，一些企业打出"防火防盗防记者"的标语。有很多企业老板和经理，平常不愿接受媒体采访，不愿让媒体了解，可见许多企业对媒体的误会之深。

我们也许都听说过一些关于记者的段子，什么“一等记者搞承包，二等记者炒股票，三等记者拿红包，四等记者写外稿，五等记者写本报”。还有“一流记者拉广告，二流记者企业跑，三流记者写写稿。”这些都是从消极的方面去看待记者的，其实，记者既不像人们想像的那样神圣，也不像人们猜测的那样低贱，记者也是一群靠工资奖金吃饭养家糊口的人，他们有媒体从业者的神圣感，偶尔会有一些“无冕之王”的幻觉（大部分的时候是被别人吹捧出来的），也有等级压迫、发稿不自由、经济窘迫之类的俗人烦恼。下面我们从几个方面来认识一下记者：

1. 记者的天职是真实地告知

记者就是媒体从事新闻采集和新闻报道的人。现代社会的标志之一是信息的透明，比如遇到一个公共事件，公民就会要有关部门透露信息，给个说法。这些民意的表达、部门信息在媒体上的公布，都是记者去完成的，所以，记者在现代社会中是辅助实现公民知情权的人。

记者既然是公众知情权的实现者，他的天职就是真实地告知，这一点特别是刚入行的记者看得更重。好奇、怀疑精神和无情地揭露假恶丑的东西，是记者的天性，否则他就不是一个好的记者。

在记者行当里面有两种人，一是蜜蜂型记者，也叫园丁型记者，专门栽花，通俗地讲就是专搞表扬类报道，这样的记者通常企业比较喜欢。还有一种是掏粪型记者，哪里有臭味，有脏东西就往哪里跑。这类掏粪记者具有批判精神，往往是媒体领导眼中的好记者。记者的类型和其性格有关，更和记者所在的媒体、版面及栏目的性质有关。有些栏目就是以批评报道、监督报道为定位的。

记者的每次“掏粪”和揭黑，有时自己也是要在心理上迈过很大的坎的。央视著名揭黑栏目《每周质量报道》的一位记者有一次坦言：他们每做一次暗访，完成一期节目，人生就像经历了一场磨难。因为，他们往往以“朋友”的身份，友好地走近暗访对象，“骗得”对方信任，道出实情，才得到必须无情揭露的事实，而报道出来之后，往往会有“出卖”朋友的感觉。记者的揭黑天性让人想起了一个寓言：

河边一蝎子想请青蛙背它过河。青蛙不愿，因为它听说蝎子有毒，被它蛰一口就会丧命。蝎子好心相求，并许诺决不咬青蛙。善良的青蛙于是就背着蝎子过了河，可一到对岸蝎子就蛰了青蛙一口。青蛙临死前对蝎子叹道：“你不是说不咬我吗，为何违背诺言？”蝎子回答很简单：“因为我是蝎子。”蝎子就是蝎子，不会因为之前对青蛙许下诺言而不蛰它。记者就是记者，不会因为你平时请他吃吃喝喝就对你不下手，有时候中央媒体的驻站记者因为跟你是朋友，自己下不了手，会请总部的其他记者来下手。

所以，企业和记者打交道，既要像对朋友那样“真心”，对客户那样“热心”，又要像对竞争对手那样保留一点“小心”。有些公关专家说：别把记者当朋友。这显然也是错误的。并不是他去揭露了你，他就是坏人，你如果跳出自己的圈子的局限去评判他的行为，你会为他叫好。美国一位著名老报人临终前给自己的评价是：我是一个没有朋友但受人尊敬的人。

2. 从“无冕之王”到“新闻民工”

记者的许多行为和特性，是由其生存环境和状态决定的。由于现在许多媒体都走入了市场，媒体新进人员基本上没有“在编”之说，大部分都是“台聘”、“报聘”甚至“企聘”、“劳务派遣”之类，人们渐渐地发现，过去人们仰慕的“无冕之王”的光环基本不在了，在更多的时候，记者其实就是靠挣工分吃饭的“新闻民工”。这个变化，颇有点像大学生由“天之骄子”到“普通劳动者”的转变。

作为有点“临时工”之嫌的年轻记者最大的特点是什么呢？就是希望多、快、好地出稿件，因为多出稿，出好稿，出轰动性的稿件，对他们的“工分”和地位都是相当重要的。

他们的压力和紧迫感更强，希望快出活，出好活。现在新闻单位对记者的考核基本上用的都是类似人民公社社员的“工分制”：每个记者每月必须完成多少稿件或多少分，月末是以稿件数量和质量折合分值计算奖金。一条一般的稿件多少分，批评报道比一般报道分高一些，月度或季度优秀稿件分会更高一些……一个正面报道和一个负面的报道，得分是不一样的。在这样的制度之下，多、快、好地出稿件，出监督类的稿件，就成为他们的追求，这也是媒体希望的。记者的天性和现实的环境都要求他们去挖新闻，挖好新闻，否则，他就不是一个好记者。记者的最大利益就是在新闻单位里的位置，而不是企业里的一些小恩小惠。

聘任制、工分制下的记者，也会出现一些问题。

第一，对单位的忠诚度未必有在编人员那样高。这一点大家都很好理解，因为单位只是聘用我来干活的，干一份活，拿一份钱，退休之后他会进社保。单位的前途、命运和他没有太大关系。而且，现在的年轻人很少再有守着一个单位“从一而终”的思想。

第二，“文活”变成了“武活”。记者整天忙于采访和赶稿，记者这种“文活”似乎现在已经变成了“武活”，变成了体力活。在这样的劳动强度下，体力似乎比智力、阅历更为重要。长期这样下去，记者的学习“充电”时间就没了，许多资深一些的媒体人感叹：我们欣赏年轻记者的才智、激情，但不能漠视他们阅历上的欠缺和空白。

第三，干活存在短期行为。竞争的压力促使记者有“爆猛料”的冲动。如果机制的约束不严，再缺乏自律，虚假报道就会泛滥。有一个段子可谓一针见血：一牧民在草原上放牧，迎面碰上一个记者。记者说：“现在海外在闹疯羊病，可以让我看看你的羊吗？”牧民同意了。记者匆匆看了看羊群，什么也没说，什么也没问，回去以后发表了一篇《羊的骗局》。文章说牧民的羊群里有一只怪羊，并描述了那只怪羊的特征，还配了图片为证，于是羊的销路下降了。牧民把记者告上法院，说记者欺骗了舆论，因为他写的那只怪羊根本不是羊，而是一只牧羊犬。现在如此这般的新闻越来越多，都是因为记者没有充分地调查，或是因为记者阅历太浅，缺乏必要的鉴别能力。

上面说的是记者的无心之过，更有甚者，记者在某种利益和意识的驱动下，还可能做出主动造假的事情，北京电视台生活频道的“纸馅包子”事件就是典型的一例。媒体对发行量和收视率的追求、记者的同行竞争等,是类似报道产生的根源。

3. 圈里的"潜规则"

所谓潜规则就是不能拿到台面上的,但是大家又都在遵行的行事方法。媒体圈里也有潜规则,很多事情大家已经形成共识,媒体本身却是不允许,并严格禁止。

比如在发稿上,企业的一些信息,说是广告也行,说是新闻也行,游走在广告和新闻之间,媒体可发可不发,这时,与媒体的关系好一些,也许就发了,因为媒体也需要产业新闻、公司新闻。与媒体交了朋友,好多不该发的信息,大大方方的发了,如果相互没关系,该发的信息却发不出去,所以,要和媒体交朋友,这样可以让媒体多说你的好活,至少是不说坏话。

再比如红包现象,这也是新闻圈内大家都比较熟悉和不愿挑破的事情。企业做商业活动,是为了赚钱,记者的发稿费用比起纯粹的广告,还是便宜得多的。所以,有些人认为,只要不是记者伸手要,在开新闻发布会时,企业给被邀请参加的媒体编辑、记者送红包、礼品,也是无可厚非的。即使如此,记者哪种情况下可以收红包,哪种情况下不能收,这里面也是有讲究的。媒体界的红包和医疗界的红包一样是个敏感的事情,搞得不好,编辑记者是要受处分的。

再比如软新闻的写作与发布,大部分媒体是靠企业化运作来生存和发展的,于是他们创造出许多新的盈利模式,软新闻便堂而皇之地登上了一些都市媒体的版面。软新闻稿件的写作和发布费,危机稿件的公关费等也会成为企业推广的费用支出的一部分,这些都是没法拿到台面上说的。

还有,与媒体记者、编辑建立联系的公关费用,进行日常关系维护、沟通等的消费等,这些也是拿不到台面上的,但对一个需要宣传推广的企业来说,都是必要的。

哪些事情通过编辑记者就可以解决,哪些事情必须通过媒体的领导才能搞定,这也是有讲究的,如果不懂玄机,很可能把事情办砸了,一般情况下,能通过编辑记者解决的问题，就不要去找领导解决了。

总之，企业不仅要熟悉媒体内部运营规律，对媒体圈里的潜规则也要有所知晓，有所认知，这样才能知道如何与媒体打交道，才能和媒体编辑记者建立良好的关系。建立了媒体通路，才可以使企业获得第一手媒体信息，获得更多采访报道企业的机会。

4. 记者的生存之境

我们在讨论记者这一部分的开始，就引用了一流记者和二流记者这样的段子：一流记者拉广告，二流记者企业跑，三流记者写写稿。这也透露了现在大陆记者的生存之境。三流记者忙写稿，这些基本上是刚进媒体不久的记者，他们学知识，尽本分，处于对行业和自身工作环境的熟悉阶段，靠稿费和工分养活自己。二流记者似乎“高明”一些，不盯着稿费和工分，而是向外看，把报道的对象当成客户，通过拿点“车马费”之类的钱财作为补贴。他们通过搞定编辑，或者和编辑形成利益共同体，扫平发稿上的障碍。“一流记者”似乎更厉害，他们直接深入到媒体运作的广告链条中了。

段子中的“三流记者”其实是媒体中的中坚力量，但是我们看到，现在媒体记者队伍正上演着劣币驱逐良币的现象，因为正规的收入上不去，而媒体记者看惯了成功人士，他们也要过体面的生活，所以媒体记者“一流”“二流”的现象比较多，大家在寻找一个合情合理合法的能够挣体面收入的模式，以扭转生存之境中的困局。

赵灵敏在《还有谁愿意当记者》中说：入行多年的资深编辑记者，正在大规模地逃离，还没走的，则挖空心思想着转行。全世界包括美国等发达国家的记者编辑，收入都不算高，愿意投身新闻业的人，往往不是为钱而来，而是更看重这一行的精神价值：揭露社会弊端、推动社会进步，以言论和文字引领和影响人心和社会走向，以及相对自由的生活方式和相对完整的自我。但近些年，上述精神价值已渐行渐远，中国媒体人的职业尊严感急速滑落，精神家园已不复存在。

精神家园已经失落，再加上传统媒体的体制弊病，导致其员工正规收入上不去，很难留住优秀人才，记者正成为外表光鲜内心苦逼的一群人，很多记者投奔企业做起了市场公关，由甲方变成了乙方。这部分人员的离开，求得的是记者和媒体影响力的套现。这些人才的流动，反过来会给传统媒体的衰落又添一把力。

三、看透媒企关系

有一种观点认为：这个世界最根本的关系，实质上是金钱关系，很多事情表面上看是其他关系，但你仔细一想都不是，其核心点是利益关系。其实，金钱关系正渗透到媒体与企业的合作之中。企业和媒体相互需要，企业需要借助媒体宣传推广自己，传播自己的产品信息和品牌，媒体需要企业的广告投放，增加收入，实现自己的传播价值。

对媒体和企业的关系，企业的经营者经常会有一些迷惑和误解。

一是既然媒体和企业的关系是金钱关系，那么一切可以用金钱搞定的关系都是简单的关系，今后我们就金钱开道好了。媒企关系是金钱关系，只不过有时候，这种金钱关系的表现亦正亦邪，令企业人几乎看不懂：我给这个媒体这么多的广告费，为什么它还会爆我的光？我的企业新闻价值还是很大的，为什么媒体不报道我们？媒体讲究的是公立性，是社会公器，是喉舌，但它最终也是要追求经济利益的最大化的，媒体的本性是不想让单一的广告来干扰它的公立性的，企业的广告和报道损害到媒体的纯洁性、中立性和媒体多元的利益的时候，媒体就会为了更多的广告而拒绝你的广告。因为如果它偏爱了你这家企业，它就自损价值，得罪了公众，得罪了其他的企业，这样的事情，正规的媒体是不愿意干的。

二是把企业和媒体的关系看成防备的关系。正所谓“防火防盗防记者”，害怕记者采访，害怕曝光，害怕与媒体打交道，这是许多企业的真实想法。

三是媒体和我没关系。在企业的老板中还流行一种观念：我的企业不做广告，也不需要产品宣传，媒体也不是我的客户，我和媒体是没有关系的，不需要和媒体打什么交道。其实，我们天天看电视、看报纸杂志、上网等，就是在和媒体打交道，今天哪家企业不利用互联网办公、发布信息呢？我们都是直接或间接的媒体客户。

所以，媒企关系，绝对不是广告和宣传那样简单，不是说你做广告、做宣传，就和媒体发生关系，否则就和媒体没关系了。我们应该站在战略的高度上看待媒企关系，而不能仅仅盯着一次广告的投放和一次稿件的宣传报道。媒体是一种公共资源，特别是官方媒体，更是一种稀缺资源，也是企业的一种潜在资源，你不享用，别人可能在用，竞争对手在用，你在资源的占有上就先输一筹。

俗话说："水能载舟，亦能覆舟。"媒体与企业的关系，也正如水与舟的关系。

从"载舟"的方面讲，有了媒体的报道宣传，公众认识了这家企业，对企业产生了正面的、美好的印象，企业可以借此巩固客户的忠诚度，建立品牌的知名度和美誉度。海尔的张瑞敏砸冰箱一事，通过各大媒体的报道，一夜之间传遍大江南北，为海尔品牌打下了基础，如果他这一锤子砸下去，媒体没有报道，无人知晓，会有当时的轰动效应吗？公众还会这样看好海尔的品质吗？从"覆舟"的方面讲，企业一旦被媒体曝光，其苦心经营的品牌、形象会受到不同程度的伤害，有的企业甚至由此走向衰落。在中国，因为一次媒体危机事件而毁掉的企业名单有一长串：一次危机报道的升级，使当年销售额达 80 亿的三株保健帝国轰然倒塌，让驰名海内外的食品企业冠生园倒闭，让正处于上升阶段的巨人集团摇摇欲坠，让名震一时的秦池酒销声匿迹……这些企业的危机当然有方方面面的原因，其中没有处理好与媒体的关系是一大因素。

对企业来说，媒体就像媒婆，是品牌与经销商、消费者的媒人；媒体是企业的润滑剂，使企业能在品牌的高速公路上奔驰，畅通无阻；媒体是推销员，把品牌与消费者在最短的时间内拉近距离，是交易的最有力保障。

由此，我们可以说，媒体也是生产力，传播也是竞争力。处理不好，企业总像逆风而行，非常费劲，有时还有可能遭受倒闭的危险。处理好了，企业的效益就会扩大,企业的发展就如虎添翼。

四、学会与“狼”共舞——如何与媒体打交道

一些企业,特别是中小企业,他们想亲近媒体,但苦于摸不到门径,对媒体怀有一种神秘和复杂的心理。的确,由于中国的传媒机构担当着党和政府喉舌的重任,所以有的时候人们很容易将其与党和政府等同起来,加上我们的媒体长期以来体制混杂、政企不分、官商不清,又权威独尊,难免给人神秘的感觉。如何处理与媒体的关系,是许多企业困惑和烦心的事情,又是不得不面对的事情。我们先说说与媒体打交道的几个原则。

1. 尊重原则

尊重原则是企业与媒体相处的第一原则。企业对媒体的尊重体现在以下几个方面:

一是尊重媒体的采访权。媒体对企业提出的合法采访要求,企业应该尽量满足。企业不能抱着有事才找媒体,没事就拒媒体于千里的态度。甚至认为我找来的记者才是为我说话的,否则都可能是找麻烦的。退一步讲,即便是来找麻烦的,企业也不应该拒绝,拒绝只会给你带来更多的麻烦。在采访过程中要尽量向记者提供真实情况,如果涉及企业的商业秘密、个人隐私等,企业有权拒绝提供给媒体,但要耐心解释,获取记者的理解。

二是对所有的媒体一视同仁。企业有可能会对大的媒体高看一眼,尊重一点,对“小媒体”的记者会忽视一些,这也是人之常情,但是,最起码表面上,不要做得太明显,让“小媒体”的记者感觉失落。厚此薄彼,会引起记者的不满,引起后患。比如对甲媒体的记者公开某些情况,而对乙媒体的记者却保密等。现在这个年代,互联网打破了大报以及其他传统媒体的霸主地位,有很多大的新闻首先是从地方小报、甚至记者个人微博里发出来,经过网络的迅速传播,成为大报或央视、新华社等媒体跟踪深入报道的题材,成为社会的热点。此外,记者人才已经市场化,记者的流动性在加快,谁说优秀的小报记

者哪一天不会变成强势媒体的记者呢？所以，接受媒体的采访一定要一视同仁。李嘉诚在接待媒体的时候，会恭敬地给每一个记者发名片，即便是最拐角的灯光师，他也是一样对待。一视同仁是一种教养，也是一种境界。

三是尊重各媒体和记者的写作方式。媒体不同，记者不同，角度就不同，出来的稿件、片子可能大相径庭，可能不是像你想像的那个样子。媒体和记者有权对你提供的信息进行加工甚至否决。所以对记者的发稿，你不要太强调自己的希望和意见，除非稿件和你的初衷相距太远。

四是尊重媒体监督的权力。如果媒体发表了关于你的负面报道，不要激动，不要简单责备，应该把事情搞清楚，积极采取补救措施，尽快和媒体沟通。如果媒体批评得对，你应该虚心接受，如果媒体批评与事实有出入，你要及时指出来，拿出对你有利的事实根据。有的企业认为自己在地方上地位很高，用威胁、指责和施压等方式阻止媒体的报道，这样往往适得其反。

五是要主动沟通。把新闻界当作企业的朋友，用一种开放的心态与传媒相处。企业的一些重大事件只要媒体有兴趣都可以与他们通通气，或者邀请他们来参加。要注意了解和研究媒体的动向，了解记者的需求，主动与媒体对接，开展良性互动。比如有一段时期，长安福特公司为了应对汽车市场的竞争，让媒体助力其品牌发展，他们每隔两个月就要在北京、上海、广州三地召开常规记者通气会，基本模式是：前 30 分钟做工作介绍，随后回答记者提问。这样就让媒体感觉到企业的大门是随时对媒体开放的，就容易得到媒体的正面关注，可以避免或减少记者们通过各种方式从“边窗”和“后门”窥视你。

2. 诚信原则

媒体的职责就是实现公众的知情权，某种意义上说，对待媒体的态度就是对待公众的态度，所以，对媒体讲诚信，就是对公众讲诚信。失信媒体就等于失信于天下。对媒体的诚信体现在以下几个方面：

1）对媒体有些话可以不说，但不可瞎说。就像季羡林老先生说的：真话不全说，假话全不说。报喜瞒忧，添油加醋，不是正道。

2）对媒体提出的问题，不要回避，要如实解答。如果你不能回答，可以表明态度，比如你可以对记者说：这个问题我们正在调查，事情清楚之后会给各位一个答复，会第一时间转告记者。不要绕弯子，兜圈子，记者都是精明人，如果你玩心眼，人家会认为你这个人不行，还会把你这个人和企业、组织联系起来，会认为你的的企业不诚信。

3）如果一件事情企业确实有过错，千万不要像一些被曝光的企业一样对着镜头撒谎或撒野。谎言终究会被揭穿的，如果你觉得有些地方不好回答，可以重点阐述你最想回答的问题，强调与企业成就和业绩有关的信息。

3. 适度原则

有人打趣地说：与记者打交道是“带电作业”。是的，与媒体相处，最好采用“刺猬法则”——保持适当的距离，不要太远，也不要太近，太远了会使关系冷却，太近了可能会被伤害。在这一点上，温州商人很典型，他们不得罪媒体，也不与媒体走的太近乎，只求安稳做生意。《赢周刊》上就刊登过浙商每天遵循的22条商规，其中就有一条：“你可以利用新闻记者，但不要相信记者。”并忠告：你可以给记者一些钱或礼品，但你不能告诉记者很多你的底细，更不能相信记者会给你保守商业秘密，你不能和记者靠得太近，且必须学会面对记者设防，无论你面对的是漂亮的女记者，还是能发内参的大腕记者。或许浙商是深知我们上面提到的“青蛙与蝎子”的寓言的。

与媒体保持适度的关系，不光是因为媒体对你太了解之后，有些企业的缺点会暴露，同时也是企业要保持“新鲜感”的需要。保持距离，是要让媒体对自己有点新鲜感，媒体是求新的，与媒体保持适当的距离，对企业的正向传播可能会更好。

4. 不结怨原则

当媒体对企业进行错误报道时，不要意气用事，不到万不得已，不要做起诉媒体之类的事情，除非你可以拿出证据：媒体从竞争对手那里受贿而对你恶意诽谤。上法庭起诉媒体或者记者，只会让企业受到的伤害更大。很多企业为泄一时之愤，与媒体对簿公堂，结果是赢得了芝麻，丢掉了西瓜，赢得了官司，丢掉了公司。所以，当媒体对企业进行了不实报道，对企业造成伤害时，企业可以首先在公司主页和其他媒体上发布澄清的声明。声明中不要有指责媒体监督的负面词语，所有论述都要站得住脚，并且有事实支撑。这样其他媒体看到澄清的声明后，自然会来了解进一步的情况，跟进报道。遇到这样的事情，要尽快让负面影响平息，并尝试让坏事变好事，借机传播企业的成绩和理念。这一点我们在“应对传媒，化解危机”中将有进一步的阐释。

五、接受采访——采访中的控制与反控制

2009 年，中央人民广播电台中国之声记者就“经济适房的土地被占，建起别墅”一事采访郑州市规划局主管信访工作的副局长，这位副局长要求检查记者的采访设备，并拔掉了采访机的话筒。当记者要求他对出具的信访处理意见进行解释时，副局长却向记者反问道：“你是准备替党说话，还是准备替老百姓说话？”这位副局长的“替党说话，还是替老百姓说话”成了 2009 年的网络热词，也成了一些领导干部媒体素质极低的一个见证。像这样的干部当然是极少数，但是，无论是企业还是社会组织中，领导干部与媒体沟通的意识和技巧普遍有待提高，这是一个不争的事实。

接受采访是与媒体沟通的一种方式，前面说了，一些企业和组织平时懒得和媒体打交道，遇到事情之后甚至逃避媒体采访，这会引起公众对你的误解。不错，面对媒体时，企业有沉默的权利，有拒绝采访的权利，还有追究记者报道失实责任的权利，但是，你无法让媒体沉默，媒体每天都要报道新闻，发表看法，影响公众。因此，企业和组织最好还是与媒体配合，利用媒体表达自己的见解和主张，才能降低自己的风险。我们见过无数的例子：采访对象不配合媒体，逃避采访，结果形象受损，其他媒体争相围观、报道，甚至群起攻之，企业由小危机酿成了大危机。在这一点上，一些国际性大公司都经常犯错误，关于这个问题，我们将在后文详细阐述，这里就不多说了。

在媒体的新闻实践中，大多数是和风细雨的采访，但是也有不少采访是对抗性较强的，特别是电视采访，因为采访过程本身就是节目的内容。电视

节目是讲究故事性、冲突性、对抗性的，有冲突、起波澜，节目才会好看，所以，电视记者是很喜欢具有对抗性的采访的。电视记者，尤其是访谈节目的记者，对采访对象有一种控制欲，他希望马上拿到他希望拿到的东西，所以有时候，电视节目的采访和被采访，往往就是控制与反控制的过程，如果你代表企业或组织去面见记者，切记以下几点：

1. 有备而来

一般来说，企业的领导人不要直接接听你不认识的记者的电话，你可以告诉他自己正在忙，有什么事情找你属下的职能部门或你的秘书，你之后再和他联系。你需要让秘书查查记者是谁，他需要什么，采访的目的是什么，在接受采访前，你要做一些必要的准备，这些准备包括，第一，了解媒体的采访意图。在"新闻联播"类的新闻采访中，往往他们只要你讲他们需要你讲的话就行了，这种采访比较简单。如果是企业摊上什么事儿了，记者来采访，你就得了解更多的情况，甚至准备应付纠缠和刁难。如果你没有弄明白记者的意图就匆匆接受采访，是经常会出错的。有的时候，记者为了能见到采访对象，不惜编造一些其他的采访理由，而到了真正采访的时候，话题就变了，这是记者的一种采访技巧。要在采访之前尽量弄清记者的话题议程（采访提纲），确定记者在采访中需要的是什么，然后围绕记者提供的议程来组织自己的观点，并提供与之有关的数据、图片和其他资料。第二，了解所采访的媒体。知道他们的传播方式，他们对什么样的信息感兴趣，什么东西能够引起他们的共鸣和关注。第三，了解记者。记者在采访你之前一般是将你的情况了解得差不多，才登门拜访的，我们不能对记者一无所知，接受采访之前，上网搜索一下记者的有关资料，了解他的作品和刊发过的报道。大家坐下聊天的时候，都相互了解，特别是记者知道你对他了解很多的时候，会对你一下子友善起来，这样采访气氛会更加融洽。第四，了解记者要提的问题。一般情况下，记者会将采访的问题事先告诉被采访者，但记者给被采访者问题，永远只是个主体和大概，不可能把所有的问题都给你，特别是在长篇的、访谈类的节目中，有好多问题肯定是随机的、随性的，有的核心的问题记者甚至事先故意隐瞒，特别是电视记者，他们想观察和捕捉被采访人在被问到这个问题时候的表现、表情。所以，第五，你要多准备一些记者可能提出的问题并模拟如何回答。

2. 强调关键正面信息

通常情况下，记者的采访，或者一场新闻发布会能够持续几十分钟，但是企业或组织最想表达的内容只有那么几句话，对记者而言，企业最想表达的核心信息，未必是记者最感兴趣的。于是往往会出现这种情况，一场采访或发布会后，企业最想表达的东西没有刊播在媒体上，而被采访者无意说出的一些话经过记者的断章取义有可能成为新闻的主要内容。这是企业最哭笑不得的事情。所以，在接受采访时，如果想让记者将你的核心信息报道出去，反复地强调是非常必要的。

在接受采访中常见的错误之一是被采访者等着记者发问来引出自己的观点，这样就太被动了。要整理出你在采访中要谈到的几个要点，并在采访中不失时机地把它们主动讲出来。接受采访，不光是回答记者问题的过程，对企业和组织来说，更是推销自己观点的时机。所以，你要积极回答记者的问题，同时要主动推销企业和组织的正面信息。你应该巧妙地控制采访，不失时机地说出你最想说的话。

有时候记者会对你的关键信息不大感兴趣，而对他的核心问题连连追问，而你又不是很想在这个问题上纠缠，怎么办？我们的建议是：准备一个三层内容的答案。A、几句话的总结，表明你的立场和观点。如果记者不过瘾，要你讲得详细点，你就进入到B层内容，举例子来支持你的观点，如果记者还是追问，你就给他C答案：对例子稍加概括，立即回到A层内容，因为这个内容是你最想表达的。掌握了这个“三段论”法，无论记者怎样“逼”你，你都不会草率作答，并且能够反复强调你的核心主张。

在接受采访时，你必须习惯于把你的理念、故事、价值观等重复地讲给不同的记者听，有些专题性的采访，可能持续几天，有些记者喜欢单独采访，可能我们会就同一事件和话题几天里面对不同的记者，把同样的话说很多遍。

你不要对老是重复自己的话感到困惑，对每一个采访者来说，你说的内容都是新的，你必须学着将你的核心内容重复地讲给不同的采访者听。

3. 把每次提问都当成传达核心内容的机会

你不要做问题的奴隶，不要被记者的问话套住，记者很多时候都是在给被采访人下套的，特别是在企业遇到危机的时候。在记者会上，大致会有三种记者：一是与企业关系比较好的。他会提一些你想回答的问题，这也是你想传达的信息。二是与企业的关系不好也不坏的。他们的问题通常比较中立，只是想了解更多的情况。三是“找事”的记者，他们对事件或行业比较了解，往往是以“曝光”的心态、挑战的姿态过来的，你不能被他们刀刀见血的问题甚至“恶意”的提问难倒，这个时候要赢得采访就要牢牢掌握方向，就像美国管理专家哈特说的那样：“用最想传达给媒介公众的信息回答记者的提问，把每一次问答都变成传达核心信息的机会。”（哈尔·哈特：《打造成功的新闻发言人》）。你要掌控采访的议程，对记者提出的问题做简短的回答，然后快速将话题转移到你的核心问题上去。

4. 不要重复负面信息

不要轻易重复负面信息，即使这个信息是真实的，也不要轻易重复。比如记者问：贵企业上半年的亏损 1000 万元，主要是新产品的设计出了问题，消费者还不能接受导致的吧？你最好不要说：是的，我们上半年是亏损了 1000 万元，主要是新产品的设计出现问题，消费者对新产品的接受还需要一个过程。如果是这样的话，有可能媒体就会出现这样的报道：“某某企业由于产品设计出现问题，导致上半年亏损 1000 万。”切记，如果你的企业产品设计深受欢迎，盈利了 1000 万，对媒体来说不算新闻，但由于设计的缺陷导致亏损，对媒体来说就是新闻了。这就是所谓的“狗咬人不是新闻，人咬狗才是新闻”。所以发言人不要轻易地去重复对自己不利的信息，这样很容易被人引用，产生不良的效果。

更何况，在许多情况下，记者是设下套子让发言人去钻的。比如，在一起危机事件中，记者会问：现在外界都在传说，这起事件的发生并不像你说的那样，他们认为是由于企业内部的管理出了问题，而且企业的腐败、社会责任感的缺失也是导致事件发生的原因。你在回答的时候，就不要说：“我们的管理没出问题，说我们腐败是没有根据的，我们也不是没有社会责任的企业。”这样等于重复了记者的指责，强化公众对这些负面信息的记忆。你遇到这样的指责内心一定会委屈，但也要笑脸相告：“在这一点上公众对我们还有许多误解，我愿意提供给大家更多的事实，来让公众对我们的企业有一个更加客观的判断……”然后你陈述自己的事实，这样，就会避免很多不利的信息在媒体上流传。要把那些不利于你的言辞规避掉，用事实重新定义，变成你的说法，推翻记者问话中隐含的负面内容。

5. 用记者感兴趣的方式把企业或组织想表达的内容推销出去

这要求你知晓媒体最想要的是什么，媒体的表达方式是什么。媒体需要新奇的、煽情的、最好还能戏剧化一点的内容，如果你最想表达的内容能够符合媒体的口味和套路，自然是最好的。

6. 对最想表达的内容进行提炼

记者是忙人，也是懒人，如果能将你的中心意思提炼成口号，把核心思想变成朗朗上口的语言供记者引用，这些提炼的东西如果能和当下的宣传热点和上面的口径吻合，那就更好了，你就会深深地影响记者，你提供的东西被记者采用的几率会大大增加。

7. 保持镇静　谨防陷阱

在接受采访时请记住：记者是职业选手，特别是那些久经沙场的老记者，而你则充其量是一个业余高手。在采访中尽量营造一个轻松友好坦诚的气氛，不要随意地和记者较量或较劲。你和记者处于“敌对”状态，吃亏的只有你和你的企业。

在企业遇到危机时，你会碰到一些专门“找茬”的记者，他们会从不同的侧面问你一些敏感的问题，或者你不想回答的问题，他们为了得到想要的内容，甚至可能会用他们的方式去激怒你，让你在盛怒之下泄露一些他们正常情况下得不到的信息（你的不冷静、发怒等其实也是一种信息）。所以，在这种情况下接受采访，一定要系好情绪的“安全带”，面带微笑，保持镇定，自然友好，即使记者诱使你上套，你也不要露出敌对情绪。除非你有十分的把握能够掌控局面，能在批驳他的同时传递出企业的正面信息，树立正面形象。

总之，在接受采访时保持镇静，不要感情用事。冲动是魔鬼，情绪失控的时候，许多不利的事情都会发生。特别是在接受电视记者采访的时候，保持形象更是非常重要的，我们看到的无数监督类报道中的采访对象就是反例。

8. 从公众角度出发

接受采访是展示企业的好机会。一切从公众角度出发，将公众利益放在首位的企业总是能够给人以好的印象。所以，在记者面前，你的回答要处处从公众利益出发。比如在提到一个新产品的时候，你不要将讨论的重点落在它的投资回报上面，这应该是你在董事会上陈述的内容。你要从公众的角度出发，说出你的产品能够为国家节约多少能源，让使用者少花多少钱，而且减少多少污染等。这样也利于记者从你的介绍中找到具有新闻价值的东西。

9. 显示个人风格和魅力

央视老栏目《新闻会客厅》的广告词中最初有这样一句话：“新闻因人而生动”，这句话道出了电视对话栏目的魅力和本质。接受采访时不出错，是最低标准，如果我们在不出错的基础上还能展示自己的个人魅力，成为一个媒体喜欢的人，那就更加成功了。现在的企业高管和媒体接触久了，有的就成了企业的形象代言人，就是因为他们的机智、幽默、诚恳、生动打动了记者和观众。当然，个人魅力靠的是个人的学养、气质等，还有一些天生的成分，不是说准备就能够准备出来的。

2003年，非典袭击中国，中国被非典的恐怖笼罩着，特别是北京，一度几乎变成了一座“死城”，全国人们谈北京色变。就在这时，时任北京市市长的王岐山接受了央视《面对面》采访，这是一次充满智慧和情感的对话，而且对话的内容是全国人民无比关心的。在这次对话中，王岐山显示了他处理困局的决断和刚毅果敢的个人魅力，给当时惶惶不安的民众吃了一颗定心丸。这段采访被许多机构作为“企业发言人”和“媒体关系管理”的培训资料。

10. 不说“无可奉告”，营造友善环境

“无可奉告”是前些年的记者会和过去的影视剧中我们经常听到的话。这四个字生硬、冰冷，会把采访者与被采访者之间的气氛一下子拉到冰点。

其实在任何一个记者会上，都没有人强迫你泄露机密，就算记者对某个你不喜欢的问题问得紧，你也要用恰当的方式向其解释，为什么这个信息现在不便透露。比如，你可以说：这个问题涉及到我们的商业秘密，我们的竞争对手也很想知道，所以很抱歉，现在不能告诉你。或者说：这个问题我们正在调查，等调查清楚，我们会向媒体提供最新的情况，但在调查结果没出来之前，我不便向你们透露任何信息。如果你做了这样的回答，哪位记者都会理解的。

但是如果你说“无可奉告”，就是对记者有敌对情绪，这种情绪往往来源于记者的某些报道令你不满。其实你完全没有必要因为这个记者或这家媒体的某一篇报道令你不舒服就对其采取敌对的态度。敌视媒体不是聪明的选择，因为最终的话语权掌握在媒体手里。虽然对媒体友好不能保证得到好的报道，但至少不会让你失分。记者也是人，良好的互动，对结果总是有帮助的。

11. 谨防自己的话被断章取义

有些情况下，你要请记者把采访你的稿子或者片子在刊播之前给你看一下，以免你的采访被断章取义或者“变调”。事先看一下，可以保证记者的稿子或片子在引用你的话或者企业的事实方面准确无误，防患未然。

当然，在要求看稿子或片子的时候要注意方式方法，因为有些记者对此是很忌讳的，他们会觉得一个稿子和片子经过媒体的“三审制度”就已经够麻烦的了，这下还要多一层审查，他们会觉得很累很麻烦。所以，你在看稿子的时候，一般不要对他们的稿子进行大的更改，一般情况下，数据和基本事实有出入需要改正，他们会欣然接受，如果你要求他们在报道方式等方面做大的改动，他们会觉得伤自尊，甚至会惹怒他们。

12. 不要将最高领导推到前台

最高领导一旦被推到前台，他就代表了企业和组织的最终的回答，就没有调整和回旋的余地了。最典型的例子就是光明乳业危机中，光明乳业第一时间就把董事长王佳芬推向前台，直接回答记者的提问。导致光明乳业陷于非常被动的局面而且没有了回旋的余地。如果当时他们能让一位类似新闻发言人的角色出来面对记者，即使说错了一些话，也还有补救的可能。

13. 面对视频媒体要注意的事项

视频媒体我们主要指的是电视，现在一些网站纷纷开辟了视频自制节目，加入了视频节目的混战和竞争，新媒体在视频节目中的份额越来越大。

接受视频媒体采访，比接受广播媒体和平面媒体采访要复杂得多，所以在这里要特别地说一些注意事项。

1)保持平常心态。这一点在接受其他媒体采访的时候也很重要，但是在接受电视媒体采访的时候特别难以做到。电视记者采访的方式，会让受访者感到压力，失去常态。电视记者采访(特别是专访)的前期准备工作往往很张扬，到你的办公室后，将你的办公桌移动，电话线拔掉，灯光架上，你马上就感到这不是我的地盘了，我被反主为客了。然后摄像让你拿着一张纸，对白平衡，你一下子就会觉得自己的大脑就像这张纸一样，一片空白。电视是一种多工种合作的记录方式，这样的干扰不可避免，只是有时大，有时小而已。电视记者一般会尽量把工作做在前面，争取被采访的人一落座就开始采访，但那只是愿望，几乎每一次采访，前期的灯光、布景、音响等都会折腾很长时间，在这样的情况下，除非被采访人的抗干扰能力极强，一般的人都会发挥失常，平时在作报告时手舞足蹈，在商战当中叱咤风云，但到了摄像机前却“晕机”了。遇到这样的情况怎么办呢？就是要不断地提醒自己，这只不过是他们的记录方式而已，自己一定不要被他们的“阵势”吓倒。

2)尽量用口语。广播、电视都是适合口语表达的，如非必要，尽量不要用专业术语、书面语言等。语言要浅显易懂，多举例，多比喻，让普通人都能听懂你说的话，切忌公文腔和官腔，这是电视语言的大敌。

3)注意非语言因素。你的形体动作、服饰、表情等都是采访中的非语言因素。在电视采访中，非语言因素传达出的内容有时比你口语表达的内容还要丰富。比如，有的人在不经意的时候会不停地抖动自己的腿，如果摄像师出于好意，想塑造你的正面形象，他会将镜头推到你的上半身，避开抖动的部位，否则，身体的某一部分老是抖动，观众就会觉得你是一个漫不经心的、轻浮的人。再比如，你穿什么格调的衣服，打什么色彩的领带，都是有含义的。总之，在电视采访中，你的语气、风度等非语言的因素，与你说出的内容一样重要。

非语言因素表现在镜头对着你的那一刻起，电视采访，特别是一些专题类的采访，并不是记者开问的时候才开始的，在采访之前和提问结束之后，电视镜头可能一直是对着你的，那是记者在取一些你在镜头面前的素材，这些镜头看似采访的“边角料”，但编到片子里有时很能传神。所以，我们一定要有这样的意识：采访是从镜头对着你的那一刻开始的，是从镜头离开你的那一刻结束的，当然，告诉大家这些，不是要大家去做作，而是想说，非语言的交流，非语言的因素和你的开讲一样重要。这个阶段的表现是一般的被采访者容易忽视掉的。

4)控制场面。我们经常会在电视上看到这样的场面：一群记者在非正式场合(比如在人民大会堂的后门、走廊上等)围着一位官员或明星提问，这种“群殴”似的采访大概一般的企业家很少能摊上。如果遇到这样的事情，要控制住场面，你可以在记者纷乱的问题中挑选一个能够回答的问题作答。眼镜要看着向你提问的那个记者，不要管周围的“长枪短炮”，你只需要对着提问的记者说话，回答完问题后可以向全体记者说声谢谢。千万不能被嘈杂的采访环境弄得心烦意乱，丧失风度。

还有一种情况，我们接受采访的时候，周围会有一些监视器、录音设备等在我们看来是新鲜的玩意儿。你不要乱看监视器，也不要看摄影师和周围的工作人员，要让周围的这些机器设备和人员围着你转，而不要你围着他们转。如果周围有你的熟人，在采访进行的时候也记着不要看他们。因为你的一切表情、动作都会被记录下来。

5)注意服装和配饰。在接受视频媒体采访时,最好是穿纯色的衣服,颜色不要太深,也不要太浅(特殊情况除外),不要穿纯白的衬衫,纯白的上衣会让你的脸部显得很暗。也不要穿小格子、小纹路的衣服,这些衣服会让画面闪光,看上去很不舒服。配饰一般应当遵循越少越好的原则,

在接受电视专访时,无论男女,化妆可能必不可少,化妆的必要性和作用由于太专业,这里就不细述了,反正在化妆时要遵循的尺度就是:化妆越少越好,最好是在推到近景时看不出化妆的痕迹。

第二部分

借力传媒　营销品牌

——如何运用媒体实现营销

一、传播即营销——把企业新闻变为社会新闻

传播即营销，最早提出这个概念的是被称作“整合营销传播之父”的美国西北大学的舒尔茨教授。舒尔茨教授创立了整合营销传播理论，同时也不遗余力在全球传播他的理论。舒尔茨教授认为整个营销过程就是一个与顾客沟通的过程，要让顾客了解产品、服务的价值以及它是为谁设计的。广告、公关、促销、商品陈列及店头广告、售后服务都是一种沟通和传播。企业传播的信息能够打动消费者，传播才有效力。

舒尔茨提出这个命题，我们的理解就是：营销在很大意义上取决于传播，正所谓营销即传播，传播即营销。在营销过程中，如果没有做到两者的统一，或者说，营销中没有了传播，就没法达到品牌营销的目标。在这个声音越来越嘈杂的媒体时代，谁掌握了传播的主动权，谁对传播的规律研究得透彻，谁就会把握营销的主动权，

在营销学中有人说：“高手做势，中手做市，低手做事”，这是有道理的。直接推广企业产品的传播，是在为营销做“市”和做“事”，塑造品牌知名度、美誉度的传播，则主要是在做“势”。现代传播的本身是营销的一个组成部分，现代的传播和营销已经合二为一，水乳交融。企业的老总都要有两位一体的思考，要懂得怎样用传播实现营销，懂得传播中的一些技巧，比如，怎样用最小的投入，去获得最大的传播价值；怎样在一个企业里用同一个声音说话，减少传播中的信息杂音、信息损耗，向消费者传递统一清晰的信息，从而实现自己的传播目的等。

新闻营销、传播营销的概念现在越来越被现代的企业管理者们接受，但也有一些管理者理解的传播营销比较简单，以为只要花点钱搞个活动，请记者在媒体上登个新闻，将广告因素融入新闻当中进行传播和推广，这就是传播营销了。其实，传播内容的策划，往往需要把企业新闻变成社会新闻，而企业新闻变成社会新闻，是需要吃透“两头”的，一头是企业的需求，一头是媒体

的需求。

在企业新闻变成社会新闻方面，恒源祥是一个非常用心的企业。2007年，上海老字号恒源祥发布的一项人才招聘启事引发争议，它要求“年龄40岁以下，拥有三年以上纺织行业工作经验和本科以上学历，具备基本的英语读写能力，对于惯用左手者条件可适当放宽……”招聘消息一出，立即引起社会上的广泛质疑：一些应聘者认为这一招聘行为存在“右手歧视”，让人无法接受。而恒源祥给出的理由是：左撇子更有创新优势。恒源祥人力资源总监朱廷杰解释说，恒源祥这次招聘的主要岗位是品牌研发和市场运营方面的创新型中层管理人员，而据国外权威的科学研究证实，左撇子的智商特别是创新思维能力要优于惯用右手者。恒源祥方面还说：“根据科学界公认的‘左右脑分工理论’，左脑主要负责语言、分析、逻辑、代数的思考、认识和行为，即逻辑思维；右脑则负责空间形象记忆、直觉、想像、灵感、视知觉、美术、音乐等，是创造力与智慧的源泉。”朱廷杰说，日本和美国的一项统计表明，左撇子成长为艺术家、建筑师等的比例要比惯用右手的人高，爱因斯坦、牛顿、达芬奇、毕加索等名人都是左撇子。

尽管朱廷杰的理由有根有据，但一位在IT企业从事软件开发的技术人员认为，企业招聘人才关键是要看能力和工作实绩，不能仅凭“左右手”就作出武断的选择。在他们企业，从事研发工作的高级工程师绝大多数都是“右撇子”，这又怎么解释？而一位看了招聘启事的求职者说，恒源祥这样做，破坏了就业的公平性，是变相的就业歧视。

针对外界和内部员工的争议和质疑，恒源祥回应：作为一家品牌企业，恒源祥需要具备逆向思维，意识超前的人才。企业有理由相信，左撇子往往具备与众不同的思维能力和创意，“目前，恒源祥已经录用了8名左撇子员工，分别担任研发、项目经理等职务，并打算成立左撇子沙龙。”朱廷杰说。据悉，目前企业正在与美国合作进行味觉、嗅觉品牌的创建，简单来说，就是今后让顾客凭闻味道就能分辨出恒源祥的店铺和产品。恒源祥会将左撇子人才的招聘长期进行下去，并力争使左撇子占到全部员工的20%。

这些争议、质疑和回应，把企业的一件小事成功地变成了社会广泛讨论的大事，成了一个社会事件，成为企业扩大知名度和美誉度的一种手段，传播即营销在这个事件的策划中体现得淋漓尽致。有传播营销意识的企业，恨不得每一个活动都成为社会广泛传播的新闻。

传播即营销，就是根据传播的规律，把企业事件新闻化，成为社会媒体报道的对象，进行有计划的营销推进。现代社会中竞争比以往更加激烈，媒体市场上充斥着杂乱的声音，企业的营销人员要深谙传播规律，将企业信息制作成公众感兴趣的新闻，以提升企业的品牌价值，确保在营销传播上的投资能够得到足够的回报。

二、有一种力量叫传播力

传播力就是利用传播技巧达到传播效果的能力，这种能力对现代竞争环境下的企业变得越来越不可或缺。传播力是全球化、信息化、多元化、品牌化时代企业的核心竞争力，是企业夺得竞争制高点的能力。一个忽视与传媒打交道的企业家，不是一个成功的企业家，与传媒互动共舞成为企业生存发展的一项新技能。传播力也越来越成为一个企业或组织影响社会的一种最为重要的力量。

企业如何利用最佳的传播手段，组织有效的传播？企业如何达到传播效果的最大化？能否花较少的钱或者不花钱让媒体为你做宣传？企业领导如何运筹帷幄之中而品牌誉满天下？这些都是衡量一个企业传播力的内容。

我们在现实中看到，不少企业与媒体合作时，广告投了不少，软文也做了不少，但效果不明显，我们把这种现象叫做“有形无神”，就是光注重发稿的数量，这是“形”，至于产生了多大的影响，影响了谁，对品牌有多大的提升作用，就不管了，这是企业传播力不强的表现。

企业传播力不强的表现还有一种，就是坐等新闻和事件上门，有新闻就报道，没有新闻就在媒体上没有动静。在企业传播中，我们应该主动地创造，巧妙地借势，不断地向媒体提供可以报道的内容。这一点我们应该向一些影视歌的明星学习，过一段时间，感觉大家快要忘记自己的时候，他们就开始给媒体“喂食”，总是有一些“料”爆出来，有些明星就是靠这样不断地爆料，保持在公众心目中的位置的。

传播力不强的表现还有一种，就是不注意企业宣传诉求的一贯性、长期性、连续性，今天这样说，明天那样说，品牌形象模糊，经销商不明白，消费者看不懂，最后是品牌形象大打折扣。

在企业传播力的打造上，蒙牛做得是比较老道的，蒙牛之所以这么牛，跟他们的传播能力有很大关系。我们且来通过《超级女声》的运作看蒙牛的传播技巧。

2005年蒙牛赞助了湖南卫视的《超级女声》，但蒙牛的这次赞助跳出了以往企业与媒体合作单一冠名的套路，而把这次合作办成为一次联姻，他们聘请2004年“超级女声”季军张涵韵作为蒙牛酸酸乳产品代言人，在20亿包蒙牛酸酸乳外包装上印有代言人形象和“超级女声”比赛信息，在蒙年全国各处销售网点进行宣传。在赛区超市外，进行蒙牛酸酸乳路演宣传活动等，通过这种企业与媒体深度互动整合的传播营销，使得“超级女声”和“蒙牛酸酸乳”双双火暴、影响力大升，这是一般的冠名远远达不到的效果。他们通过整合营销的手段，把“蒙牛”和“超级女声”两个品牌紧紧地捆绑在一起，达到了宣传效果的最大化。

蒙牛对《超级女声》的赞助突破了一般套路，将其办成了一次“联姻”

2003年，中国首次实现载人航天飞船“神舟五号”上天，蒙牛策划了一场“航天员专用牛奶告知行动”，在屏幕上火了一把。“神五”刚一落地，蒙牛的电视广告就出现在几十家电视台的节目中。2005年，蒙牛又借“神六”一飞冲天，全程赞助“神州六号”的直播。蒙牛副总裁孙先红说，这次观看“神六”发射电视直播的人数将超过5亿，这是非常难得的资源，蒙牛又可能获得一次非常难得的品牌提升机会，将有效拉动蒙牛的市场提升。

可以说，蒙牛借助“超级女声”、“神五”、“神六”飞天等事件将营销推到了极致，充分展示了蒙牛的造势传播能力，一种“霸占”注意力、抢占制高点的传播技巧。蒙牛酸酸乳和超级女声结合得天衣无缝，蒙牛和“神舟”捆绑上天，成为企业品牌传播的经典。

三、赢得消费者的注意和认同是商业营销的先决条件

上面我们举了蒙牛的传播的例子，借助“超级女声”和“神舟”上天，都是为了赢得消费者的注意。是的，今天谁也无法否认，注意力就是资源，注意力就是生产力，赢得消费者的注意是获得商业认同的先决条件。

过去的营销是开发出好的产品，给予适当的定价，再配合相应的销售渠道和强有力的促销手段，商业价值就可以基本实现。但是现在，仅仅做到这些却远远不够，甚至难以行得通。因为现在的市场被相同或者相近的产品、品牌充斥着，差别性很小，产品在功能和使用上基本上都差不多，就像大家在促销的手段和广告的设计上一样，同质化的竞争非常明显，在这种情况下，谁在嘈杂的市场之中喊出的声音别致一些，大一些，谁就会引起消费者的注意。

仅仅是引起消费者的注意还往往并不是营销的成功，赢得消费者的认同才是商业营销的先决条件。所以，企业的信息传播不但要让消费者注意，更重要的是要让他们认可，如果没有与消费者实现良好的沟通，没有引起他们的注意和认同，即使产品、价格、通路这些传统的营销因素做得再好，营销价值也无法实现。

四、炒作式传播：商业传播的策划

为了营销的传播，很多时候是和风细雨、润物无声的，但也有疾风暴雨炒作式的，这种炒作式传播活动往往是配合企业的一项新的产品或新的服务的推出。

炒作过去是一个贬义词，指恶意地去放大某个新闻或新闻里的某个细节。而现在人们则认为这是传播上的一种技巧与方法，是一种有意识的传播行为，通过新闻传播的手段把一个事实放大以达到某个目的。企业与媒体之间的联合炒作，通常是对一个事件或人物进行深度的报道，加大宣传声势，从

而达到自己的传播目的。

炒作式传播需要确定三个定位：目标定位、空间定位、时间定位。

目标定位：即明确传播的价值追求。比如是重点树形象、打品牌还是促销售，还是兼而有之。

空间定位：即明确传播的覆盖面和到达率。是针对全国市场还是片区市场，是大众市场还是分众市场。

时间定位：即时效性的要求，是求短时奏效还是谋求长久作用，这将决定是用“猛火”还是“温火”。

有了明确的定位后，就要制订详尽的执行计划。

1. 准备阶段：与各媒体签订合同。

2. 导入阶段：在目标媒体上发布新闻、广告和宣传画等。

3. 主攻阶段：发布大量软文，再辅以适量硬广告、电视专题片，进行终端的维护、促销活动。

在炒作式传播中要注意导向性、时机性、新闻性、创造性。

导向性就是一定要准确地传达出商品和服务的价值，避免企业花了九牛二虎之力，消费者还不知所云，传达的信息纷乱，甚至引起消费者的反感和不信任。

时机性就是进行炒作式传播的时候要把握住时机，例如不要在媒体有重大主题宣传和重大活动的时候进行自己的宣传，除了你的宣传和媒体的主题、活动能搭上边，否则你精心策划的内容就会被淹没。

新闻性就是企业的新闻一定要变成普遍关注的社会新闻，不要让受众一看就知道是企业花钱买来的新闻，只有具备了新闻性，才具备炒作的价值，才能获得公众的眼球和认同。

创造性就是企业炒作的方式要有创新，现在的企业炒作活动非常多，没有创造性，就会淹没在众多的新闻宣传当中，不会引起人们的注意，吸引不了公众的注意，就是失败的炒作。

五、有偿传播的几种方式

1. 硬广告

硬广告是指直接介绍商品、服务内容的广告，通过刊登报刊、设置广告牌、电台电视台播出和网站呈现等进行宣传。硬广告有点强人接受的感觉。

一般来说，硬广告分为形象广告和产品广告两大类。形象广告是向公众展示实力、社会责任感的广告，它的目的就是提升企业的知名度和美誉度；产品广告是直接介绍某种产品和服务，告知公众消费信息的广告，目的就是推销产品。

企业的广告片如何能在众多的广告中让人记住，需有策划、创意和制作上的诸多环节共同起作用，这里想强调的就是广告中的“中心广告词”的锤炼。在硬广告展示主要诉求的时候，往往附带一句“中心广告语”，这个中心语要让人容易记忆，容易流传，并且体现企业的精神。

在短短几十秒的广告里，要面面俱到地展示企业的实力和规模是做不到的，一定要有主题和点睛之笔，这“中心广告语”就需要精心提炼。企业可以从自己的核心价值观、使命与宗旨、愿景和目标、经营理念等方面来提取。如惠普文化里非常重要的部分就是崇尚科技，希望通过不断创新的科技来满足顾客的需求，因此，其形象广告中，“惠普科技、成就梦想”这句话也放在非常醒目的位置。格兰仕的愿景是“成为全球名牌家电生产制造中心”，格兰仕在其标识上清楚地表明自己是“全球制造、专业品质”，这句话是其企业文化的核心代表，反映了企业的远大理想。红塔集团形象广告——“山高人为峰”，寓意颇深，既反映出红塔集团气吞山河的气魄，又反映出企业“以人为本”，人先于物的经营理念，同时，还体现出企业敢于直面困难、不断拼搏进取的精神。李宁公司的形象广告中的那句“一切皆有可能”也是点睛之笔，李宁公司致力于“通过专业化的高品质产品，传递积极、健康的生活理念”，提倡“体育运动精神和进取精神”，崇尚“挑战自我，超越自我”，“一切皆有可能”很好地展示了公司的文化。宝洁公司的“宝洁公司、优质产品”、诺基亚的“科技以人为本”、海尔的“真诚到永远”、飞利浦的“让我们做得更好”，分别表述了其“优秀品质”、“以人为本”、“真诚服务”、“追求更好”的宗旨。

硬广告的优点很明显，传播速度快，涉及对象广，“杀伤力”强，在媒体上反复出现可以增加公众印象。但硬广告也有其硬伤：

1)费用昂贵。硬广告是大部分企业进行宣传的首选，但不是所有的企业都有实力投入硬广告，特别是电视广告，其高昂的费用把很多企业拒之门外，央视广告和各省的卫视频道广告费动辄上千万，使得很多企业有心无力。

2)渗透力弱。商业味道浓，由于硬广告花钱就可以做（当然要经过工商等部门的批准），其宣传内容的可信程度低，简单的内容，反复的说教，短促的时间，导致其宣传效果有限。

3)过多过滥。硬广告过多过滥，无处不在，“强制”消费者接触，令消费者感到头痛。以前人们认为做广告的产品其质量和信誉肯定是有保障的，但现在不良商家和不实广告越来越多，公众对硬广告的怀疑越来越深。电视剧和电视节目里的广告甚至使观众对广告产生厌恶之情。广电总局“禁广令”下达后，电视剧中不得插入广告了，又导致电视广告费用的进一步上涨。

4)传播的同质化，广告效力正在减弱。由于广告形式、内容、策略上越来越形成同质化，硬广告的宣传效应日渐低微，企业一打电视硬广告就带来销量的时代几乎一去不返。

5)媒体价值存疑。媒体宣传的效应到底有多大？这是个令广告主头痛的问题，现在报纸、电视等媒体每年都会公布自己的发行量和收视率，每家卫视台都会有一堆的收视数据证明自己在业界的收视成绩是多么辉煌。媒体向广告商虚报收视率、发行量不说，价格也虚高的很，业内媒体价格打个5折很正常，稍有不慎就被忽悠了。

随着企业对广告投资的要求越来越细，加上硬广告存在以上一些“硬伤”，广告商和媒体开发出了越来越丰富的软广告形态，在很多情况下，广告商在投放时是“软硬兼施”，效果比单纯的硬广告要好很多。

2. 软广告

软广告是相对于硬广告而言的，软广告不直接介绍商品、服务和品牌，而是在媒体上播发带有主观指导倾向性的文章，来达到提升广告主企业品牌形象和知名度、促进广告主企业销售的目的。

软广告以其成本低、效果好的优势，深受广大企业的青睐，报刊、杂志及广播电视新闻也因此成为软广告投放的主战场。30秒的电视硬广告不够有创意，通常不能完整表达企业的想法，而软广告受时间和字数限制较少，基本上能体现企业想表达的意思。

随着媒体技术的发展，软广告呈现出越来越多的形式。通常的方式有以下几种：

1)软文。软文追求的是一种春风化雨、润物无声的传播效果。软文的精妙之处就在于一个“软”字，好似绵里藏针，收而不露，克敌于无形。等到你发现这是一篇软文的时候，你已经冷不丁的掉入了被精心设计过的“陷阱”。现在的都市报通常都专门有软文的发布版面。那些新闻不像新闻，广告不像广告的有偿形象稿件，都可以称之为软文。这些软广告或以人物专访的形式出现，或以介绍企业的某项活动的形式出现，或以介绍企业知名度、分析本行业状况的通讯报道形式出现，而且大都附有企业名称或服务电话号码等。

软文广告常常埋伏于新闻之中，和新闻看似没有什么不同，因此受众往往对软文的内容深信不疑。

软文如果运用得好，是企业的一种硬力量，但如果应用的不好，其力量却很软。现在读者、观众都很聪明了，你是花钱买的软文，大家一看就知道。比如2010年8月13日和14日某报登载了《快感营销席卷青岛　新骊威携众明星“喊动中国”》的软文，写得就有点太“露骨”。

7月24日，东风日产“新骊威·喊动中国”全国总决赛在山东青岛隆重举行。活动现场，24位“新骊威·喊动中国”游戏高手展开激烈角逐，争夺新骊威劲锐版(五年不限里程使用权)终极大奖。同时，10对参与“新骊威·喊动中国——幸福嘉年华”活动并免费使用婚礼车队的新人登台同庆，抽取超大礼包。另外，偶像乐团至上励合与青春歌手许飞也赶到现场助阵，不仅带来了精彩的表演，更进一步引爆了现场观众的激情。

赛后，东风日产相关负责人表示，骊威连续21个月稳居细分市场销量冠军，充分体现了市场与消费者对骊威车型的关注与支持。“新骊威·喊动中国”是继4期“骊威连连看”成功举办后推出的新一轮营销活动，东风日产希望通过本次活动回馈消费者，并进一步提升骊威车型的产品形象，打造专属营销品牌——“快感营销”。

这种软文，员工和老总看了很高兴，受众一般并不会买账。

2)公益。以公益之名扩大企业的知名度和美誉度是企业营销常用的手法。每年北京“两会”，都是企业以公益之名进行公关的重要时期，如国内一家知名服装企业集团给两会报道的记者送衬衫，向代表送领带，以引起更大关注，想以此建立更多的人际关系，同时获得更多宣传机会。很多汽车厂家都争相免费向大会派车提供服务，以提高产品的知名度。江苏一家具厂商还曾向人民大会堂捐赠数百万元的家具，希望换回一个人民大会堂指定用品的美名。

企业的公益行为一般在焦点事件、大事件中做出，这样，企业的公益行为才能被人们广泛关注。有一年发大水，一位家具老板拿出2000多元的旧家具敲锣打鼓送到福利院，当地的各家媒体都作了报道，取得多少广告费都买不来的宣传效果。

3)奇巧创意。对于营销意识强的企业，宣传的机会无处不在。企业通过独特的创意，也能为自己带来宣传效应。IBM公司几年前曾在世界各地的电视、报纸、杂志上做过一次大广告，而公司却分文未掏。原因是IBM公司的科研人员首次成功地利用扫描隧道显微镜观察到单个原子并能将它们进行移动，这无疑是一条公众感兴趣的科教新闻。如何在发布这条新闻时很好地宣传一下IBM呢？新闻的发布要展示扫描隧道镜下单个原子的图像，于是，公司的决策者们经过反复研究，采纳了一个非常有创意的点子，就是把若干原子摆成IBM这3个字母。结果，原子图像照片一公布，世界各国电视、报刊的总编们都被现代科技的新成就震惊了。于是在电视屏幕、报纸杂志上纷纷出现了一幅照片:由原子组成的3个英文字母“IBM”。成千上万的传媒无意中为IBM公司做了一次影响广泛、效果极佳的广告。

将原子重排组成的“IBM”字样

4)企业形象。企业的形象是通过企业的运作方式、管理水平、员工的素质等方面表现出来的,这些都是一种无形的广告。绿化的环境、优美的厂区是一种软广告,企业员工的言行举止也是一种软广告,员工行为和工作方式会向社会传递企业的信息。在企业的传播载体中,员工是最常见、最难以控制又最灵活的载体了。一个有传播意识、有品牌意识的企业必定是在员工的素质上狠下工夫的。企业的产品包装也是一种软广告,包装直接依附在零售商品上一同售出,形成顾客对商品的第一印象,起着“无声推销员”作用。设计别具一格的包装,能吸引顾客的注意力,激发购买兴趣和购买欲望。包装在商品使用完后通常不会丢弃,使宣传效果可以持续很久。

好的软广告可以发挥事半功倍、四两拨千斤的作用。软广告的大敌是太直白,宣传味太浓,过分“溢美”,让稍有眼力的消费者很容易识破企业的宣传“伎俩”。

互联网的发展为软文广告的发展提供了新的契机,网络软文发布后有效期甚至可以长达几年甚至更久,而且费用相对较低。如果网络软文广告写作具有较高的质量,还会被网民不断地转载,效果极佳。有关网络营销,我们后面有专门章节讨论。

软硬广告各有优劣，可以互为补充。许多企业在投入硬广告的同时建立起完善的软广告发布网络和平台，对促进销售及提高品牌知名度起到至关重要的作用。企业应该结合自己的实际，去制定自己的广告投放战略。

3. 有偿新闻

有偿新闻是将具有或不具新闻价值的信息，按照出资人的宣传意图撰写的新闻。有偿新闻可以说是软广告的一种，这种权利和金钱的非法交易，在国内的新闻界屡禁不止，长期被一些企业、公关公司和媒体所利用。

有偿新闻的就是某些新闻从业人员或新闻单位将社会赋予新闻机构传播新闻的权利作为个人和团体的私有商品非法出卖，是在透支社会公众对媒体的公信力，所以，有偿新闻是在任何国家都被禁止的行为。

但是有偿新闻对企业和媒体从业人员都有着巨大的诱惑力，从宣传效果上说，一篇新闻稿往往比得上重金投入的广告，因此，一些企业对媒体和记者实施"和平演变"的战略，花上少量的钱，贿赂编辑记者和媒体机构，这股风在社会上愈刮愈烈。由于有偿新闻是暗箱操作，广告寓于新闻之中，局外人明知当事人拿了好处，也不太容易指证，所以，这种新闻成了个别不良记者的一个生财之道，甚至成了一些媒体的生财之道。

有偿新闻确实为企业带来了廉价的宣传，但从媒体和社会的角度看，有偿新闻则是一个毒瘤，为有道义担当的记者和媒体所不齿。

企业的媒体公关，应该在遵守传播规律和传播道德的前提之下运作，而不要用有偿新闻去侵蚀和收购媒体良知。有偿新闻的操作中，看似企业和媒体都得了点小利，却失去了公正、客观的大义。企业在自己的公关中一定要把握好正常新闻报道和有偿新闻的"度"和"界"。

4. 搜索引擎优化

在互联网时代，人们基本上是通过搜索引擎来获知对某件事情的印象和系统知识的，搜索引擎对网络时代的人来说，就是一个指路灯、指路牌。所以，企业在搜索引擎上的优化非常重要。

搜索引擎的优化，就是对某一关键词的搜索结果进行排名，使某关键词在搜索引擎中的搜索结果排序靠前或者靠后。通过优化品牌关键词搜索结果，提高品牌美誉度，维护用户忠诚度，为品牌创造更多价值，在企业遇到危机时，搜索引擎公关也可降低企业或品牌在搜索引擎中的不实信息比例，避免互联网用户对品牌产生信任危机。

比如，在百度中输入关键词“羽绒被”，一段时间里“雪中笑”和“杭州帛吉”的品牌出现在前两位，这对两个品牌在人们心目中的形象大有裨益。

相反，在一段时间内，我们在 GOOGLE 搜索“凡客诚品”，排在第三位的网页标题便是“在凡客诚品第一次购物体验非常不愉快”，这对凡客来说，非常触目惊心。这就要求凡客通过搜索引擎的优化来消解或稀释企业的负面信息，将不利于自己的信息排到后面。

在网络信息时代，企业的任何一个失误都可能成为危机，一篇报纸媒体负面报道通常会有很多家网站转载。企业客户的误解，或是竞争对手的恶意攻击，会造成大量的网上负面信息。那么怎样在搜索网站里搜索被保护品牌的信息时，让用户无法搜出不良信息呢？一是优化正面信息的网页，用提升正面新闻排名的方式挤掉负面信息的网页，把负面新闻转移到搜索结果的第二页以后，从而降低曝光率；二是针对某一条登有负面信息的网站进行公关活动，请求网站管理员删除负面信息。这两种方法都需要企业的公关人员与网络媒体进行有效的沟通，要有充分的理由。

2010 年 4 月 20 日，英国石油公司(BP)在墨西哥湾的“深水地平线”钻探平台发生爆炸事故，11 名平台工人在这场事故中丧生。事故进而导致英国石油的 Macondo 油井向外泄漏了四百多万桶原油，造成严重生态损害，成为全球瞩目的焦点。在墨西哥湾漏油事件发生后，英国石油公司(BP)在 Google、yahoo 等几乎所有搜索引擎上买下“漏油”(Oil Spills)和事件相关的其他关键词广告，使得公众在搜索石油泄漏的相关信息时，搜索结果的第一条就指向 BP 关于石油泄漏事件的官方网站。网站中的内容当然都是公司如何采取补救措施、堵漏工作的进展和道歉等。

BP 利用搜索引擎的强大影响力来为自己的危机传播和沟通服务。据称，

BP在Google、yahoo等搜索引擎上投入的费用大约是每天1万美元，与动辄上千万美元的堵漏工作和可能上千亿的赔偿比起来，这笔钱实在微不足道，但这笔“小钱”发挥了巨大的功效。BP公司在此次的公关中做得并不算完美，但对搜索引擎的利用和优化则是可圈点的。

5. 网络炒作

网络炒作又叫做网络事件营销，就是利用网络媒体，通过推手或者幕后人，发动网络写手对某个人物、企业或机构进行评论，通常一方面是正面评论，一方面是负面评论，从而使他们的关注度得到提升，当人气积累到一定火候，传统媒体自然会跟进报道。网络媒体和传统媒体形成呼应，人物、企业或机构会很快窜红成名。这几年爆红网络的二月丫头、小青姑娘、芙蓉姐姐、贾君鹏、凤姐、兽兽、干露露等都是网络炒作的结果。

传统媒体的工作流程和宣传纪律等比较严格，一个事件在网络上可以更轻松便捷地进行传播，加上互联网的互动性强，事件营销和炒作在互联网上效果往往会更好。企业通过创新的策划，产品的知名度、美誉度和品牌形象会迅速树立，最终达到促进销售的目的。

2011年的1月4日，魅族M9在北京、上海、珠海、深圳和广州五大城市同时开卖，每个店内排队的人数以百计，引起了很多人的关注。随后IT业内人士李易在微博上透露，这是魅族花30万元雇人进行的炒作，是在蒙蔽消费者。继而引起了李易与魅族之间的骂战。这一事件曾经引起一阵波澜，有人事后称：这是魅族与李易就炒作事件进行的“再炒作”，目的就是提升魅族M9的知名度。

网络炒作往往以挑战眼球、挑战道德底线和审美底线来博取人们的注意力，这是非常不足取的，在制造焦点、进行炒作的同时，我们要清楚地预计炒作的效果，对社会和企业会有什么样的影响。

由于网络媒体不像传统媒体那样具有责任意识和把关意识，导致网络炒作事件出现频率越来越高，雷人事件不绝于眼：

身高1.48米的罗玉凤，曾在上海地铁站发过征婚传单，也曾在电视台情感类节目上公布七大极为苛刻的征婚条件，誓嫁 1.72～1.83 米的名校硕士生，并且长得要阳光、帅气，其雷言囧语层出不穷，引起各路媒体和广大网民的关注。罗玉凤（凤姐）的走红有悖于热点事件的自然传播规律，让人匪夷所思。事后凤姐走红的幕后推手孙建业说：我们在网上发帖，雇佣"水军"发表正反两方面的观点，提高关注度，引起网友跟帖、转帖，形成话题后，想方设法让传统媒体跟进，制造新的话题，这样凤姐的商业价值也就体现出来了。据孙建业说，他们从凤姐的代言中赚了 30 万，但孙建业说："凤姐最火的时候，几乎每天都有人骂我。"

2008 年 5 月 18 日晚，在中央电视台的赈灾晚会上，王老吉捐款一亿，成为当时国内最大的单笔捐款之一。第二天晚上，在天涯、猫扑、西祠胡同等国内知名论坛上，几乎同时出现了一篇主题为"王老吉太狠了，封杀它！"的帖子。帖子发出不久，点击率、网友回复暴涨。各大网站论坛疯狂转载。但点开帖子后发现，发帖者不过是声称"王老吉太感人了，号召网友去买光超市的王老吉"，"上一罐买一罐"。

2009 年 7 月 16 日，在百度贴吧魔兽世界吧里，一位匿名用户发了一则题为"贾君鹏，你妈妈喊你回家吃饭"的帖子，没有其他任何内容。短短一天，这样一则无厘头的帖子创造了更加无厘头的奇迹：710 万的点击量和 30 万的回帖数，打造了当今网络"第一神帖"。

不涉及公民关心的议题，不涉及重大社会公共问题，"贾君鹏"等现象和人物红得毫无理由。这样的网络事件，如果统统归于网民的力量，那就太傻太天真了。贾君鹏事件出现几天后，北京一家传媒公司宣称，此乃策划所致，并号称动用了 800"水军"注册 ID 两万多、回复 10 万余帖，制造出"贾君鹏"，目的是为了让网民持续关注一款叫做魔兽的游戏。

企业和公关公司为了达到网络炒作的目的，往往通过欺骗、审丑、挑战道德和审美底线、制造虚假新闻等手段，在真相揭露时，网民会有受骗上当的感觉，反而会对企业和品牌产生信任危机。所以，网络炒作是一个极易将自己葬送的游戏，做不做网络炒作，如何进行网络炒作，值得企业好好拿捏。

6. 视频短片

企业自身的宣传品包括画册、书籍、产品说明书、产品包装等，这里我们想重点说一下企业的宣传视频短片，企业视屏宣传短片就是俗称的企业宣传片。我们已经进入到了读图和读像的时代，视频宣传短片在企业品牌营销中所起的作用越来越被管理者重视。

企业宣传视频短片是企业自主投资制作，介绍企业的主营业务、企业规模、产品品种、历史沿革、企业理念、宗旨目标的宣传片，这种片子不光是可以给客户、领导参观视察时看，还可以通过网络点击被广大网民观看到，其影响力巨大。

传统的企业宣传片的结构主要是：企业概况、奋斗历程、所获奖励、产品或服务介绍、企业宗旨、远大目标等。随着传播观念和观众审美观念的进步，这种传统的模式开始让人产生审美疲劳。影视公司也在探索企业宣传片创意上的突破，让企业宣传片更好地承载企业理念、企业文化，更好地体现企业管理者的意愿。

企业宣传片从内容上大致可分为形象宣传片和产品宣传片两种，前者主要是展现企业的生存状态、价值取向、文化传承、经营理念、产品规模等，目的是在受众当中树立企业的形象，增强企业的竞争力，促进受众对企业的了解，增强信任感，从而带来商机；而产品宣传片主要是生动地展示产品生产过程、突出产品的功能特点和使用方法，从而让消费者或者经销商能够比较深入地了解产品。

传统的宣传片只是在领导和客户视察参观，或者会议的场合播放，最直接的用途有：现场促销、洽谈项目、会展活动、竞标、招商、产品发布等。现在的宣传片不光是在领导视察和展销之类的场合可以派上用场，还可以通过网络平台为企业的后续传播提供服务，如果推广得好，这种网络受众会大大多于企业的想像，所以企业一定要高度重视宣传片的制作和推广。

一般情况下，除非有特殊要求和特殊场合，我们不主张企业宣传片做得过长，以 7 到 8 分钟为宜，一是这个时间足以将企业的精髓说清楚，二是受众集中注意力的时长是有限的，超出这个时间，人们就容易走神，片子就会让人觉得冗长，会起到反作用。

六、争取做免费的宣传

上一节我们讲的是一些有偿传播的方式，其实，企业的传播和营销，并不是都一定要花钱的，或者说，不一定要花很多钱的。在许多企业每年为新闻宣传付出高额费用的时候，一些企业却摸索出一套不花钱或者少花钱的新闻宣传之路，以四两而拨千金，这才是企业营销宣传的高手。都说天下没有免费的午餐，可是这些高手偏偏就能吃到免费的午餐，秘籍和奥妙何在？相信做企业的人都想知道。

举个小例子，一群鸽子飞进了一家公司的办公楼，公司的公关部门将这些不速之客拍摄下来，放到媒体上发表，展示了这家公司善待动物的良好形象，为公司做了一次免费的形象宣传。

好的企业公关人员，会让媒体主动要他们的新闻，而不是拿着新闻去一家家的拜托媒体帮忙，要做到这一点，你就要站在媒体的立场上想问题。人类的弱点之一就是总在不自觉地站在自己的立场上想问题。一旦你有了一点新闻头脑，你就会找到角度和办法，使媒体对你的新闻无法割舍，这就是如何让媒体为我所用的问题。

现在的媒体比较发达，网络媒体和传统媒体版面不断增加，他们每天都需要大量的信息去填充自己的版面，更需要有夺人眼球的新闻当作卖点。我们看到很多媒体都设立了爆料热线，这说明许多媒体都渴求有价值的新闻，而新闻的来源又很匮乏。同时，对于新闻类媒体的编辑记者来说，他们普遍都有写稿数量的压力，他们也在千方百计地寻找新闻，如果企业能够提供有价值的新闻，会正中媒体的下怀。媒体得到了新闻，企业也可以免费在媒体上露脸，这是两全其美的事情。

1. 发稿不仅是请客吃饭

对于企业的外宣人员来说，一个误区就是，宣传就是请记者吃吃饭，发发稿，只要和记者搞好关系，发稿是顺理成章、自然而然的事情。我们要说的是，请客吃饭是难免的，但光靠请媒体人员吃饭是远远不够的。媒体不是记者编辑的自留地，想种啥就种啥，企业的人要把媒体的人当成朋友，要设身处地替他们考虑，他们有苦衷，他们个人要挣“工分”，媒体要通过“赚眼球”来赚广告，你若老拿些“咸鱼翻身”的商业色彩浓的稿件逼记者“就范”，这对他来讲是很痛苦的事情。这种稿件的背后是什么，圈内人一看便知，他是要被同行“戳脊梁”的。

要发稿，就要把记者当成朋友，就要帮助记者发现有新闻价值的线索，提供有意义的新闻。对于媒体来说，最重要的是稿件的质量，如果没有具有新闻价值的稿件，企业又想宣传，就拿钱做广告吧。

常有做企业宣传的人说，媒体的记者很牛气，特别是大媒体的记者，很难伺候。其实，很多时候，不是记者难伺候，而是企业做外宣的人员没有底气，没有与媒体对话的对等地位。这种地位不是靠请客吃饭就能解决，也不是靠态度殷情就能做到，关键要使其信服你的能力——你能不能提供有新闻价值的新闻，能不能提供有分量的稿件。通常，企业外宣人员对本企业的了解是超过记者的，但你的视野要能跳出你的企业，站在记者和媒体的角度去看企业，这样才能挖出企业的新闻，对记者才有借助的意义。如果记者总觉得你水平低，从心眼里就瞧不起你，你想和他对等，就难了。

可见，企业外宣最大的资本，是外宣人员的实力。

2. 企业要有新闻眼、新闻感觉

为新闻人提供对他们有价值的新闻，这需要企业外宣人员换位思考，站在媒体人的立场，为媒体人的利益考虑。如果能充分做到这一点，恐怕不是你和媒体搞好关系，而是媒体也需要和你搞好关系。我们经常遇到这样的事，企业想让媒体宣传一下，但双方沟通好长时间，才找到一个“报道点”。这个报道点是记者经过深入的交谈和启发才获得的，其实这些报点早就有了，为什么企业的人就没有发现呢?

海尔集团的高层常告诫企业文化中心的人:企业要有新闻眼、有新闻感觉。企业要不断创新,要经常有一些“新”的东西让媒体“闻”。

企业人经常对媒体人说,我们又出了一种产品,又出了一个服务,你们去报道一下。以后在说此话的时候,请先想一下,媒体需要什么?企业和媒体所关注的“结合点”在哪里?媒体现在正需要什么“料”。企业宣传中,策划人一定要是既懂企业又懂媒体的人,最忌讳只站在企业的立场上考虑问题。2009年,安徽的一家食品企业为了扩大影响,开了一个公益联欢会,其稿件如下。

爱能融化冰雪

——记安徽××食品有限公司09年公益联欢会

现代社会有很多家庭成员为生计、为发展东奔西走,平时难得聚在一起,一年一度的春节却把他们聚在了一起。一家人酒肴相对、轻言细语,诉说别后离情、生活感悟。这是何等惬意之事啊!可是这种惬意、这种相聚的温暖,仍有许多人不曾拥有,“空巢老人”就是这许多人中的代表。岁末年初,安徽××食品有限公司再次以实际行动举办了一场有意义的公益联欢会。

此次联欢会,他们请来了庐阳区杏林街道的五位空巢老人,他们分别是铁四局材料厂的吴正坤、丰大院的张华础、绿都新村的方守远夫妇和童心兰老人。安徽××食品有限公司以企业独特的方式来表达对空巢老人的欢迎和关爱。那一天,大厦的七楼充满着欢声笑语,充满着感动和温馨,公司总部300多人聚在这儿,自编自演了二十几个节目。有来自公司高层的诗朗诵,也有一线工人的小品,有各职能部门的情感剧,也有行政部门的吉他和魔术表演。那场面可真是八仙过海,各显神通。其中小品三句半达到了戏剧舞台无法企及的效果,这种欢愉使每个在场的观众捧腹不止,更让久违不见的泪水滋润了这五位老人的笑脸。“明天会更好”的歌声将晚会推向了高潮。五位空巢老人也被员工们扶上了舞台和演员们一起合唱。此时舞台前方早已放上了真心人的募捐箱。在总监×××、×××等领导的亲自带动下，××食品有限公司的参会人员踊跃捐款。他们你十元、我二十、你一百、我两百、默默的献出自己的爱心。据统计，当天活动捐款共计××元。当安徽××食品有限公司总裁×××先生将充满着(品牌名)人爱心捐款和大礼包送给现场一类低保对象吴振坤老人时，80岁老人紧紧地拉着总裁的手，用昏花的眼睛把他从头望到脚，又从脚望到头。望着望着，她的泪水顺着皱纹的沟道，一串串落了下来。她的嘴角瘪了很久，却没有说出一句话。教师出生的张华础却感慨道：人间的爱真的能融化冰雪，你们为我们这样寂寞的人创造爱、增加爱、享受爱！我们将不再孤单！年仅四十的总裁×××显得是那样的谦和，他将在场的老人拥着，带着他们一起唱着：唱出你的热情，伸出你的双手，让我拥抱着你的梦，让我们期待明天会更好！

此次联欢会温暖了在场的每个人，爱在沸腾，热血在澎湃！明天不再有冰雪！

这样的策划和宣传不可谓不用心，关心关注空巢老人，为他们演出和捐款，这似乎也构成了新闻，但是，这样的新闻策划有多少关注度，这样的新闻稿有多少人看？新闻稿中大量的企业一厢情愿的东西是否会招致读者的反感，这都是企业人员要注意的问题。这样的新闻除了策划活动的企业，是不会有谁关注的。

前面说过，新闻媒体最怕的就是广告味浓的软广告似的新闻，一看就知道是在为企业唱赞歌。为了避嫌，媒体编辑一般是不会发这样的新闻的，因为谁发了这样的新闻谁就有收黑钱的嫌疑。

怎样才能让好事传千里？还是要找到企业和媒体的利益共同点。媒体和企业一样，它需要用吸引受众眼球的方式来扩大市场份额，而企业需要的是现有的和潜在的客户能够对其提供的服务和产品有充分的注意。“吸引注意”，就是双方的利益共同点，达到了这个共同点，就达到了企业和媒体的双赢。

3. 培养优秀的写作能力

企业的外宣人员一定要具备较高的新闻素养，知道如何把企业新闻变成社会关注的新闻，哪些具备新闻性，哪些新闻性比较差，怎样筛选和提炼新闻。企业要想吃媒介宣传的免费午餐，除了要具有较强的新闻意识和新闻眼，还需要有优秀的写作新闻的能力。

一些企业的新闻稿通常由办公室的笔杆子炮制，而办公室人员经常忙于行政事务和行政公文，写出来的东西往往官腔十足，内容空泛，拿来哄老板开心可以，拿到外面往往可供刊用的几率就很小。

由于企业经常缺乏既懂新闻又懂企业的高手，而媒体一般是没有精力去给企业的新闻改稿的，这样就使企业的免费宣传变得很难，如果能建立一支高素质的企业外宣队伍，培养出高质量的新闻写手，实现企业新闻的免费操作并不是很难的事情。

七、善于借势——寻找和媒体的共振点

企业利用媒体做营销宣传，就像给媒体喂食，你不能觉得这些东西自己喜欢吃，就以为媒体也喜欢吃。安徽某县有一家私立医院，医生在骨科方面很有造诣，医生年轻时当过赤脚医生，后经家传，在股骨头坏死、骨连接等方面医术神奇，想借助媒体宣传一下他们的医院。县里的媒体报道了他的从医经历，报道了他治好的病人，并对其医德大加赞许：他对贫困家庭及遭遇不幸的家庭减免医疗费用甚至全部免除费用。在他的治疗下，许多不能行走的人站了起来，许多丧失劳动力的农民重新走到了田里和城市里打工劳动，许多濒临崩溃的家庭又过起了正常的生活。这样的一个人，这样的一家医院，只有当地媒体报道过他们，他们很想让省级媒体宣传一下，但一直没有如愿。

为什么呢？因为这些事例报道出去，怎么看都像广告，在医院看来，我的这些事迹都是新闻呀，还不够感人吗？对媒体来说，医院给媒体准备的“料”，不但不是食物，反而是毒药。当地媒体出于人情也好，门槛低也好，报道一下

是正常的，毕竟只是县级和市级媒体，但要想在更大范围内宣传，就不是那么容易的事情了。那么，类似这个医院的企业诉求，怎样做成“食物”去“喂”媒体呢？怎样得到一个企业和媒体都能想要结果呢？我们这一节介绍几种方法，教大家善于借势。借势就是让企业的宣传具有更强的传播势能，借势的关键是要识势、要争势，要寻找企业与媒体的“共振点”。

1. 绑定大事件和热点事件——营销推广的“核武器”

大事件和热点事件具有超强的传播力量，如果能将自己产品的卖点跟焦点事件很好的搭上关系，其品牌穿透力就会倍增。

1997 年春节，山西朔州一伙人用工业酒精假造白酒出售，致多人中毒，其中 27 人中毒死亡。此事经央视报道出来后，令在节日气氛中的全国人民都非常震惊，时任中共中央总书记的江泽民责令一查到底、严肃处理！由于惊动了江泽民，此案成了“天字号大案”，于是一场打假的“人民战争”轰轰烈烈地开展起来了，山西省迅速将造假者逮捕法办。此案的影响大到什么程度呢？一时间，凡是山西产的白酒，人们一律不敢喝了，其他品牌的白酒，人们也是将信将疑。

就在白酒行业深陷危机的时候，古井集团的广告人员却借助这个“天字号大案”做了一个成功的品牌营销。他们出台的方案是：1、以古井董事长的名义，在媒体发布“古井贡酒致全国消费者一封公开信”，谴责不法之徒，表达古井人捍卫中国白酒质量的决心。2、对事件死者家属发放慰问金，每家捐助 1 万元。3、倡议成立“中国打击假酒专项基金会”，呼吁白酒立法。于是，古井贡酒股份有限公司的致全国消费者的一封公开信很快见诸于各报刊。

古井贡酒厂致全国消费者一封公开信

尊敬的消费者：

1997 年除夕之夜，悲剧在山西朔州悄然发生。27 条无辜生命，因饮用不法之徒兑制的工业酒精酒(甲醇)而中毒，相继含冤离开人世。这是继 1996 年云南假酒大案以来，第二例全国罕见的特大的假酒毒死人命案。

山西假酒大案，举国闻之再次震惊。江总书记心情激愤，亲自过问此事，要求有关部门依法严办不法之徒。

人命关天，造假者却利欲熏心草菅人命，天理难容，国法难容。其罪当剐！痛定思痛。我们古井集团作为中国白酒界的排头兵之一，作为中国老八大名酒厂家，本着对广大消费者高度负责的态度，有责任、有义务振臂高呼：白酒当立法。

只有立法，国家有关职能部门才能更好地依法治理整顿白酒生产及销售市场，杜绝假酒源头，彻底防止类似云南、山西的悲剧重演。同时，为了更好地配合国家有关职能部门依法监督管理白酒市场，使消费者有一个更加安全可信的饮酒环境，我们古井贡还大力倡议：以中国老八大名酒厂家的名义成立“中国打击假酒专项基金会”，以此捍卫中国白酒的尊严！

酒无罪，饮者亦无罪，罪在造假、售假者。故此，我们强烈呼吁：此法不立，民无宁日，市场不平，行业不兴。

这次山西朔州27人命丧劣质假酒，我们古井人仰天悲愤，深恶痛绝贪财枉法不义之徒。然死者已矣，生者悲矣。为了抚恤死难家属，我们古井贡酒股份有限公司董事会决定无偿捐助抚恤金27万元，以尽我们绵薄之力，给生者以新的希望。

血的代价足以警醒人心，长痛之余，我们古井贡再次郑重敬告广大消费者：购买饮用白酒时，千万要认明白酒品牌、质量和厂家，切忌盲目购买。

我们古井贡，是安徽唯一中国名酒。自1963年，古井贡酒被评为中国名酒以来，连续四次蝉联“中国名酒”称号，被国家评委誉为“酒中牡丹”。所有荣誉的取得，都是广大消费者百倍呵护与关爱之结果。无论市场风云几多变化，我们古井贡过去是、现在是、将来仍是视“消费者为衣食父母”、“宁愿消费者负我，我不负消费者”。

我们古井贡再次郑重承诺：“提高广大人民的生活质量”、“摘取消费者心目中的金牌”，始终是我们古井贡最高的经营理念和永远的追求。我们必将一贯坚持“质量是生命”的酿酒方针，精益求精、锲而不舍地酿造每一滴好酒奉献给我们的“衣食父母”。

安徽古井贡酒股份有限公司

一九九八年二月八日

从1998年2月21日起，这封公开信相继在《半月谈》、《瞭望》、《人民日报》、《经济日报》、《法制日报》、《中国消费者报》、《中国证券报》、《中国贸易报》、《中华工商时报》、《安徽日报》、《安徽广电报》、中央人民广播电台等媒介上以不同形式进行了转载，新华通讯社以“古井贡呼吁打假”为题，向全国各大媒介发了新闻通稿。真是一石激起千层浪，备受消费者关注的央视3·15专题节目的记者，也就此采访了古井的董事长；山西朔州市红十字会写信给古井表示支持古井董事长在全国“两会”上有关“白酒立法”的提案；中国质量管理协会也因古井的“公开信”成立了打击假酒专项基金，开展了“保护消费者合法权益”活动。

古井巧借山西假酒大案，将自己好好地“营销”了一把，成为企业公关的一个经典案例。

2008年，5·12汶川特大地震惊心动魄，顷刻间成为世界的焦点，地震中的点点滴滴也备受关注。地震中有一辆雪铁龙牌轿车被砖墙压得严重变形，当人们把这辆车从废墟中挖出来后居然还能够开走。作为汽车厂家当然不会错过这一营销的好机会，他们顺势扩大影响力，立马放话要奖一辆新的车给车主，同时要收藏这辆“英雄车”。一辆好车的口碑就在这样的背景下被迅速传开。

2012年，中日钓鱼岛再起争端，8月15日，就在日本战败的纪念日，香港保钓人士和凤凰卫视的两名记者登上钓鱼岛，遭到日本人的扣押，随后的几天，全国各大城市出现了小规模的反日游行活动，钓鱼岛争端一时间成为国人热议的话题。就在这时，合肥某传媒公司在一家饭店上方的广告位上制作了这样一个大幅的广告：“誓死保卫钓鱼岛”，并在广告词中写着“国家兴旺涵之有责”。一下子吸引了不少路人的观看。之前在此广告位上的广告，没有多少人关注过，但这幅广告，因为链接着时事和热点，触碰了公众的神经，显得格外醒目。

某传媒公司制作的广告牌链接了时事热点，显得格外醒目

这就是这家广告公司的高明之处：绑定大事件和热点事件。其实这种宣传方式已经成为一些大的企业近年来常用的技巧，策划得好，能起到事半功倍的效果。

2012 年 6 月 16 日，“神舟九号”飞船成功发射升空。轰轰烈烈的“神九”飞天事件，是众多企业品牌想借力的事件，许多品牌运营专家热血沸腾，希望有能耐傍上“神九”，因为此时，只要产品和“神九”捆绑，便可一飞冲天。海尔冰箱如愿以偿。下面的这条报道见于那段时间的许多媒体：

海尔冰箱随神九飞天

冰箱技术经受太空考验

6 月 16 日，“神舟九号”飞船成功发射升空。你也许不知道，在神舟九号飞船里，还有一位神秘“乘客”，它就是海尔集团研发的全球首台航天冰箱。

中国成为继美、俄后第三个独立掌握航天冰箱技术的国家，海尔也成为全球唯一具备航天冰箱研发能力的家电企业。

这台海尔航天冰箱要执行的任务可不简单：它要完成保存医学试剂的使命，为飞船返回后航天医学研究提供重要的样本支持，并为后期航天空间站的建立和航天员的正常科研工作提供决策依据。

中国航天员科研训练中心有关领导认为，由于太空环境以及飞船运行的特殊性，航天冰箱在构造、重量、体积、功耗、安全性等方面的要求都极为苛刻，国内外可借鉴的内容很少，中国航天冰箱的研发只能立足于自主创新，海尔无疑为此做出了示范。

海尔自 2006 年起开始参与航天冰箱的研发，历经 5 年的研发突破，2011 年中国第一台自主研发的航天冰箱搭乘神舟八号飞船成功飞天。在飞船返回地面后经相关机构严格检测，冰箱全程运转良好，各项指标全部正常。

在今年召开的家博会上，航天员科技训练中心特别授予海尔“战略合作伙伴”的荣誉称号，并指定海尔为“中国航天器专用冰箱唯一提供商”。

近年来，海尔一直坚持通过自主创新，引领全球家电业创新趋势。据世界权威市场研究机构欧睿国际(Eu—romonitor)发布的调查数据显示：海尔冰箱品牌零售与制造商零售的全球市场占有率分别高达 13.7%和 16.5%，分别比去年增长 2.9 个百分点和 3.9 个百分点，连续四年蝉联世界第一，主导了全球冰箱业发展格局。(凤凰网 2012.6.22)

这条消息的出台对海尔品牌的宣传有多大作用，大概怎么说都不算过分。绑定大事件，几乎可以说是企业进行品牌营销的“核武器”。

早在 2003 年“神五”飞天时，一些企业品牌就“盯上”了这个大事件，当时有 5 家赞助商。到“神六”时就已经翻倍达到 13 家，产品涉及牛奶、纯净水、润滑油、手表、家电，甚至还有运动鞋、保健品、茶叶等。但是，我们能够记住的赞助品牌却是寥寥，“神五”时的蒙牛和“神九”时的海尔，是成功运用了这个机会的少数品牌。为什么有的品牌被人们记住了，有的品牌人们又没有记住呢？在企业绑定大事件进行传播营销时是不是有什么妙招呢？

1)找出大事件与企业品牌的关联点。海尔冰箱和“神九”的关联性非常强，根据上面的报道，“它要完成保存医学试剂的使命，为飞船返回后航天医学研究提供重要的样本支持，并为后期航天空间站的建立和航天员的正常科研工作提供决策依据。”海尔冰箱成了“神九”的一部分。这么多的品牌产品，为什么随“神九”上天的偏偏是海尔？就是因为海尔找出了它与“神九”之间的关联点。

如果冰箱是“神九”的一部分，那么牛奶和飞船又怎么能够关联上呢？2003年十月，“神舟五号”发射升空，蒙牛早就策划好了品牌和神舟的关联点：13亿人口里仅挑出了十几位航天员，航天员绝对是中国人里综合身体素质最棒的人，你想也和航天员一样么？那么就请喝蒙牛的“航天员专用奶”吧。这个关系非常自然、连贯，非常形象的给消费者带来了健康、营养的印象。早在“神五”成功发射前，蒙牛便花了两个月的时间策划赞助神五的活动，调动了上千人参与，确立了“蒙牛强壮中国人”的传播主题，并与广告公司、电视台签订了合同。

许多品牌都想绑定“神舟”

2)整合营销。找准关联点是一种策划思维，整合营销则是成功的“临门一脚”，体现出企业传播营销的执行力。2003 年 10 月 16 日 6 时 23 分，“神五”安全着陆，就在举国同庆之时，蒙牛关于此次飞行事件的电视广告、户外广告、网络广告第一时间在各大城市实现成功对接，“蒙牛：中国航天员的专用牛奶”在极短时间内传遍全国。同时，蒙牛的销售渠道也积极跟进，一系列整合营销传播行动有条不紊地展开，迅速让消费者全方位地接触到“蒙牛信息”。印有“中国航天员专用牛奶”标志的产品很快出现在全国各大卖场中，宇航人物模型和其他各种醒目的航天宣传标志，将蒙牛的所有卖场装扮得“夺人眼球”。那一刻，中国人事实上是把对神舟五号，对整个民族的自豪感和蒙牛品牌嫁接到了一起。蒙牛这一套整合传播，被评为当年“中国广告业 10 大新闻”之一。

蒙牛广告力求把中国人对“神舟”的自豪感和自己的产品嫁接在一起

飞亚达的创意思路与蒙牛是一样的，但其整合营销的能力却让宣传效果打了折扣。飞亚达表为了配合神五上天，策划了一个“中国第一块航天表”的宣传概念，但是“神五”着陆后，飞亚达没有抓住契机积极跟进展开有效的整合营销传播行动，除了央视新闻联播前的倒计时广告外，并没有其他出色之笔，“中国第一块航天表”的身份没有得到人们的关注。直到 2003 年底，飞亚达才推出一款圣诞手表，显示了自己赞助“神 5”的身份，错失了借势“神五”进军高端市场的良机。

3)迅速出击。大事件通常都是热点事件，但有时候热点不一定都是大事，它可能是人们一时间关注的话题。社会热议的话题有时候转瞬即逝，企业经营者要有十分的敏感。现代市场越来越难做，竞争越来越惨烈，这就要求经营者对市场要有敏锐的洞察力，能够及时发现商业炒作的机会，迅速出击，占领市场和客户。雪花啤酒在 2012 年伦敦奥运会期间，其广告的内容不断跟进冠军金牌的变化，中国队的每一块金牌产生的时候，都能看到雪花啤酒的祝贺，借冠军的人气，树企业的形象，起到了巨大的品牌宣传效果。

1997 年的一次拳王争霸赛中，泰森一口咬下霍利菲尔德的一小块耳朵，整个世界为之哗然，有些商人是光顾着吃惊了，而一些有商业头脑的商人门纷纷推出了与之相关的产品，比如英国一家食品公司，在比赛的第二天就生产了一种类似于霍利菲尔德耳朵巧克力。由于人们都有一种好奇心理，在强大的广告宣传下，霍利菲尔德耳朵巧克力极其畅销，让商家们足足赚了一把。还有的玩具制造商们也仿制了一批有关于这次事件的儿童玩具，销路也不错。

由此可见，眼光敏锐，绑定热点，迅速出击，能为企业带来丰厚的汇报，这种回报不光是商业销售报表上的，更重要的是品牌知名度上的。

借冠军的人气，树企业的形象

4)持续发酵。现代社会，人们经历的大事要事多，社会的焦点和热议话题几天一变，一个大事件，过去之后就是浮云，公众又会把注意力转移到下一个热点和议题上了。企业好不容易抓住一个绑定大事件的机会，应该将其充足利用，让它持续发酵，发酵的时间越长，企业所获得的宣传效益越大。

2008 年，中国发生了两件大事：汶川地震和举办奥运会。如何借这两件大事表达企业的主张，营销自己的品牌呢？安徽天方茶业策划了一个“挑担徽茶雾里青　徒步北京庆奥运”的活动，通过重走当年徽茶进京路线，弘扬奥林匹克精神，庆祝北京奥运盛典，倡导徽商“以众帮众，乐善好施，以义取利”的精神，将挑往北京的茶叶在北京进行一场拍卖，所得款项全部帮助四川受灾地区重建。此次活动的策划可圈可点之处很多，其中一点就是它持续的时间长，2008 年 6 月 12 日在古徽道入口举行启动仪式，活动队伍途经池州、马鞍山、芜湖、铜陵、扬州、淮安、徐州、沧州、聊城、德州、天津等十六个站点，历时一个月时间。

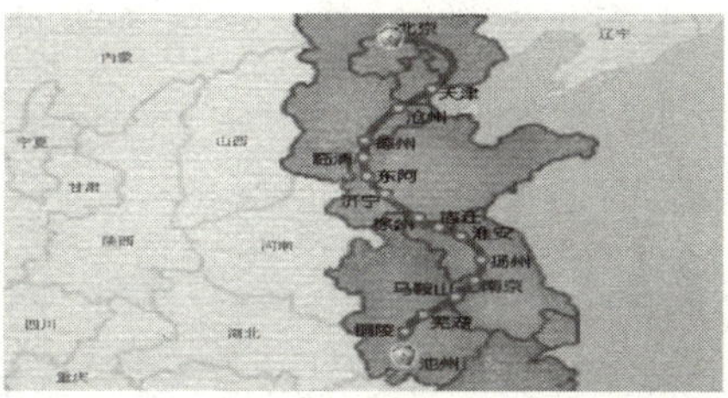

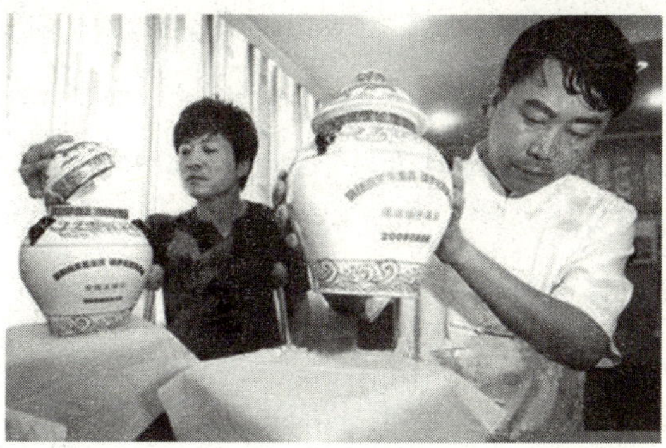

天文茶叶策划的“挑担茶叶雾里青，徒步北京庆奥运”活动持续发酵

由于活动主题和奥运有关联，所以所到之处基本上当地媒体都争相报

道，下面就是2008年7月4日活动队伍途经山东聊城时《聊城日报》的报道。

挑担徽茶雾里青　徒步北京庆奥运　安徽池州茶队"登陆"水城

本报讯　"阳春三月到茶林，风吹茶树枝叶青。身背竹篓手提篮，采茶儿女喜洋洋。江南名茶雾里青，欣喜灾区献爱心。重走古人徽商路，挑担茶叶上北京。"随着姜梦玉那高亢悠扬的池州罗城民歌声，安徽名茶"雾里青"徒步进京庆奥运大型公益活动于6月29日走进我市。头戴斗笠，身着古徽装，被称为"徽骆驼"的20位义工，挑着茶叶边走边唱，行进在我市闹事街头，吸引了无数市民好奇的眼光。据介绍，聊城是茶队从京杭大运河水路改走陆路的第一站。

今年，为庆祝北京奥运会的举办，古徽州的茶农们，从池州石台县高山野生茶树上采摘了新鲜嫩牙尖，精心制作了100公斤极品"雾里青"，由池州市茶叶协会组织开展了"挑担徽茶上北京，重走百年徽商路"的徒步进京庆奥运、为地震灾区献爱心活动。这一活动也得到了中国茶叶流通协会、中国红十字会的大力支持。

据悉，全国上千名志愿者积极报名要求参加这一公益活动，最终入选的20名义工来自安徽等六省区，成员中有新徽商、教师、军人、作家、大学生和媒体工作者，其中年龄最大的61岁，最小的22岁。自6月12日从皖南石台秋浦河沿古徽道商路出发，沿着池州、铜陵、芜湖，第十一站来到聊城。在我市活动期间，他们主要开展宣传奥运，挖掘、探寻百年徽商文化历史和为四川汶川地震灾区赈灾等活动。我市很多热心市民也积极参与到这一公益活动中，表达了对北京奥运会成功举办的热切期望和对四川地震灾区同胞的爱心。

试想一下，在活动一个多月的时间里，每到一地，媒体都有这样的"礼遇"，这个事件的发酵时间有多长，它对天方集团及雾里青品牌的宣传会有多大。

2005年10月，南海鑫茶叶有限公司老总李正海成功地让普洱茶搭上"神六”。他告诉记者，10克普洱茶，上太空的费用仅需要人民币20000元，然而却赚足世人眼球。在此之前，都是种子上太空，成品普洱茶上太空，是科研方面的新生事物，更是品牌营销的一个奇想。此次搭载主要是研究茶叶进入太空会不会产生变异，“我们已经将没有上‘神六’的同一批次普洱茶封存起来，目的是比较一下上太空后的普洱茶与没有上的，在口感、营养和产品结构上有何不同。”李正海说，“神六”返回后，将邀请专家对经过太空旅行后的普洱茶进行鉴定，并将把研究结果公告天下。普洱茶宣传的时机、节奏把握得多么到位！上太空的时刻，是他宣传的一个时机，飞船回来的时候是他的一个宣传机会，过了若干时间之后，他还可以持续地发布消息，告知公众普洱茶的状况。一点小小的普洱茶，在人们的注意力中持续地发酵，发酵的时间越长，商家的宣传持续得就越长。

5)在程序和细节上巧妙体现企业品牌。企业的营销在与大事件结合后，并不等于说在人们关注大事件的同时，就能充分关注到企业的品牌，不等于企业的品牌价值就会随着事件的发酵扩散而不断提升。要想获得人们的注目，还需要公关人员在事件的程序和细节上多多考量，在大事件中巧妙体现企业品牌，在这方面，北京饭店在接待里根总统的策划中做得很到位。北京长城饭店是我国第一家五星级宾馆，1983年开业之后，它面临着一个难题就是怎样向全中国和全世界消费者介绍和推广自己。机会终于来了，1984年4月，他们得知美国总统里根要访问中国的消息，于是他们展开了一次大规模的公关活动。星岛环球网的这篇文章详细地分析了长城饭店的这次公关活动。

办里根访华答谢宴　长城饭店声振海外

在新楼不断崛起的北京燕莎商圈，长城饭店显得神色黯淡。而在京城33家五星级饭店中，它也不再如昨日那般光鲜照人。现在的长城饭店犹如美人迟暮般地让人心生感叹，然而，就在24年前，这家饭店的开工建设，对北京和全中国而言，都具有非比寻常的象征意义——因为它是中国第一家五星级宾馆,也是第一家中美合资的宾馆。而它操办的里根访华答谢宴会更是盛极一时,成为一个久远的传奇。

中国于1979年7月颁布了第一个利用外资的法律《中外合资经营企业条例》。虽然深圳特区已经成立,但在中国对外资已经关闭了三十年的大门重新启开一条缝时,心中的忐忑与憧憬同在的西方企业还是决定先到政策的发源地一试水温。1980年4月,北京航空食品、建国饭店、长城饭店成为首批获准成立的外商直接投资企业。

长城饭店1983年正式开张营业,之后一直面临着如何把长城饭店介绍给世界、招徕顾客的问题。1984年4月26日到5月1日,美国总统里根将访问中国。长城饭店获知消息后,立即着手了解里根访华的日程安排和随行人员。当得知随行来访的有一个五百多人的新闻代表团,其中包括美国的三大电视广播公司和各通讯社及著名的报刊之后,长城饭店决定抓住这次机会,举办一次大规模的公关活动。

在成功争取到美国新闻代表团入驻之后,长城饭店对代表团的所有要求都给予了满足。为了方便代表团各新闻机构及时发稿,长城饭店在楼顶上架起了扇形天线,把高级套房布置成工作间。长城饭店更将饭店最精华的部分给美国三大电视广播公司做播放电视新闻的背景:CBS公司采用富有中国园林特色的"艺亭苑"茶园的六角亭、NBC公司采用中西合璧的顶楼酒吧"凌霄阁"、ABC公司采用将古朴典雅的露天花园。

为了使收看、收听电视、广播的公众能记住长城饭店这一名字,饭店总经理提出,如果各电视广播公司只要在播映时说上一句"我是在北京长城饭店向观众播报",一切费用都可以优惠。富有经济头脑的美国各电视广播公司接受了这个条件,暂时当起了代言人、做起了免费的广告,把长城饭店的名字传向世界。

随后,长城饭店又把目标对准了高规格的里根总统的答谢宴会。在以往这几乎是不可能的,因为这种规格的宴会通常都在人民大会堂或美国大使馆举行。长城饭店先向中美两国礼宾司的首脑及有关执行部门的工作人员详细介绍了饭店的情况并赠送了相关资料，然后把重点放在了邀请各方首脑及各级负责人到饭店参观考察上。在看过长城饭店的设施、店容店貌、酒菜质量和服务水平之后，中美官员当即拍板，还争取到了里根总统的同意。

获得承办权之后，饭店经理立即邀请中外各大新闻机构到饭店租用场地，实况转播美国总统的答谢宴会，并表示：如果转播时提到长城饭店，收费可以优惠。

答谢宴会举行当日，中美首脑、外国驻华使节、中外记者云集长城饭店。电视上在出现长城饭店宴会厅豪华的场面时，各国电视台记者和美国三大电视广播公司的节目主持人异口同声地说："现在我们是在中国北京的长城饭店转播里根总统访华的最后一项活动——答谢宴会……"在频频的举杯中，长城饭店一次又一次地展现在世界各地民众的面前。里根总统的夫人南希后来给长城饭店写信说："感谢你们周到的服务，使我和我的丈夫在这里度过了一个愉快的夜晚。"

此后，各国访问者、旅游者、经商者慕名而至，有 38 个国家的首脑率代表团访问中国时，都在长城饭店举行了答谢宴会，以显示自己像里根总统一样对这次访华的重视。长城饭店从此名声大振，而承办里根总统答谢宴也成为公关史上一个成功的案例。（星岛环球网 www.stnn.cc 2007—07—18）

照理说，长城饭店能够争取到里根总统的入驻，就已经是公关宣传上的巨大胜利了，这一事件足够让世人对其瞩目，但是他们并没有满足于这些，在细节上做足了文章。争取答谢宴会在本饭店召开、将标志性的场所提供给各大广播公司做演播背景、"我是在北京长城饭店向观众播报"等，对品牌传播起到的作用更加具体，我们从这些内容中可以看出长城饭店在传播细节上的用心。没有这些具体的布置和策划，这次传播不会有如此巨大的影响力。

绑定大事件，似乎只是大品牌能做的，那么小品牌能否搭载像神舟上天或里根访华这样的大事件呢？回答是肯定的，只要策划得巧妙，小品牌也可以借势大事件。

“奥科特”是广东中山的一家灯饰品牌,“神六”飞天时,“奥科特”的操作团队在思考,能否借助“神六”,以最快的速度在最短的时间内提升“奥科特”在业内的知名度?他们策划了“神六飞天有奖问答”的营销方案。通过对业内的传媒机构分析,他们认为当时的《古镇灯饰报》在业内最具权威性和代表性,其业内发行量全国第一,“奥科特”便在这家报纸上做了“神六飞天有奖问答”活动。通过三期的首页推广,在业内高调亮相,强势运作品牌,达到借势造势的目的,效果异常显著,热线电话一天到晚不停,全都是冲着“神六飞天有奖问答”活动而来。在第一个月,“奥科特”在业内引起广泛猜测和关注,人们相互询问:谁是“奥科特”?它是做什么的?接下来,《古镇灯饰报》对“奥科特”进行了一系列的宣传推广,从产品、研发、品质、战略、营销、实力等各方面进行长达三个月的持续传播,使“奥科特”成为业内品牌形象提升最快的一匹黑马。

2. 绑定媒体的报道议程

国内的媒体每一个阶段都是有报道议程的,每个月和每个星期,媒体都会召开内容安排方面的策划会议。在中国现阶段,媒体的报道议程也往往就是政府的中心工作或社会上的热点焦点事件和话题,媒体的声音通常与国家权力机构的行为相呼应。下面就是安徽广播电视台《安徽新闻联播》的 2012 年 8 月度宣传选题规划,像这样的规划,每一个媒体,特别是传统媒体都不陌生,甚至说是家常便饭。

安徽卫视《安徽新闻联播》2012 年 8 月份选题方案

一、把“十八大”系列宣传报道作为重中之重,集中优势兵力,采制精品力作,为迎接党的十八大召开营造浓厚氛围。

1、《科学发展　成就辉煌》专栏将保持“长流水、不断线”的运行态势,展现党的十六大以来,安徽经济社会发展所取得的一系列重大成就和巨大变化。

2、推出《科学发展　成就辉煌》特稿,计划从打造经济强省、改革敢为人先、凝聚崛起力量、创新引领发展、加速区域经济协调发展、民生工程惠民生、打造生态安徽、项目助推崛起、江淮大地党旗红等多个方面入手，运用“走基层”的形式，坚持高度、深度和广度相结合，采制一批精品力作，形成一定的规模和声势，提升报道的影响力和感染力。

3、深入宣传报道全省党政机关和社会各界学习贯彻胡锦涛总书记“7.23”重要讲话精神，并按照党和国家工作的总要求，围绕省委省政府确定的中心工作，结合各地各部门的工作实际，加强报道策划，精心遴选选题，报道全省各地为推进科学发展、建设美好安徽所采取的新举措。

4、推出迎接十八大前期报道《红色青春》系列，通过一个个红色人物的青春故事，展示共产党人为国为民敢于牺牲、甘于奉献的赤诚情怀，计划发稿26篇左右。

5、深入报道全省各地各部门开展的“保持党的纯洁性 迎接党的十八大”主题教育实践活动，继续做好当前全省创先争优活动宣传报道。

二、加强对当前经济形势的分析和研判，反映安徽经济发展的新亮点、新成就，准确传达省委省政府的最新决策部署。

1、继续做好《年中经济观察》系列报道，并对今年上半年安徽GDP增幅达到12.8%，比全国增幅高出5个百分点的原因，从多个方面、多个层次展开深度剖析，揭示原因，展示态势。

2、围绕“服务实体、稳定增长”主题，展现安徽各地各部门的新思路、新作为和新成效。

3、抓好动态性经济报道，内容涉及到加强基础设施建设、扶持小微企业、结构性减税、激发民企活动、加速区域经济协调发展、自主创新提升核心竞争力、应对用电高峰、节能减排等方面。

4、加强“三农”报道，扎实做好防汛抗旱、科技田管、惠农政策等报道。

三、拓展民生报道的深度和广度，向全社会传递更多的和谐信号

8月份，《安徽新闻联播》将在《民生工程进行时》专栏中加大对民生话题的关注和解读力度，内容包括高温下的关爱与坚守、丰富多彩的暑期生活、暑期防溺水、关爱留守儿童、保障房建设与分配、医改惠民生、大学生和农民工自主创业或就业、高招、安全生产等题材。

四、继续发掘安徽各地的好人好事，为中国好人的“安徽现象”不断注入新内涵。

五、《我们在基层》专栏将继续走系列化、规模化的报道路线，根据实际情况和现实需要，灵活机动地推出相关节目。

六、加强策划，做好“八一”建军节相关组稿工作，展现“民拥军、军爱民”的生动局面以及军地共建所取得的一系列成果。

七、其他主题报道，按照省委宣传部和上级有关部门的通知要求执行。

以上的选题规划，也就是媒体想要的东西，如果想上这个媒体，你就要事先摸清楚媒体的需求，将自己企业的内容往它的议程上靠，给媒体“喂食”，发稿就会容易得多。如果工作再细一点，最好能知道他们现在的例会都在议什么，想要的是什么。如果不能从内部打听到，看他们的新闻也能够猜出七八分。内地媒体的报道议程通常由以下几个方面的内容组成：

1)党和政府的中心工作。比如迎接党和政府、人大的重要会议(党的代表大会、每年的“两会”等)、经济建设、建立反腐长效机制、当地政府正在或将要举办的经济、文化或体育活动等。围绕着这些中心工作，新闻媒体会策划出种种主题报道，如“十八大”之前全国各主流媒体都推出了“科学发展　成就辉煌”的主题报道。类似这样的主题报道，是传统新闻媒体几乎天天、年年、月月都要面对的，这些主题报道，主要就是反映各行各业的成就，这是企业宣传最好的借势机会。一个省的好的典型，基本上都被当地主要媒体轮番“轰炸”很多回了，如果你是一个在宣传上崭露头角的企业，只要稍微将自己的内容向媒体想要的角度偏一点，就会被媒体关注。比如，有段时间，国内非常重视自主创新企业和民营企业的宣传，各级政府对当地的自主创新企业和民营企业鼎力相助，出台了许多保护措施，如果你的企业属于这个类型，你就应该借助官方的影响，来帮助企业传播，巧取媒体资源。有一年，江苏省委、省政府召开了全省发展民营经济大会，会上民营企业太平洋建设集团受到表彰，企业领导受到省委书记的接见，这种政治花环下的媒体免费午餐，对一家上市的民营企业集团来说，获利无法估量。在企业的运作下，江苏省委机关报《新华日报》在头版刊发了该企业的发展纪实通讯。第二年，内蒙古自治区主席率代表团来江苏考察，江苏省省长梁保华率本省官员陪同内蒙客人前往太平洋建设集团。企业约请相关媒体的记者前来采访，为不能到场的记者提供新闻稿，扩大宣传。企业就是抓住了省委省政府领导对民营经济的重视这个机遇，大大推动了企业的宣传，这种宣传给企业带来的美誉度是花再多钱做广告也无法比拟的。

2)社会的焦点和热点。社会上每个阶段都会有不同的焦点、热点话题，特别是我们现在已经进入了一个传播的时代，媒体几乎每天都在制造着话题和舆论，企业应该清楚，哪些焦点和热点话题是企业宣传中可以借势利用的机会。合肥东方美捷公司的特效吸油材料及装备的推广，就是借助社会焦点进行的。近年来，因运输、存储、火灾、自然灾害等原因引发的各类涉油污染事故不断增加，泄油严重污染水体、土地，引发重大环境灾难和社会问题。东方美捷公司一直致力于生态环境材料技术及涉油污染应急处置技术装备研发，当时已申报发明专利 14 项，授权专利 9 项，自主开发与产业化的特效吸油材料是国家重点新产品，但是这些技术一直藏之山中，无人能识，2010 年 5 月 5 日，美国墨西哥湾原油泄漏事件引起了国际社会的高度关注。合肥东方美捷公司在此事件后立即展示了自己的应急处理能力，称他们可以处理发生在道路及各种水面上的油性污染物泄漏污染，回收油污，进行环境恢复。对于墨西哥湾的大面积漏油事故，合肥东方美捷公司目前没有那样大的处理能力，但合肥周边一旦出现类似污染，他们公司完全可以挺身而出。经过与环保等部门的沟通，他们的应急方案和设备已经得到合肥市环保局的批准，并由政府拨款投入实际运用。

“哥德堡号”是瑞典东印度公司的一艘商船，1746 年，它满载着从中国等国家带回的大约 700 吨茶叶、瓷器、丝绸和藤器等物品回国，这其中就包括安徽池州的雾里青茶。就在离哥德堡市还有大约 900 米的地方，“哥德堡号”触礁沉没。“哥德堡号”行走的是中国经非洲到达欧洲的一段海上丝绸之路，为中国和欧洲的经贸往来做出了卓越贡献。为了纪念“哥德堡号”的那段光辉岁月，2003 年 6 月，经过十年精心打造还原的“哥德堡号”新船顺利下水，并于 2005 年 10 月 2 日清早正式远航中国。2006 年 7 月 18 日上午，“哥德堡号”胜利抵达广州港，受到中国人民的热烈欢迎。中央电视台还制作了大型纪录片《追逐太阳的航程》在中央电视台《探索·发现》栏目热播。“哥德堡号”一时成为各媒体报道的议题。

经营“雾里青”茶叶的天方公司及时抓住这个时机，策划了一个行动：向“哥德堡号”赠送 100 罐极品绿茶“雾里青”，一时间吸引了众多媒体的争相报道。下面是上海文汇报报道的节选：

名茶“雾里青”重上“哥德堡号”

昨天(2006 年 9 月 3 日)上午，安徽省池州市向瑞典“哥德堡号”赠送了 100 罐极品绿茶“雾里青”。200 多年前曾经通过“哥德堡号”销往欧洲的安徽名茶“雾里青”，将再次由“哥德堡号”将清醇的芳香带往欧洲。

“雾里青”茶产于安徽石台县仙寓山一带，远在宋代被称为“嫩蕊”。明末清初，“雾里青”开始出口到欧洲。当年的“雾里青”沿着古徽道辗转江西、广东内河流域到达广州，最后登上“哥德堡号”商船，运往瑞典，成为欧洲贵族享用的珍品。……

类似的例子还有很多，比如 90 年代中期，国企改革当中许多职工纷纷下岗，当时，解决下岗职工的再就业问题成了各方关注的焦点，一些企业和政府就因建立“下岗工人再就业一条街”和解决下岗工人的生活问题而频频出现在媒体上，增加了不少的曝光率，这对他们争取政策支持、扩大市场、聚集人气等都产生了积极的影响。

3)各种节日、纪念日、宣传日。比如植树节、3.15 消费者权益日、3.5 学雷锋、五一劳动节、6.26 国际禁毒日、助残日、教师节，艾滋病宣传日等。在这些节日、纪念日、宣传日里，媒体一般都会筹划相应的内容，企业要想“上位”，这是一个较好的由头和节点。本节开头说到的某县的私立医院，如果在报道中说他们的医术多么多么好，治好了多么难治的病，使多少不能站立的人重新行走，可能都摆脱不掉广告的嫌疑。但如果他们能在助残日这一天，安排一些对残疾人的特殊治疗活动，在平时就注重对残疾人优惠和优待，媒体在助残日就有了报道的由头。一些在平时看来不是什么新闻的人和事，到了节日、纪念日或宣传日，就能成为新闻，由此可见，一些平日里对媒体是“毒药”的东西，到了这些日子，就能成为媒体的“食物”了。

3. 绑定媒体有影响力的活动——和媒体一起出名

在信息传播方式不断翻新的今天，传统的广告模式已经无法完全满足企业宣传的个性化需求。企业在媒体上做广告和宣传的方式有很多突破，企业品牌绑定媒体有影响力的活动，就是近年来比较令人瞩目的现象。最著名的例子就是蒙牛同湖南卫视合作的“超级女声”。

2004年7月，时任蒙牛（乳业）液态奶市场总监的孙隽面临着这样的境况：中国乳业市场竞争白热化，2005年蒙牛酸酸乳的销售必须做到25亿，这也是上年伊利的同类产品伊利优酸乳的销售额。

经过艰难的策划和寻找，孙隽决定和湖南卫视即将开始的大型选秀活动“超级女声”合作，打造一台与以往不同的娱乐节目，在孙隽看来，“超级女声”和蒙牛酸酸乳的品牌内涵是完全一致的，都是酸酸甜甜，先酸后甜。其受众对象都是小女生。

于是，2005年夏天，很多中国电视观众经历了每周一次节日般的体验——湖南卫视的选秀活动“超级女声”。在“超级女声”中，观众手机短信投票选出了自己喜爱的“超级女声”。以往，企业赞助此类媒体活动就是简单的冠名播出，而这次合作很大程度上突破了以往企业与媒体的合作模式。

创新之处在于，蒙牛和“超级女声”活动的黏性很强。蒙牛在全国的销售网络、终端销售、包装、直投广告单等，都有湖南卫视“超级女声”的标志，连蒙牛的产品广告都在为“超级女声”节目作宣传。“超级女声”利用蒙牛的销售终端和网络，达到了最大的曝光度。与此同时，“超级女声”也在所有的推广中帮助蒙牛的产品宣传，企业产品同媒体内容互相成为对方的传播渠道，两者相互促进。时任湖南台台长的欧阳常林说了一句大家此后都无法忘记的话：除了湖南卫视不能叫“蒙牛台”，其他资源你都可以用！

“超级女声”的社会反响大家可能现在都还记得，它成为当年的一个重要的文化现象。湖南卫视的节目运作模式和蒙牛的传播营销模式被其他的电视台和企业纷纷效仿和复制，但其影响似乎从未被超越。据报道，蒙牛向“超级女声”投入的冠名费大约是1400万元，累计市场投入也不过数千万元，而其带来的是“蒙牛酸酸乳”产品近10亿元的直接销售收入，“蒙牛酸酸乳”自超级女声后畅销大江南北，其品牌价值得到极大的提升。“超级女声”活动期间和之后，此产品很多终端曾一度断货。

这种和媒体大活动深度融合的宣传同传统的广告相比，优势在哪里呢？

1)参与的人多。大型活动一般参与的人比较多，延续的时间长。比如“超级女声”在半年的时间内都被人广泛关注，并成为一段时期的热门话题。

2)渗透力强。一般的广告和冠名往往是强加给人的，消费者在接受时处于相对被动的状态。而大型活动对企业品牌的传播则比较人性化，消费者是主动地接收传播的内容，效果自然会更好，这一点从蒙牛酸酸乳后来的销量也可以看出来。

3)锁定目标客户。企业和媒体的这种合作模式最重要的一点就是，媒体活动的受众人群必须是企业产品的目标客户。“超级女声”节目的最大参与群体是十几岁到二十几岁的女孩，这个群体又正是蒙牛酸酸乳的目标消费群。基于这一点，媒体和企业品牌能够产生“共振”的效果，两者气质相投，形成共赢。

八、善于制造——当前的社会充满“有意安排的事件”

如果你的企业里没有这么多的新闻可以引起公众的关注，但是你的企业又需要人们关注，不希望被忘记，那么怎么办？想办法制造新闻事件吧！制造新闻，或说策划新闻事件，又叫做事件营销，已经被现代人和企业越来越多地使用。

在这方面，娱乐界做得比较多，可以为企业的宣传炒作提供一些借鉴。我们打开网络，到处可见娱乐界有意制造的事件：

2011 年 12 月 11 日，影视明星孙菲菲参加 2011 时尚先生活动，穿着开衩的平胸白色礼服走红毯，被主持人方龄“误”踩裙角，结果整个裙子脱落，胸部大开，肉色内衣外露，花容失色（从图片上看她很淡定）。事后，工作人员急忙为她披上衣服，赶紧离场。2012 年 8 月 31 日，孙菲菲的经纪人王薇在微博中爆料，重翻整容及“踩裙门”事件，并称：“整容整得面目全非，故意自己制造踩裙门”。

疑似导演出来的“踩群”事件

2011 年，影视演员袁莉出席华表奖活动，身着设计师叶明子设计的镂空装，惊艳全场。镂空装事件后，有网友炮轰袁莉，称鲜有电影作品的她不配走电影奖红毯。袁莉在“微博”发牢骚，称某著名女演员背后搬弄她的是非。在网友质疑下，袁莉解释了整个事件的始末。她称，该件礼服于颁奖礼前一天晚上送到，“当时穿了黑丝袜打底，粗心的服装编辑从未告诉我们还有条衬裙。由于换衣服的地方较黑又是晚上未发现有何不妥。第二天走红毯前在服装杂志临时搭的换衣间内一样没灯，拍照、采访无人投来诧异的目光。直到走红毯前，走到日光下，经纪冯杏看到，急得流泪，告诉我，这有衬裙，刚拿到，在车上。但组委会过来拉我，袁莉，到你走红毯了，匆忙间就上了。”袁莉称，她一直没有意识到事件的严重性，还是张丰毅跟她说及此事，她才发现不对。然而谁会相信这样的解释？更多的人相信袁莉是在借红毯制造事件，积攒人气，一位时尚编辑对这件事评价说：“我了解到现在艺人宣传比较多元化，以前发通告、上节目，现在杂志封面、红毯都是正面宣传的时机，所以艺人自然不放过。”

艺人炒作的例子可以让我们了解事件营销，下面我们来看两个企业事件营销的例子。

例1　2005年，一个叫做“吃垮必胜客”的帖子在网络上疯传。因为必胜客的沙拉盘很小，但是却要几十元，操盘该帖子的“幕后黑手”在网络上表示对其高价不满，他要打造盘中“沙拉的金字塔”。看到此贴后，吃过的人感觉新奇有趣，没吃过的也跃跃欲试。就这样，网络上竟然掀起多种“沙拉的金字塔”的样式，其“建筑技巧”也在不断被创新。结果是，随着帖子点击率的急速飙升，必胜客的顾客流量迅速增长。网络推手利用网民的猎奇心里，完成了一次事件营销。

例2　在汶川遭遇地震之后，王老吉向震区捐了一个亿，网上立即流行起一个要“封杀王老吉”的帖子：“王老吉，你够狠！捐一个亿，胆敢是王石的200倍！为了整治这个嚣张的企业，买光超市的王老吉！上一罐买一罐！不买的就不要顶这个帖子啦！”帖子的内容刺激而煽情，王老吉一夜之间爆红大江南北，不断出现王老吉在各地销售断货的新闻，网上还有诸如“要捐就捐一个亿，要喝就喝王老吉”、“一心一意为灾区，十全十美王老吉”的口号在QQ群和论坛中被疯狂转发。事后人们得知，这是王老吉借网络团队做出的一次线上营销，网上的这些“波澜”是一次“有意安排的事件”。此次线上活动极大地带动了线下的销售，应该说的一次比较成功的策划。

这就是事件营销的力量。现代社会中事件营销已经越来越多地为人们关注和使用。事件营销是结合广告与新闻共同打造品牌的绝佳方式，它既能够达到用广告推广知名度的目的，又能实现用新闻打造美誉度的目的。

对于事件营销有很多种不同的定义，下面这个定义是被大家广泛认同的：事件营销就是指企业通过策划、组织和利用具有名人效应、新闻价值以及社会影响的人物或事件，吸引媒体、社会团体和消费者的兴趣与关注，以求提升企业或产品的知名度、美誉度，树立良好品牌形象，并最终促成产品或服务销售目的的手段和方式。

美国学者布尔斯汀在《形象：美国伪事件指南》中说：当前的社会充满“有意安排的事件”来供媒介报道，灵巧的人不是随着新闻的潮流行动，而是学会了怎样去推动新闻本身。

布尔斯汀所谓的“推动新闻本身”就是新闻事件策划，策划新闻也好，事件营销也好，关键是要有个好的创意。在相对开放的互联网上，什么声音会压倒一切？在多姿多彩的媒体世界，什么事情会成为焦点？企业怎样能将公众的情感、兴趣引入到策划的事件上来？

1. 制造话题

制造话题就是传播者策划一个话题，在媒体上发布话题信息，进行引导性炒作，以达到自己的宣传目的。制造话题的目的是为了宣传某种产品、作品、服务项目或个人。近年来，话题炒作作为营销的一种手段，越来越受到商家和名人的重视。

在实施话题制造的时候，切记以下几个要点：

1）话题要娱乐、轻松和重口味

这种炒作通常首先是在网络上进行的，网络环境下的信息需求是什么？娱乐、轻松和重口味。有的营销专家甚至指出：今后的营销活动必须与大众娱乐精神密切结合才有市场。话题炒作在某种程度上讲就是为大众提供素材，满足大众的猎奇心理、争议倾向。越是能符合大众口味且有新意的话题，越能得到迅速而广泛的传播与议论。

2010 年 5 月 2 日起，高希希导演的鸿篇巨制《三国》在安徽、江苏、天津和重庆几大卫视首播，同样的剧集，同样的时段，在不同的卫视平台上播放，收视率会不尽相同，安徽卫视作为以运作电视剧闻名业界的频道，在此次《三国》的播放中整合全台宣传资源，创新推广，差异编排，实现栏目和剧目的深度互动，安徽卫视新版《三国》在央视索福瑞5000户测量仪和29省网组平均收视位列省级卫视第一位。这样好的收视效果，和安徽卫视的宣传推广密不可分。为了让受众知晓《三国》将在安徽卫视播出的消息，4月1日起，宣传推广人员在网上炒作了"安徽卫视将改名为三国卫视"的消息。网上于是热议：安徽卫视是新版《三国演义》的大股东之一，安徽卫视要倾力推广该剧，"为之更名"也在所不惜。有的网民则义愤填膺：什么都能卖，台标都能卖了！聪明的网民一看便知这是一个剧目播出前的宣传炒作，是一条借愚人节这个特殊日子抛出的新闻。这条消息赚足了人们的眼球，消费了很多公众的口水。同时让安徽卫视即将播出《三国》的消息具有冲击力地传播了出去。安徽卫视播出《三国》，收视率能够高开高走，跟这个话题的策划和炒作有着很大的关系。

2)选准时机，借力打力

必须让话题广泛传播，引起人们的关注与讨论。我们来看高手冯小刚的运作。

冯小刚不单是拍电影的高手，在电影的宣传推广乃至炒作上也是高手。2010年，台湾金马奖颁奖，金马影后争夺战中，一直认为是得奖大热门的徐帆败给了吕丽萍，金马主席黄建业先生认为徐帆的表演"表达过显猛烈"。网友们戏言：孙海英家的吕丽萍击败了冯小刚家的徐帆。火爆脾气的冯小刚火了，11月23日，冯小刚在微博上接二连三地开腔，炮轰金马奖不公："金马主席黄建业先生认为徐帆的表演'表达过显猛烈'，这话实在有失专业水准。按您的说法，奥斯卡影后朱丽亚罗伯茨的表演可谓典型的过显猛烈了？话都是可以两说的，过显猛烈也可以评价为饱满真切。表演有很多种方式，目的只有一个，打动观众。从这点说，徐帆的表演是称职的。您可以不喜欢但是别假装内行。"；"装孙子我会，就是不想装"；"我不怕得罪人，因为别人从来不怕得罪我。”

有些网民对冯导的表现看不懂了，他们发微博，“希望你一如既往地淡定并从容大气着！”也有网友笑称冯导是“受迫害臆想症者”，“吕丽萍得奖我很意外，不过冯导你太小心眼了。没得奖就一定有黑幕？别瞎扯淡了。”更有网友忍不住问：“您跟孙海英的恩怨还没了结啊？”

冯小刚如此炮轰金马奖，真是因为夫人徐帆败给吕丽萍吗？接下来的事情让人们看得明白了一点：冯导的《非诚勿扰 2》将在 12 月上映，与陈凯歌的《赵氏孤儿》、姜文的《让子弹飞》短兵相接，这让硝烟弥漫的贺岁档竞争更加激烈。冯小刚逮着“惊马奖”不撒手，大作话题，其实是剑指贺岁片！他的微博从轰向金马奖的第一炮开始，他就拿市场地位证明自己：“《唐》大卖就已铸成今天的结果，卖了 6.6 亿还把奖给你？恨你还来不及呢。这是生态平衡。”他强调的一个主题就是：冯小刚是中国最有价值的导演。

冯导的几篇微博，立即让《非诚勿扰 2》脱颖而出。他抓住金马奖这档子事，就汤下面，借力打力，讨伐“金马奖”是假，“推广《非诚勿扰 2》才是真，他不花一文银子，却造足了舆论，赚足了眼球。冯小刚以他多年来积攒的人气，使他的作品在关键时刻广为观众所知晓。

话题不是生硬地制造出来的，特别是文化产品的推广，许多时候需要结合当下的热点和产品的内容来寻找话题，来带动话题的传播。安徽卫视在播放《甄嬛传》的前后曾推出了十多轮的话题，将观众的注意力成功地吸引到了安徽卫视这个大剧播放的平台上，其中利用“闻香导致流产”情节推出的话题，巧借剧情，普及知识，解释疑惑，引发网民强烈关注，也成为电视剧播出期间街头巷尾的谈资。

《甄嬛传》闻香导致流产？

安徽卫视跟剧栏目较真剧中香料桥段

争宠用香，害人小产用香，迷惑皇上也用香……随着《甄嬛传》在安徽卫视的热播，剧中的各种香料令观众们津津乐道，不过也有想生龙宝宝的准妈妈们看了，对剧中动辄闻香就流产的桥段很是害怕。

边看剧边科普 尽管“香”很诱人，然而后宫中的香味却暗藏种种玄机，《甄嬛传》热播不到1/3，就有三位小主相继小产，还有妃子迟迟未能有孕，这些桥段却让期待生龙子龙女的准妈妈们胆战心惊，“后宫里有那么多东西可致人流产，有些现代也一样在使用，比如麝香。如果稍微一不留心，我是不是就可能流产，真是越看越害怕。”而最近网络上有医院也打出看《甄嬛传》教你用麝香，不用人流的广告标语，很多网友都议论纷纷，看后宫剧居然学到流产知识。不过也有人质疑，仅凭一点点香和一点点花粉之类的药物，是否真的能让人流产。

流潋紫向记者坦言：“我先生是中医药大学的老师，所以麝香、红花会导致孕妇流产是有医学根据的。不仅是麝香、红花这些细节，包括《甄嬛传》中涉及的其他药方，也都是他去查了很多资料，然后我才写进书里的。”流潋紫称，并非是要宣扬这些，“后宫女人为了生存，无所不用其极，但这不是《甄嬛传》想要表达的，我想说的是在那个封建制度下，女人不能自主的悲哀命运，希望观众能看到甄嬛正面向上的人格力量。”

而针对准妈妈们对于香的恐慌，安徽卫视表示，电视剧因为戏剧效果，可能会进行夸大，电视台则有这个责任来普及正确的科普知识，而不是造成负面影响。安徽卫视特别打造的独家跟剧节目《石破天惊说甄嬛》，就是针对《甄嬛传》中的历史知识和冷知识较多，希望能让观众在一个多月的观剧过程中，收获一些相关的知识，也会根据观众的需求随时调整节目内容，目前正在考虑做香与植物的特辑，以满足观众对于这些冷知识的求知若渴。

而鉴于《石破天惊说甄嬛》收视率连续数日位列全国同时段第二，安徽卫视也希望在今后的播剧过程中将这个品牌延续下去，对剧中相关的科普和历史知识进行详解，“让观众在看剧的同时，了解一些相关知识，这也是电视剧的附加值，寓教于乐，何乐不为？”

（据安徽网络电视台 2012—04—10）

“闻香导致流产”这个话题，推出时机恰当，紧贴剧情，巧借剧情之力，炒热播出平台，显示了安徽卫视大剧营销的娴熟技巧。

3)话题要有争议性

现在的媒体环境下，要想制作和炒热一个话题，所制造的话题必须要有点“出格”和“争议性”，如此才能得到媒体和受众的关注。“三国卫视”的话题之所以被人广泛讨论，就是因为它有点出格，能够引起争议。我们再来看两个红酒营销的宣传案例，以此透视一下现在的话题制造和十年前的话题制造有什么不同。

中国红酒业自2002年以来，一直受到舆论的打压，国内众多媒体不时有报道说，国产葡萄酒八成是“洋垃圾”，给葡萄酒厂商带来很大的负面影响。2002年下半年，“云南红”酒业公司在媒体上公开发表了《谁能拿走“云南红”的五个亿?》的文章，称，如果谁能从云南干红中发现一支用洋垃圾灌装的酒，“云南红”就愿意把全部的家当送给他，以此为“云南红”造势：

谁能拿走“云南红”5个亿

21日，河北一公司董事长称国产葡萄酒八成是“洋垃圾”，同时声称“哪家企业敢说自己没有勾兑过，我可以和他叫板”。

28日，“云南红”酒业公司董事长武克钢发表声明：谁能从云南红干红葡萄酒中发现一支用“洋垃圾”罐装的酒，云南红愿意把价值5个多亿的产业送给他。

日前，云南红酒业公司驻福建办事处召开新闻发布会，会上传达了“云南红”酒业公司董事长武克钢先生的声明：云南红干红葡萄酒完全采用产自云南高原的酿酒葡萄名种“玫瑰蜜”100%原汁酿造而成，谁能从云南红干红葡萄酒中找出任何一瓶非云南高原葡萄酿造或发现任何国外运来的原酒，“云南红”愿把价值5个多亿的产业送给他。云南红此举旨在针对目前有关传媒刊载“业内人士惊曝国产葡萄酒八成为洋垃圾”一事。

10月21日，某大报刊发《葡萄酒业惊曝“洋垃圾”内情》一文，22日福州某报转载此文。文中称,据业内人士透露,用中国自产葡萄做出来的葡萄酒只占市场总量的20%,80%的葡萄酒是从国外进口的“垃圾酒”。文中提到的该人士还声称,如果哪家企业敢站出来说自己的酒没有勾兑过,我可以和他叫板。这一说法在葡萄酒市场掀起了很大的风波,对消费者产生了较大影响,严重损害了国内葡萄酒的声誉。

这一说法同时在国内葡萄酒业界引起强烈反响,“云南红”酒业公司率先作出反应,表明自己生产的云南红干红葡萄酒绝无掺有任何国内外罐装原酒,完全由云南红酒庄的葡萄基地所产的特种优质酿酒葡萄100%的原汁酿造而成。“云南红”酒业董事长武克钢先生表示,“云南红”欢迎任何团体及个人携带检测设备到云南红酒庄及“云南红”任何一个销售市场进行检测。据悉,这是首家敢于站出来叫板的国产葡萄酒产业。

武克钢董事长同时质疑,河北这家公司的董事长似乎不是葡萄酒行业的专业人士。其数据到底是从何而来?照其推算,目前我国葡萄酒市场销售在30万吨左右,中国自产葡萄酿造的葡萄酒只占市场总量的20%,那么只有6万吨,这个数字根本不正确,有别有用心之嫌,因为目前我国已形成了9个大型的葡萄产区,云南高原葡萄产区就是其中大型葡萄产区之一。在此产业区内,单云南红酒庄就拥有三万亩的大型葡萄园,所产葡萄在严格把关的基础上都足以供给“云南红”的生产。

正值中国加入WTO之际,外国洋酒千方百计企图进入和抢占中国市场,而中国的许多企业励精图治多年来已做好了与狼共舞的准备。此次所谓业内人士的惊曝“洋垃圾”内幕一事,似乎已预示了硝烟将起。应了半年前武克钢先生所说的,狼还未来,狗已吠了。武克钢同时表示在国内像“云南红”和与“云南红”经营理念相似的一批红酒企业的产品,一直严格按国际标准酿造葡萄酒,我们产品的品质绝不亚于国外标准酿造的葡萄酒,我们有信心迎接挑战,不管是明的还是暗的,是正当的还是非正当的。

据悉,《南方都市报》曾报道称,酿酒专用葡萄是决定葡萄酒质量的关键因素,目前葡萄酒行业战火在概念战、终端战领域仍然如火如荼的时候,葡萄酒战线已拉长到上游的葡萄园。云南红正是凭借背后这几万亩的葡萄园的原料优势及工艺优势才在短短几年迅速崛起，红遍大江南北，成为国内葡萄酒中最具竞争力的品牌之一。(http://www.qzwb.com/gb/content/2002—10/31/content_650174.htm)

这篇报道出现在十年前，在当时的多家平面媒体和网站上发布，产生了话题效应。有力地唤回了消费者对“云南红”葡萄酒的信任，显示了“云南红”的品牌力量，好好地将“云南红”的品牌营销了一把。试想一下，如果是在十年后媒体声音特别嘈杂的今天，这样的一个消息还能有那样的传播效果吗？“云南红”的叫板，还缺乏一点争议性，在今天恐怕很难在公众当中掀起波澜了。

同样是葡萄酒的营销，下面的例子则略显怪异和争议性。2012 年 8 月 26 日，在第十三届昌黎国际葡萄酒节 2012 国际领袖产区葡萄酒(中国)质量大赛拍卖会上，一北京男子将两瓶艾美拜尔琼浆晚摘型白葡萄酒以每瓶 20 万元的天价拍走，并当着众多记者的面将其中一瓶当场砸碎。当记者问他为什么要砸酒瓶、是否觉得可惜时，这位竞拍者表示，这么做是为了支持国货，希望更多的人能支持国产红酒，这个意义不是用钱能衡量的。此招引起了人们广泛的争议，也吸引了不少眼球，成为人们茶余饭后的话题。

作为第十三届昌黎国际葡萄酒节的重要组成活动之一，2012 国际领袖产区葡萄酒(中国)质量大赛由中国食品工业协会葡萄酒果酒专家委员会、中国园艺学会以及昌黎酒业联盟主办，同时分别邀请法国名状葡萄酒协会、南非葡萄酒联合会等共同组成大赛组委会。这次大赛也是中国葡萄酒行业首次以“国际领袖产区”概念进行的葡萄酒产品质量大赛。

在这样一个国际性、行业性、高规格的场合，北京的这位男子做出砸酒的举动，显然是策划中的一次炒作，是炒作中国葡萄酒？是炒作昌黎国际葡萄酒节？还是炒作他自己？我们现在也不得而知，但有一点是肯定的，如果没有这个“砸酒”的举动，人们很少能够关注到在河北一个叫做昌黎的地方，那里在举办一个“国际葡萄酒节”。

以上两个案例，都与红酒的营销有关。从这两个案例可以看出，现在的话题制造和十年前的话题制造已经明显不同了。2002 年，“云南红”凭借一个打赌发誓，就能引来众多媒体的争相报道，十年之后，依靠这样的信誓旦旦的语言，已经无法在现在这种嘈杂的媒体世界里引起多大的关注和反响，倒是北京的那位“高富帅”轻轻地一砸，其行为艺术引起了媒体的兴趣。

由此可以看出，话题的“出格”和“争议性”是现代媒体环境下话题能否广为传播的重要前提。

值得关注的一个现象是，一些民营公司由于没有官方背景，言论的尺度相对比较大，他们往往会借助网络获得公众的注目，帮助自己建立和巩固商业形象，他们的手法大都也是利用了“争议性”这个杀手锏。京东商城的老板刘强东在禽流感时给职工的邮件就是一例。

2013 年 4 月，禽流感再次来袭，上海、江苏、安徽等地相继有人感染 H7N9 病毒的报道，全国陷入了轻度恐慌，这个时候，京东商城的老总刘强东向内部员工发了一封内部邮件，邮件里说，作为亲历 2003 年非典时期的人，请大家务必重视目前的禽流感，千万不要掉以轻心。在这封邮件中，刘强东制定了多条应对禽流感的措施，例如食堂停止供应猪肉、鸡肉等肉类；如果员工有发烧咳嗽等症状，立即去医院就诊直至痊愈，工资、奖金正常发放；如果有员工不幸感染禽流感，所有治疗费用由公司全额报销。具体内容如下：

今晚江苏省也公布了 4 个案例，可怕的是 4 人无任何医学交叉，说白了既不知道如何治疗也不知道传播途径。为了保证同事们安全，我要求各地立即行动起来保护好大家：

1、各地食堂一律停止供应猪肉，鸡肉等肉类，尽量全部吃素菜和鱼。建议全体员工告知家人同样少吃肉类。

2、各地立即向员工宣讲基本保护措施，集团行政部整理好相关知识，准备必要药品。

3、自今日起，任何员工有发烧，咳嗽等症状一律不得上班，立即直接去医院就诊直至痊愈。病假期间享受所有出勤待遇，包括奖金都要正常发放。

4、如有员工不幸感染禽流感，各地要确保所有治疗费用由公司先行垫付并全额报销。

5、各地办公室尽量保持通风，如有相关消毒水可以买到，所有工作场所一天3次消毒。

6、所有国内差旅，除非迫不得已，一律取消，尽量减少人员流动。

7、尽量取消所有供货商，卖家的来访，用电话，邮件沟通。

8、各地劝说员工节假日不要外出游玩，比如清明节，建议大家取消外出游玩计划，也尽量不要回家祭祖和探亲。

9、行政部门要采取一切必要措施，尽最大努力保护好员工安全。

10、本邮件内容紧急，所有收到邮件的管理人员立即连夜采取所有手段，今晚就要通知到尽可能多的员工。

11、作为亲历03年非典惨状的人，请大家务必重视，千万不要掉以轻心，立即按照邮件内容行动起来！

十年前我说过，如果因为任何一个员工去市场工作染上非典，这是我终身的失败，一辈子都无法原谅自己，所以立即关闭所有的门脸和柜台，停止营业，让所有同事回家休息，只有部门经理到办公室值班。我们很幸运地躲过了非典，同时诞生了京东电商业务。如果没有当初对员工的尊重，也没有今天的成功。

今天不幸的是，京东已经很大了，我们有三万多员工分布在360多个城市。同时京东今天还必须承担社会责任，我们暂时无法停止营业，否则会给社会造成严重不良影响。

有无数客户和民众需要我们！当然如果疫情持续恶化，对我们配送岗位的兄弟们构成不可规避的感染风险，也只能停止营业，宁愿公司倒闭。

这封邮件我想表达的是：每个管理人员都必须充分、高度重视起来，就像钟总所说——对生命要充满绝对的敬畏，对同事的生命安全切实负起责任来。如果京东任何一名员工因为工作感染上禽流感，这是我终身耻辱，也是我们全体管理人员一生的耻辱！我们没脸见同事的家属！无法向他们的亲属交代！

兄弟们，这也是一场战斗！大家务必重视起来！保护好自己、同事以及我们的家人们！

刘强东的这封内部邮件在网上传开之后，引来阵阵热议。有人说，"大嘴东哥"的形象从来没有像今天这样正面这样光辉过！的确够有情有义，足以让很多公司管理者羞愧，这也算是一种核心竞争力。不过也有人说：这是在炒作。与十年以前相比，禽流感到目前为止情况并没有那么严重，而且政府反应很及时，所以这件事目前而言没有那么严重。作为一个企业家也好，知名人士也好，隐瞒真相和过分夸大引起恐慌同样是没有社会责任感的一种表现，拿一些跟老百姓利害相关的事情来炒作有失厚道和水准。

从效果上看，这是一次公关和营销。互联网公司经常故意泄露公司的内部邮件，但多半是为了树立企业良好形象，未必有什么特定的营销目的。企业愿意把邮件透露出来，说明对于企业是有好处的。阿里巴巴的马云的内部邮件经常刚发完马上就透露了，他们认为这些邮件能够给企业在社会上带来一些比较正面的看法，并且不涉及企业内部的机密。

不管效果如何，评价如何，刘强东这次是在网上弄出了不小的动静。曝光京东内部邮件的这条微博被转发四万多次，评论五千多条。很多人都说："东哥太有爱啦支持"、"领导者都该如此"、"做人先成功就有了企业的成功"。

《21世纪商业评论》主编吴伯凡对刘强东的这种营销看得很透，他说：刘强东这个人在网上很容易占便宜，总是给人在捅娄子的感觉，仔细想又是很精明的。他自己的行为风格、说话风格在某种程度上有一点像投行：无利不开口。这好像是一种个人行为，其实是一个公司行为，但是你说是公司行为，使用语言的方式又是很不官方、很不正规，这是传统企业做不来的，所以有时候做互联网真的是需要基因。

4）要对话题的炒作过程和效果进行监控

话题抛出之后，初期通常要对读者进行一定的引导，使炒作向着预期的方向进行，及时对话题讨论的进程和社会效果进行追踪监控，一旦出现不利于自身形象的反面效果，要马上采取对策。

前面说了，话题的炒作是要有一点“出格”和“争议性”的，但是一些企业和公关公司不知道把握“度”，为了追求这种“出格”和“争议性”，忽视了企业形象。“制造话题”是为了提高企业的知名度和美誉度。一些不太高明的话题炒作，使企业的知名度上去了，美誉度却下来了，这样的炒作到底对企业有什么价值呢?

2009 年，一个叫做“兰董”的“70 后”富婆在网上红了，她号称身家亿万，在网上发布了一个视频，大骂“80 后”和“90 后”，竭尽所能地显示自己的富有，并用极其挑衅和轻蔑的言语和肢体动作去配合自己的叫骂。几乎是在一夜之间，“兰董”火了，在“80 后”、“90 后”和“70 后”的谩骂和惊愕声中名声大振。

试想，在“兰董”的视频推出之后，社会情绪膨胀到一定阶段的时候，该网站如果再能推出一个痛骂“兰董”的视频，一方面能够匡正“兰董”的论调，另一方面也匡正了视频网站的形象，还可以将此事件推向二次高潮，进行二次传播。其效果和意义都远比仅仅停留在“兰董”叫嚣的层面上要好。可惜网站并没有这样做。“兰董”出名之后，该网站反而接二连三推出了一系列视频，一定要把网友对于自己的愤怒激发到极点。

此举意义何在? 后来人们才知道，这只是一个网站为了推广自身，增加流量而做的跳梁小丑之举而已。网站此举，赚到了一些点击量，但当受众缓过神来的时候，人们会对这种炒作非常的鄙视。这种炒作无异于当众脱裤子引人围观，用有伤社会风化的举动赚人眼球，和之前的“芙蓉姐姐”等事件的炒作都是一个路数。这些年中国社会道德的滑坡，价值观的偏离，和媒体的恶性炒作关联巨大。企业、公关公司和媒体都是要深度反省的。

2. 制造事件

制造事件就是企业或公关公司策划和组织具有新闻价值和社会影响的事件，来进行企业的宣传，扩大、推动企业的传播影响力，提高目标受众的关注度。制造事件也叫做“新闻营销”。

传播的要务就是要取得“注意力”资源，制造事件就是要以“新”、“奇”，抢占公众的注意力资源。那么在新闻事件的策划中，怎样才能吸引公众的注意力呢?

1)策划新闻

看到“策划新闻”这个标题，许多媒体工作者肯定十分敏感，在某种意义上，策划新闻应该是被禁止的游戏，因为它极可能“跑偏”，成为贻害大众、混淆视听的东西，所以，在说策划新闻之前，必须多说几句，要明确两个概念，第一，我们所说的策划新闻不是广告的新闻化，第二，我们所说的策划新闻也不是策划虚假的事实，做假新闻。

先说广告的新闻化。在广告日趋泛化，渐渐不被消费者待见，或者视而不见的时候，许多广告主选择了公关新闻，因为在我国，新闻长着一张政府脸，具有权威性和公信力，所以，近年来，许多广告都被策划成了新闻，都以新闻的面目出现，让普通受众难以辨认它是新闻还是广告，这些广告以和新闻编排在一起，使用娴熟的新闻语言，具备新闻的要素，故意让受众误认为它是新闻。

再说说虚假新闻。虚假新闻出现的原因很多，其中之一就是源于新闻被策划了。本来，新闻策划是媒体每天都必须做的功课，它是指媒体工作者对已经或即将发生的新闻事实进行报道的事先筹划，以期达到某种宣传效果。但是有些进行新闻策划的人做过了火，为了达到某种目的，恣意人为地改变事件的属性和程度，在客观事实中硬性加入自己希望的东西，最典型的例子就是北京电视台的纸馅包子事件。现在的一些被策划出的所谓新闻，记者甚至不惜自己跳出来扮演新闻事件中的一角，记者由报道者变成了参与者甚至表演者，这些都应该归于假新闻之列。

广告的新闻化、虚假报道等扰乱视听，误导公众，严重损害新闻媒体的形象，从一时看，似乎媒体得到了一些经济收入和关注度，企业得到的了一些取巧宣传的机会，但这是滥用公信力的表现，从长期看，是一种自残行为。

那么我们所说的策划新闻到底是什么呢？我们不是说当今的社会充满着“有意安排的事件”吗？我们说的策划新闻，就是为达到某种宣传效果和社会效果而策划一些可供媒体报道的事件。这种新闻事件虽然是策划出来的，但绝对不违反新闻真实性原则，而且一个对社会有责任感的企业，其策划的新闻事件释放出来应该是推动社会的正能量。

2013年下半年起，中国高档白酒由于种种原因进入低迷期，很多企业面临着这样的难题：广告投入是缩减还是加大？白酒品牌还如何运营？这时候，安徽古井贡酒策划举办了一个系列活动，让世界感受了中国白酒文化魅力，这就是“文化与发展——古井贡酒中国酒文化全球巡礼开幕式暨论坛”。论坛于2014年1月6日在国际社会公认的地标式殿堂纽约联合国大厦举办，联合国的一些部门高官及一些国家的驻联合国官员出席论坛，古井贡酒现场演绎千年中国酒文化，推广古井贡酒陈年老酒高端收藏，让世界了解中国酒文化的博大精深，与世界共享中国文化盛宴。中国国家级白酒特邀评委、安徽古井贡酒股份有限公司总经理梁金辉应邀做活动主旨演讲。

安徽古井贡酒策划举办了让世界感受中国白酒文化魅力的盛事

系列活动践行了"高举高打，内外并举"的新思路

作为全球巡礼的一部分，在此之前的1月4日，古井在有世界十字路口之称的纽约时代广场推出了"浓香万里——中国酒文化全球巡礼(美国站)暨2014古井贡酒新春拍卖会"。拍卖会上重磅推出了一批上世纪70年代至90年代间精酿的原瓶古井贡酒老酒与"合和樽"——古井贡40年艺术品典藏酒，同时还甄选出古井贡酒当年参加第三、第五次中国名酒评比金奖时的1979、1989年的原坛老酒，以及1999年荣获"中国驰名商标"时的原坛老酒，以供收藏。拍卖会上，古井贡酒系列陈年老酒19件标的经现场众多收藏家的激烈争夺，最终以358.15万美元落槌，成交率100%。

在此期间的1月5日，古井贡酒登陆纽约时代广场(Times Square)，年份原浆产品在世界的十字路口向全球发布形象广告，并向海外华人和美国人民恭贺新春。此举立即引来全世界的关注目光，并让海外的华人倍感温暖和骄傲。

古井贡酒登陆纽约时代广场，年份原浆产品在世界的十字路口向全球发布形象广告，并向海外华人和美国人民恭贺新春。

古井策划的这次系列海外活动，站在世界经济的制高点上，展示中国白酒的魅力和价值，体现了古井一贯秉持的“以美酒贡献世界”的理念，在中国白酒市场整体低迷的情况下，开创了“高举高打，内外并举”的白酒市场新思路，为整个行业提振了信心，给中国白酒全球化进程注入了新的活力。由于创新点突出，“古井贡酒全球巡礼”、“登陆纽约时代广场”“中国白酒国际市场第一拍”等成为那段时间的新闻关键词，媒体纷纷以“古井一小步，中国白酒一大步”、“古井贡酒中国酒文化全球巡礼走进联合国”、“古井贡酒绽放世界十字路口 年份原浆精彩亮相纽约时代广场”加以报道，古井的海外拍卖被媒体称为“中国白酒海外拍卖第一槌”，古井人被称为国白酒领域率先走出国门、主动推销自己的“第一个吃螃蟹”的人。

古井的这次活动得到了《中国青年报》、《新华日报》、凤凰卫视及众多网媒的报道和追踪，由此可见，策划新闻，立点要高，要让企业的活动超越企业经营的层面，变成对全社会有意义的事件，这时，企业事件就具备了新闻价值，就变成了社会新闻，就能成为媒体追逐的焦点。

古井贡酒登陆纽约时代广场，向海外华人和美国人民恭贺新春

2)找准热点,策划与品牌气质相匹配的活动

社会热点、焦点总能引起社会关注和公众的兴趣,依靠公众普遍关注的热点,巧妙地设计事件,把企业、品牌和事件结合起来,然后尽量让消费者自发参与,能为企业带来很好的宣传。2010年南非足球世界杯期间,东风日产汽车针对世界杯主题开展的营销活动别具一格,受到了行业内外的赞誉。

在南非世界杯期间,东风日产重点推广奇骏、逍客两款SUV车型。当年的5月5日,东风日产启动了奇骏、逍客“超级球迷”全国网络海选活动。海选阶段,“超级球迷”报名的人数就突破了1万人,历经近乎残酷的“激战”后,两位选手脱颖而出,成为南非世界杯“超级球迷”。两位超级球迷随同世界杯前方报道团,驾驶奇骏、逍客驰骋在南非大地上,在南非世界杯十大赛场之间奔波观战、采访,每天的黄金时间通过CCTV5报道世界杯赛况及沿途见闻。与此同时,两位“超级球迷”还通过发布博客照片、写日志等方式全方位报道自己的南非世界杯之行。通过多层次、立体式深度传播,奇骏、逍客两款车型得到了大量的品牌曝光机会。东风日产奇骏、逍客“超级球迷”活动相关网站的浏览人次突破了100万。

东风日产并非本届世界杯的合作伙伴或者赞助商,但是他们的营销从球迷的角度切入,使得东风汽车在中国市场的曝光度并不输于国际足联官方赞助商韩国现代汽车。此次巨大的成功,主要得益于其找准了一个社会的热点,以球迷角度报道世界杯是一个很独特的营销思路。更重要的是,世界杯的观众群与东风日产的消费群是吻合的,品牌气质非常契合。

3)出奇制胜

进入现代媒体社会后,每一次的足球世界杯和奥运会,都不仅仅是体育的盛会,它必然还是一场商界和广告界的世界杯和奥运会。谁能想到,2010年的南非世界杯足球赛中,最大的赢家却是一家水族馆呢?在这场因足球世界杯而起的广告界的世界杯中,德国奥博豪森水族馆不花一分一文,却成了最耀眼的明星。这家水族馆奇思妙想,借助动物的敏感,制造章鱼保罗预测球队输赢的事件,轰动全球。在“章鱼帝”的影响之下,德国奥伯豪森水族馆官方网站点击率暴增，欲前往该水族馆参观的游客也大幅增加，其品牌知名度一夜之间可谓是全球鹊起，以至于西班牙天价买章鱼，德国坚决不卖。当全球都在津津乐道这只神奇的章鱼时，不知道水族馆背后的老板已经在梦里笑醒了多少次。这个世界，还有比这更低成本、更好效果的营销吗？章鱼帝的事件，起源于商家的奇思妙想，对我们的企业品牌营销是否有借鉴意义呢？

身着比基尼的性感女郎作为“牛模”登场助兴

山西省朔州的山阴县一直走奶牛养殖的经济路子，牛乳业已走过40年的历程，却鲜为人知。

2012年8月18日，山阴县联合美国奥兰治华威县举办首届“奶牛选美大赛”，通过奶牛的产奶质量、外貌、家族血统选出首届“奶牛小姐”冠军。活动中，现场8位身着比基尼的性感女郎作为“牛模”登场助兴，引得众多村民围观。参赛奶牛统一现场挤奶，而后一一上台展示，根据外貌状况和产奶量，比赛最后选出了一名一等奖，奖励五万元，两名二等奖，分别奖励两万元，三名三等奖，奖励五千元。大赛的冠军奶牛将与美国华尔街公牛“结为夫妻”，把山阴的奶牛文化宣传到全世界。奶牛选美本身就具备一定的新奇性，再加上比基尼美女的助阵，吸引了众多媒体前来争相报道。

奶牛选美大赛的举办，在全国乃至全世界立即引起了巨大的轰动效应，引发网络热议，短短一个月时间，山阴的奶价提高了一毛钱，奶农实实在在地得到了实惠。与此同时，北京的三元、上海的雨润等国内数家大型企业慕名咨询，提出了与山阴县合作开发奶牛养殖和乳制品加工项目的意向。

奶牛选美这个活动，也许策划得有点俗，奶牛和比基尼女郎的搭配，招来了一众围观网友的质疑之声。众多网友纷纷调侃道，“这比赛到底选的是奶牛还是奶?”媒体人刘春也在微博上评论道:“是奶牛选美？还是牛奶选美?”但是，对于一个西北地区的县域经济来说，打出知名度就是硬道理。在事件的策划中，如果不出点小格，事件本身没有点争议性，也就不会得到大家的关注。从公关的角度讲，奶牛选美这个事件的策划还是很具奇思妙想，能够吸引公众注意力的。我们不能要求每一个商业策划都具备很高的水准，都对社会有着多么大的正面意义和正面能量，其实有些活动的出台，能够对社会无害，就已经不错了。只是，这次活动的主办方是县政府，作为一级政府，举办这样的活动，稍微显得档次不高，如果交给一个民间机构操作，就会显得更妥帖些。

同样发挥这种奇巧创意的还有加拿大的一家航空公司，圣诞节来临之际，他们让乘客上飞机前进行圣诞祈祷，写下圣诞想要的东西。到了目的地领取行李的时候，乘客竟然真的从行李传送带上发现了自己祈求的礼物，这下可把“小伙伴们”都惊呆了！原来这个活动航空公司从四个月前就策划准备了，这次活动无疑也会引起媒体的很大兴趣，他们明知这是航空公司的公关之举，但也是不吝笔墨地竞相报道，把航空公司大大地宣传了一下。

4)结缘政治和公益

在中国内地，企业的宣传要结缘政治，犹如接触高压线，搞得不好会被“电”死，所以一般的企业在营销中对政治议题是退避三舍的。但是，对敏感的政治议题，如果触碰得当，会给企业和个人带来很大的宣传效应，这就看企业和公关公司的拿捏和把握了。

在“绑定大事件和热点事件”一节中，我们举了一家广告公司借势钓鱼岛事件宣传自身的例子。其实钓鱼岛事件是个政治事件，敢不敢利用这个事件进行炒作，可以衡量一个企业品牌推广的愿望和对政治形势的判断。江苏黄埔再生资源利用有限公司董事长陈光标是一个做事高调的人，他于香港保钓人士登岛被抓半个月后的2012年8月31日，在美国《纽约时报》上自费刊登了"声明钓鱼岛是中国领土"的广告，再一次让自己成为了舆论的焦点。

这则广告刊登在《纽约时报》2012年8月31日的A19版，半版篇幅，中英文双语呈现，主标题将钓鱼岛之于中国，比作夏威夷之于美国："如果日本宣布夏威夷是日本领土，美国人民会有什么感受？美国政府会有什么举动?"同时，广告声明称："钓鱼岛自古以来就是中国的领土"。在陈光标的原文中是"如果日本宣布珍珠港是日本领土，美国人民会有什么感受？美国政府会有什么举动?"报纸方面要求把"珍珠港"改为"夏威夷"，因为拿"珍珠港"说事对美国人民来说太过刺激，如果不换掉，广告有可能就无法登载了。陈最后只得同意调换。

这则广告花费3万美元，广告中，陈光标自称"中国公民、世界和平使者"，广告中间放了一张钓鱼岛全景图，并配发了陈光标的标准照、陈光标"飞身骑自行车"的生活照、亲笔签名，另附有电话、电子邮箱及地址。陈光标告诉记者，发这张照片主要是为了"吸引眼球"，"因为这是个广告，只发一张钓鱼岛全景图的话，怕美国民众不会注意到，所以发这样一张照片吸引大家的注意。"

陈光标告诉记者，发这张照片主要是为了"吸引眼球"

“标哥”此举引来网友叫好声一片的同时，也引发了一些“作秀”质疑。陈光标则在接收记者采访的电话中称：“说我作秀的，希望他们可以拿着真金白银，和我一起打广告来作秀！”

陈光标之前开个唱，给观众送猪和拖拉机，到台湾9个县市发1.1亿元的“感恩红包”，秀1500万的“钱墙”。每次的“善举”，都会受到大量的质疑，与以往相比，此次似乎做得更加出格，并且踩到了政治的红线，但却得到了网民们的几乎一致的好评。陈光标在钓鱼岛这个敏感事件中果断出手，“制造”出广告事件，把自己好好地营销了一把。而营销自己，同时也就营销了企业。

政治事件成为人们普遍关注的热点的时候，常常是企业营销品牌的时机。就在钓鱼岛事件持续发酵的时候，一些老板把自家饭店的名字命名为“钓鱼岛”，很快获批，借钓鱼岛事件让自己的饭店窜红，即表达了爱国心，又推出了自己的品牌，可谓是一个很好的创意。

公益、低碳、环保，这是近年来政府大力倡导的观念，民众热议的话题，追求的生活方式，企业如果能在这些方面有所作为，必然会给自己加分。借助公益来策划企业的宣传推广活动，成为许多企业树立外在形象，争取政府支持的重要手段。安徽的品牌茶叶不下十几种，每到春茶上市季节，茶叶竞争的硝烟就会弥漫起来。在这样的环境下，如何营销自己的茶叶品牌呢？池州的安徽天方集团参与策划了“第二届全国绿色运动会”，请看安徽日报2012年8月13日的一则报道：

安徽天方集团携手绿运会共倡低碳环保

近日，由国家体育总局社会体育指导中心、安徽省体育局、池州市人民政府三方联合主办的第二届全国绿色运动大会在北京完成签约仪式。一直倡导“做绿色健康茶”的安徽天方集团被2012年中国·池州第二届全国绿色运动大会筹委会指定为官方合作伙伴。

天方茶业一直将“做绿色健康茶”作为自己的理念和推广口号，绿色运动会倡导健康文明的生活方式和全民健身、低碳环保的社会价值观，将环保、自然、简约的元素融入体育运动当中，和天方茶业的经营理念非常契合，人们常说，给我一个支点，我能将地球撬动。用“绿色运动会”这一事件，来诠释和宣传天方茶业，真是找到了一个很好的“支点”。

5)惊异举动

有点出格，有点惊异和争议性的举动，往往能够很快传播。出格、惊异和争议，是事件策划的法则之一，目的就是将我们制造的事件很快地传播出去，而且不需要制造者费很大的力气去“买通”媒体，因为制造了这些事件，就是给媒体“喂食”，有了好的“食品”，不怕媒体不来报道，因为在当今媒体数量过剩，而内容不足的情况下，媒体是“饥饿”的，有了好的策划，真的不愁媒体不来。

中国经济的改革开放之后，最早的惊异举动可能算是海尔的张瑞敏砸冰箱事情。

1985 年的一天，张瑞敏的一位朋友要买一台冰箱，结果挑了很多台都有毛病，最后勉强拉走一台。朋友走后，张瑞敏派人把库房里的 400 多台冰箱全部检查了一遍，发现共有 76 台存在各种各样的缺陷。张瑞敏把职工们叫到车间，问大家怎么办？多数人提出，也不影响使用，便宜点儿处理给职工算了。当时一台冰箱的价格 800 多元，相当于一名职工两年的收入。张瑞敏说：“我要是允许把这 76 台冰箱卖了，就等于允许你们明天再生产 760 台这样的冰箱。”他宣布，这些冰箱要全部砸掉，谁干的谁来砸，并抡起大锤亲手砸了第一锤！很多职工砸冰箱时流下了眼泪。

张瑞敏砸冰箱的故事在当时轰动很大，在上世纪八十年代中期，张瑞敏砸冰箱的举动，也许并没有现在这么多的考虑，什么作秀呀，宣传呀，他的这个举动就是想把冰箱的质量搞上去，就是砸掉当时职工头脑中陈腐的质量观念。张瑞敏说：“长久以来，我们有一个荒唐的观念，把产品分为合格品、二等品、三等品还有等外品，好东西卖给外国人，劣等品出口转内销自己用，难道我们天生就比外国人贱，只配用残次品？这种观念助长了我们的自卑、懒惰和不负责任，难怪人家看不起我们，从今往后，海尔的产品不再分等级了，有缺陷的产品就是废品，把这些废品都砸了，只有砸的心里流血，才能长点记性！”

在接下来的一个多月里，张瑞敏发动和主持了一个又一个会议，讨论的主题非常集中：如何从我做起，提高产品质量。三年以后，海尔人捧回了我国冰箱行业的第一块国家质量金奖。

张瑞敏砸冰箱，尽管我们相信当时没有宣传上的考虑，但客观上，他的这一惊异举动引起了轰动，在当时经济环境还普遍不好，很多家庭还没有见过冰箱的时候，张瑞敏在一片质疑和惋惜声中将 76 台只有些小毛病的冰箱通通砸掉。这一砸不光砸出了重视质量的口碑，同时也砸出了一个不断发展的国际品牌，这是花多少钱做硬广告也换不来的效果。我们前面说的那位北京的“高富帅”砸红酒的举动，说不定还是从张总那里得到灵感的呢。

从“砸”和“摔”当中得到灵感和启发的还有不少。有一年，名不见经传的江苏高淳陶瓷厂带上自己的产品在广交会参展，结果观者寥寥，厂长张铭金灵机一动在展厅当众摔产品，引起了媒体记者和中外客商对产品坚固性的极大好奇，他的产品摔不烂当场得到了印证，随即迎来了大量订单，产品一炮打响。

类似的还有 2000 年 10 月北京的一个会展上，某装饰材料开发公司在大庭广众之下导演的“真猫真狗喝涂料”活动，意在证实自己的产品无毒无害，结果遭到一些动物保护组织的反对。总经理在“危急关头”挺身而出，当众“品尝”起自己生产的涂料。媒体对这一事件纷纷报道和转载，引起轰动效应，企业和产品的知名度也骤然升温，赚足了眼球。

循着“惊异举动”的思路制造事件时，一定要能把握住事件的“度”，因为搞的不好，事件的发展就会走到反面，最好是看似有点出格，但又在情理之中。现在的一些企业和公关公司策划的一些所谓“惊异举动”，企业的名声是上去了，企业的声誉却下来了，结果往往是得不偿失。

2012 年 9 月，一个“醉酒女遥控驾车戏交警”的视频在网上热传。视频刚开始便是一名交警将一辆缓慢行驶中的轿车拦下，但是车中并无驾驶员。交警四处张望时，一男一女两个年轻人摇摇晃晃走过来。男子表示："这是高科技，见过没有?"随后那名女子脱掉鞋子，手持一个手机大小的设备爬到轿车引擎盖上，发动汽车继续行驶。交警赶忙再次拦下。女子说："在车里面才是醉驾，我在车外面，是醉驾吗?"交警只好说："我现在怀疑你们酒后驾车。"看到交警要罚，那名女子从引擎盖上下来，指着交警说："我在国外那么多年，都没见过像你这种警察。"

"醉酒女遥控驾车戏交警"的视频一度在网上热传

视频中汽车的商标很明显，还大量充斥着"高科技"的字样，因此不少网友质疑，这可能是汽车厂商进行的炒作。

事后查明，这是一款某国内品牌最新研发出来的车型，在约 10 米可视范围内可实现遥控驾驶，车主遥控发动机启停、开启空调、车辆前进后退、左右转向及低速行驶，真正实现无人驾驶。这款车为了炒作其科技含量，策划了这样一个"醉酒女戏交警"的事件。视频倒是红了，但是在消费者的印象里，这个品牌的汽车却和那个爆乳、无理、醉酒的女子黏在了一起，实在是品牌的不幸，算是事件炒作上的败笔。

企业和公关公司在进行事件策划的时候一定要想到社会效果和企业形

象，不能一味地追求眼球效应和轰动效应。要做到这一点，需要策划者具备一定的文化和道德素养，具备一定的对大众心理的揣摩能力和对事件发展的预测能力。如果没有这几个能力，策划出的活动和事件很有可能与企业的初衷背道而驰。

早些年前，新加坡鳄鱼国际机构私人有限公司老板陈贤进为了打造其鳄鱼牌服装的知名度，在参加服装展的时候，别人都是在展台布满了漂亮的广告品牌招贴画，而他们别出心裁，把活鳄鱼搬到了展台，引起了媒体的极大兴趣，“鳄鱼”被记者们不自觉地猛炒了一下，成了大众熟知的品牌。

也许是受到这一事件的启发，后来一些饭店如法炮制，在合肥一家名叫“小毛驴”的饭店门口，果真拴着一头小毛驴，而且披红戴绿。在一家名为“山羊村”的饭店门口，同样拴着一头小山羊。在引起注意，赚了一些眼球之后，这两个饭店便门庭冷落了，为什么呢？小毛驴和小山羊都娇小可爱，想想它们即将成为食客的盘中菜，绝大多数人还是有心理障碍的，就更别说那些富有同情心、热爱动物的孩子们了。

“君子远庖厨”，我们可以吃驴肉、羊肉，但是没有必要让顾客看着这样可爱的动物被杀害，这已有悖于现代人的道德和口味。人杀死动物吃它的肉本身是没有问题的，自然界的动物也是食物链中的一分子，狮子老虎也会杀死动物吃。但是老虎狮子不会为了食物去虐待动物，而人类却总是做出超出大自然赋予我们的权利的事情，把原本是只为生存的行为，附加上穷奢极欲，发泄私欲的目的。面对伤害动物的行为，一些人可能一点感觉都没有，更有甚者，还可能有莫名的快感！但绝大多数人，对这种行为是反感的。

活动的策划者必须能洞察出中国人这种心理和价值观的变化，否则就会南辕北辙。多少年前，陈贤进老板为了知名度把活鳄鱼搬上展会大获成功，现如今，再做类似的事情可能就要遭到声讨了，这就是“小毛驴”和“山羊村”以后再也不敢将毛驴和山羊拴在门口的原因。由此我们也想到了要猴业的衰败，数十年前，我们看到要猴的人，觉得好玩和新鲜，总会赏他一点银两，但现在呢，我们觉得这帮人以虐待猴子挣钱，惨无“猴”道，会很鄙视这些人，根本就不会再给他什么奖赏了。

3. 制造故事

瑞士手表的说明书里，基本上不说它的质量如何如何好，而是有很多故事，从这些故事里，你会感知瑞士手表的质量与价值。

每个企业在成长的过程中都发生过很多事情，将这些事件有意识地发掘出来，赋予一些意义，对企业的宣传，对职工的教育，都是一笔财富。这些故事的“点”做好了，串起来就可以汇成品牌成长的“线”。

企业借助故事营销品牌有以下几个层次：

1)善于发掘故事、讲故事

人们往往对有历史年头的事物容易产生信赖感，对有历史而且具有传奇色彩的事物有强烈的了解欲望。从历史中挖掘故事，往往是比较奏效的。“雾里青”是安徽池州市的一个不错的茶叶品牌，但长期以来，如何打出“雾里青”的品牌，让经营这个品牌的安徽池州天方茶叶集团大伤脑筋。如何让雾里青茶叶的品牌为人所知并且在众多的茶叶品牌中脱颖而出呢？“雾里青”品牌的营销策划者几乎是用一个故事将此事搞定的，故事大概是这样的：

公元1745年，“哥德堡号”商船满载了中国的丝绸、瓷器和茶叶，从广州启程回国。不幸的是，这艘商船在离瑞典歌德堡港口几百米的地方触礁沉没。200多年后，瑞典的海洋考古专家在深深的海底对这艘古商船进行打捞，在一些打捞上来的青花大瓷坛中发现许多青花小瓷罐，打开一看，里面装的竟是茶叶。令人惊讶的是，被海水淹没了200年之后，这些用锡纸严密包装、在海底与空气隔绝的茶叶仍然能饮用！通过瓷罐的商标和专家的考证，这些古茶就是产于中国安徽南部高山云雾之中的极品名茶“雾里青”！据说，当年“雾里青”运到欧洲以后，被视为茶中珍品，很受上流社会的欢迎，因此价格十分昂贵。贵族们在聚会时，以品尝“雾里青”为时尚和荣耀。有时为了得到一罐“雾里青”茶叶，他们往往不惜用同等分量的珠宝去交换！

这个故事建立在一桩真实的历史事件之上，美好而富有传奇色彩。“雾里青”与“哥德堡号”商船只是故事的一个内核，为了这个内核，企业还讲述了一个发现这一故事的过程。雾里青的故事,可谓是故事里套故事。

下面是央视《财富故事会》栏目 2007 年 4 月 18 日播出的关于“雾里青”的故事。

百年茶缘“雾里青”

清晨,雾气初散。安徽天方茶业集团董事长郑孝和出差刚回来,办公室里就来了一位“不速之客”。

郑孝和望着面前这位素未谋面的老人很是纳闷,而老人接下来的一句话更把他弄糊涂了,“我给您介绍一种茶,一种最好的茶,可能是您从来没有喝过的。”郑孝和不以为然,心想我是专门做茶的,有什么好茶我没见过?

碍于老人等了自己一个星期的情面上,郑孝和没好意思把老人拒之门外,正好也看看老人葫芦里到底卖的什么药。

这位不速之客,其实是安徽农业大学茶业系的詹罗九教授。他从包里拿出一个铁盒,小心翼翼地取出一小撮茶叶,放在杯里冲泡。不一会功夫,一股兰花的清香飘溢出来,伴随着一缕白色的雾气缓缓上升,久久不散。

詹教授让郑孝和凑近闻闻,郑感觉十分震惊,这茶果然是好茶,清香扑鼻。郑孝和把茶杯端起来仔细观察,看到茶叶一根一根地竖在杯子里面,上下浮动,与黄山毛峰或者其他茶根本不一样,他迫不及待地尝了一口,顿觉满口清香。

一个教书的老人,怎么会有如此上好的茶叶?郑孝和不禁疑窦丛生。但是,让郑孝和更加惊奇的是茶的名字,叫“雾里青”。詹教授告诉郑孝和,它的来历与 200 多年前轰动欧洲的一起沉船事件密切相关。

1738 年,在欧洲瑞典哥德堡,有一艘远洋商船“哥德堡号”建成下水。“哥德堡号”是当时瑞典最豪华、造价最高的商船,被称为瑞典造船史上的杰作,曾多次沿着海上丝绸之路往返于欧亚大陆,一次航行赚取的利润相当于当时瑞典全国一年的国民生产总值。每次返航,“哥德堡号”都会满载着来自东方的珍珠、香料、丝绸,茶叶归来,而茶叶中最为珍贵的就是雾里青。

“雾里青带到欧洲后，价格昂贵，和珠宝价格差不多，只有皇室贵族的人才能喝得起。”詹教授道出了雾里青的珍贵。

但是7年以后，也就是1745年，满载着货物的“哥德堡号”在返航途中不幸触礁，沉入海底，与这艘豪华商船一同沉入大海的，除了满船奇珍异宝之外，还有好几大箱贵重的茶叶——“雾里青”，从此这种茶中极品渐渐失传。

故事充满了传奇色彩，郑孝和越听越惊奇，他不明白既然雾里青已经失传，怎么又在200多年后重现在詹教授的手中？

其实，为了雾里青的重返人间，詹教授研究了整整二十年。

“80年代中期，我一直在大学里教茶叶课程，有一天看到一条消息，说‘哥德堡号’打捞上来了，而且在船上发现了雾里青茶叶，当时我赶紧查阅了这种茶叶的相关历史资料。”詹教授娓娓道来。

为了雾里青，詹教授走遍了大江南北所有的茶叶产地。经过无数次的研究，他终于掌握了雾里青的制作工艺，让失传的雾里青重见了天日。

詹教授的这段经历令人肃然起敬，对于他为什么千辛万苦来找郑孝和，詹教授有自己的说法：“我想要将这个茶叶推向市场，就必须找一个商人或者一个企业合作。出于这个动机，我最后决定找天方茶叶集团的郑总。”

其实，詹教授找郑孝和合作，不仅因为郑孝和是有名的茶商，更重要的是雾里青的原产地就在郑孝和的茶叶基地里。

凭着商人敏锐的直觉，郑孝和意识到这种茶叶里蕴涵着巨大的商机。

“如果能把雾里青恢复，不仅能在国内高端市场一炮走红，而且很有可能重新打开欧洲市场，对于天方集团来说，将会产生很大的利润，同时也会带来巨大的社会效益，因为我们恢复了一种历史名茶。”郑孝和坦言当时的想法。

说干就干，郑孝和开始着手开发雾里青。为了保证品质，他聘请詹教授为技术顾问，手把手地教工人制茶。

当第一批雾里青制成之后，詹教授非常满意，茶叶的品质完全符合他想要的标准，可郑孝和感觉有点遗憾：好茶应该配好包装，最理想的就是能跟“哥德堡号”上的包装一模一样。但原包装到底是个什么样子呢？

想要还原两百多年前的包装确实不易。詹教授给郑孝和提供了一点线索，据他考证，当年装雾里青的应该是青花瓷瓶，但具体的样子还不清楚。为此郑孝和专程去景德镇寻了个遍，但没有任何结果。眼看新茶上市的日子一天天临近，郑孝和寝食难安，突然，一个电话不期而至，让他欣喜若狂。

郑孝和没想到这个电话是正在瑞典出差的市旅游局局长打来的："他说告诉我一个好消息，他现在不但在瑞典，还站在'哥德堡号'这艘古商船上面。"我问他："那个'哥德堡号'古船不是沉没了吗？"

局长给郑孝和一解释，郑孝和兴奋不已。原来，早在二十多年前，瑞典就打捞出了"哥德堡号"，为了纪念这艘具有历史意义的商船，他们花了10年的时间，完全按照当年"哥德堡号"的样子，打造了一艘仿古商船"哥德堡3号"。更让郑孝和激动的是，在仿造的"哥德堡号"上，竟然陈列着200多年前盛雾里青的青花瓷瓶的原件。

而比找到原始包装更让郑孝和高兴的是，他与复制"哥德堡号"古商船的瑞典东印度公司联系后得知，"歌德堡3号"将在2006年踏上复航中国之旅，重走当年的"海上丝绸之路"，郑孝和立刻提出了与对方合作的想法。

"我有一个强烈的愿望，等你们的船来到中国的时候，希望能把一百坛雾里青赠送给你们，重温当年的贸易友谊，也希望借用'哥德堡号'，把雾里青再次运到欧洲，帮我们扩大宣传。"对方对郑孝和的提议很感兴趣，但表示必须实地考察后再做决定。

……

最后，瑞典公司终于和郑孝和达成了书面协议。2006年9月3日，池州市市长在上海将一百坛雾里青茶赠送给"哥德堡号"仿古商船。古茶与古船再次联姻，在欧洲引起了巨大轰动，"雾里青"在200多年后终于又盛名重现。

郑孝和的雾里青在欧洲每公斤卖到五百多欧元，但由于产量很低，销量有限，获得的财富其实不多，但郑孝和并不在意，他认为复活雾里青的意义并不在于它有多大的市场，真正的价值在于：雾里青再一次登上"哥德堡号"并重返"海上丝绸之路"，从而让久为失传的中国古茶和一艘沉没了的欧洲古船，在相隔两个世纪后，得以再续前缘。

天方集团不光挖掘出了一个雾里青和哥德堡的故事，还将这个故事的发现也讲成了一个故事，这两个财富故事环环相扣，现实与历史相互交融，让人回味和感慨，如今雾里青在业内有着很大的品牌影响力，和这个故事有直接的关系。

水井坊的运营者也是故事营销的高手，他们利用历史为水井坊品牌加了不少的分。水井坊酒在白酒行业如此惨烈的竞争中能冲杀出来，取得销售奇迹，很大程度上源于他们“编”出了一个“水井坊故事”。

相传600年前，元末明初的时候，成都有一王姓商人一心想集蜀酒酿造之大成，在风水宝地大佛寺旁觅地建号，创立了独具特色的白酒作坊——水井坊。水井坊的酒窖取凤凰山之土修筑而成，酿造用水则源自于岷江清冽的雪水，酿出来的酒幽香绵绵、醇厚悠长，从此慕名而来的人络绎不绝。1998年四川全兴集团车间改造时居然还发现了此酒窖的遗址，于是马上联合中科院利用现代先进的微生物技术从水井坊的窖泥中分离出特殊的生香微生物，激活并繁殖了以“水井坊一号菌”为代表的古糟菌群，让水井坊再度酒香流溢，也同时确立了自己“中国白酒第一坊”的地位。

这样的故事不但意在说明水井坊历史悠久，而且告诉人们现在你喝水井坊酒等同于是在喝古人酿造的酒，所以非常值钱，非常高端，并让人有穿越古今之感。在故事背景营造过程中牢牢锁定产品的“醇香”属性大做文章，不失为故事营销的成功之作。

2)故事要能够体现企业的经营行为和经营策略

企业的故事传播要与自己的经营理念、经营之道相呼应，故事的核心要跟产品和品牌的特点紧密相连，偏题的故事可能会很动听但对营销没有太大价值。

东莞有个木门品牌叫做“东威利”，号称是木门中的劳斯莱斯，定位相当的高端，其高端的理由不光是品质好、款式好，而且售后服务也是非常的好。

为了表现其服务的及时和优质，就流传了这样的一个关于“东威利”的售后服务的故事：有一个北方的用户在装上他的一扇门后发现有一点安装的问题，于是“东威利”厂马上派两位技术工人乘坐飞机一天内到达用户处帮其修理好。“东威利”产品是一扇门而不是上百万的机械，坐飞机的是两个工人而不是管理人员，这样的事例就能在行业内造成一定的反响。“东威利”人炒作这个故事，就是想反映他们的质量好，服务好，产品的卖点就在一则售后服务的故事中得以展现。

张瑞敏砸冰箱，人们现在当故事讲，当教材和案例，故事中透着海尔的一个经营理念：质量第一。很多人信赖海尔的质量，是从听了这个故事开始的。现在，如果选择中国最善于利用新闻传播品牌的企业，人们可能最先想到的就是海尔。张瑞敏的知名度和海尔的知名度，有些不是靠广告，而是靠新闻媒体的报道打出来的。有人统计过，近年来，央视以每年至少 3 次，每次至少一分半钟在“新闻联播”中介绍海尔，央视如此这般地宣传一个企业，除了海尔是央视的广告大客户外，海尔每时每刻都在创新，都在刷新着自己的传奇和故事，也是重要的原因。张瑞敏砸冰箱是故事，进德国市场是故事，洗红薯的洗衣机是故事，在美国买大楼是故事，进哈佛讲学是故事……而且，这些故事都是企业经营行为和经营策略的体现和诠释，它们都具体而生动，是媒体传播的好材料，自然会赢得媒体的追捧。请看几则媒体对海尔的报道：

海尔产品进入德国家电连锁渠道 MSH

近日，记者从欧洲市场获悉，海尔全球同步发布的一款具有静音功能的高端大容量滚筒洗衣机，在顺利进入德国最大的家电连锁渠道 MSH 后，带动其他海尔洗衣机产品 10 月份在 MSH 渠道的营业额同比增长了 45%。

在美术馆、歌剧院林立的德国，德国人把享受生活放在了第一位。因此，德国人比较喜欢住在远离尘嚣的乡下或者小镇，把安静生活看得非常重。越来越多的德国用户渴望拥有一台工作时“静音”的洗衣机。海尔这款具有静音功能的高端滚筒洗衣机，拥有其全球首创的“S—D 芯变频”技术，工作噪音达到国家城市居住环境最舒适标准，无论在安静的清晨或夜里都不会影响正常生活，在德国市场一上市就受到消费者和商家的好评。（人民网 2009 年 11 月 27 日）

张瑞敏：中国企业必须成为狼

海尔 1400 万元在曼哈顿买大楼

3 天前，英国路透通讯社向世界发布了一条消息，文章称：中华人民共和国海尔集团在美国曼哈顿购买了一幢办公大楼。在这条消息中，还首次证实了具体购楼的价格：1400 万美元。

昨天上午，记者从青岛中国海尔总部得到证实，经过近一年时间的运作，海尔在美国购买大楼的一系列手续已经完成。海尔 CEO 张瑞敏在接受记者采访时说：加入 WTO 后，他们（国外跨国公司）走进来，我们走出去。海尔企业文化中心主任苏芳雯在接受记者采访时坦言："曼哈顿在美国、在世界上都是最著名的商务中心，中国的企业应该在这儿占有一席之地。"

2001 年 4 月 5 日下午，HaierBlvd（海尔路）命名揭牌仪式在美国南卡州坎姆顿市隆重举行。这是在美国唯一一条以中国企业品牌命名的道路。2000 年 3 月，美国海尔工业园的冰箱项目正式投产以来，所生产的满足美国当地消费者需求的冰箱产品供不应求，为当地经济发展做出显著贡献，同时还为当地提供了近 200 个就业机会。

2000 年 6 月 16 日，在法国巴黎所属圣万市公共事务部的建筑物楼顶上，"Haier"广告牌像一块蓝色的宝石，洒下迷人的光辉，使夜幕下的巴黎街头更加迷人。与"Haier"灯光广告相映生辉的是另一座高层建筑上日本"TOSHIBA"广告，不远处还有"PHILIPS"、"TEC"等世界名牌的灯光广告。这座灯光广告牌长 22.5 米，高 5.5 米，海尔在巴黎的灯光广告是中国企业在欧洲竖起的最大的一座灯光广告。

……

如今在欧洲，一提到海尔，人们都会脱口而出——"Haier and Higher!"

(海尔越来越高),欧洲人对海尔品牌的认识已发生了质的飞跃。

(人民网 2001 年 08 月 08 日)

1997 年 10 月,从美国哈佛商学院发来了一份传真,发传真的是哈佛商学院的林佩恩教授。通过网络,她知道了在中国有一个企业叫海尔,以成功的企业文化激活被兼并的企业。为此,她希望以此来做案例。

曾经有过教师经历的我紧紧抓住了这一契机,协助哈佛的教授在海尔进行了详细的调研,尤其是张瑞敏首席"吃休克鱼"的比喻使哈佛教授十分兴奋!"案例就定名为'海尔文化激活休克鱼'!"林佩恩教授说。("休克鱼",指的是"暂时休克的鱼",但这种鱼仍然具有一定的生命力,只要注入活力,很快就能从休克状态中恢复过来。这里的"吃休克鱼"是一种企业间的兼并手段。——编者注)

(《中外管理》2005 年第 2 期)

海尔后来把发生在海尔的真实故事编写成了一本书,叫做《海尔的故事与哲理》,通过这些故事,来阐述海尔的管理经验和经营理念。比起口号与数字,这些故事似乎更具有说服力,对人们的触动更大,人们的记忆会更深刻。如今,海尔案例已走进各类课堂,而且讲海尔案例、管理,正在成为一项产业。

在利用故事表达企业理念的时候,切记一点,每个故事所表达的中心不要太多,集中表达一个最重要的观念就够了,这样受众会对某一点印象深刻。如果一定要表达多个观念、多种卖点可用多个故事去分别说明。

3)要让经典的故事长期流传下去,形成企业文化

有人就有故事,只要你细心的提炼,总会找到适合自己品牌推广的故事。对于很多企业来说,企业核心人物的故事经历是企业宣传和品牌塑造的鲜活素材。肯德基 LOGO 中一身西装、满头白发及山羊胡子的山德士上校形象,已成为肯德基国际品牌的最佳象征。每看到这一形象很容易联系其背后的山德士上校的传奇创业故事:山德士在 66 岁时选择重新创业,开着他的福特老爷车，载着他的十一种香料配方及他的压力锅开始上路。他到印第安州、俄亥俄州及肯塔基州各地的餐厅，将炸鸡的配方及方法出售给有兴趣的餐厅。在经历 1009 次拒绝和失败后，终于在第 1010 次取得了跟首家餐厅的合作，令人惊讶的是，在之后的短短五年内，上校在美国及加拿大已发展到有 400 家连锁店，这便是世界上餐饮加盟特许经营的开始。

在这样的故事背景下，人们感觉走进肯德基餐厅所吃的不仅是一块炸鸡和一个汉堡，更是了解一段历史，品味一段经历，这就是品牌文化的一部分。每个企业的老板都有或多或少值得一提的故事经历，将这些经历加以提炼并用合适的途径传播，或许就能形成企业的文化。

很多企业没有意识到故事对企业的意义，不善于收集和利用在企业里曾经发生过的事情，有很好的故事，却不把它当成财富，造成了企业的无形资源白白浪费。

有这样的一种说法：三流企业卖力气，二流企业卖技术，一流企业卖标准，超一流企业卖企业文化。由此可以看出企业文化的重要性。企业文化就是企业在经营活动中形成的理念、方法和价值观等。现在只要上了一点规模的企业，都非常注重企业文化。企业文化怎样树立和创造？我们认为，企业文化的形成有两点要认识到：第一，企业文化往往就是领导文化，是企业领导的喜好、行事风格。第二，企业文化的铸造过程，讲道理、讲条文固然重要，但传播一个个真实、生动、可信的故事，用这些故事，去阐释企业的价值观，去影响员工、客户、政府官员及社会各界人士，这是对企业文化最好的宣传，也是企业最好的广告。海尔之所以要把这些故事编成书，就是因为他们发现了这些故事的价值，从而把它们变成企业文化的一部分，希望这些东西能够流传下去。

对上了规模的企业而言，企业文化的作用是相当巨大的，是一切经营和管理活动的土壤。资源会枯竭，唯有文化生生不息。像海尔这样的企业，如果有一天，社会上不需要冰箱和空调了，相信它造其他的东西，同样可以马上占领市场，获得消费者的认同，人们认同的不是它的某种产品，而是它的文化和品牌。

在信息爆炸的今天，世界变得异常的嘈杂，一种文化，一种声音，如果不是很有力，不是很持久，就很容易被人们遗忘，因此，企业的一些有价值的故事，要反复地讲。张瑞敏只砸了一次冰箱，还是在二十多年前，但是，这个故事被海尔天天讲，月月讲，年年讲，一些年轻人对这个事情也耳熟能详，由这个故事而信赖海尔的品质。

我们可以说二十一世纪是一个"说书人"世纪。其实，爱听故事，是人类的天性。从童年开始，人们就爱讲故事和听故事，并在故事中注入自己的理想和价值观，以此影响别人。一个有理想的企业家，就要做一个有典故的企业，要会挖掘故事，会讲故事，并且让故事流传下去。

媒体永远都是找最新鲜的事报道，在记者眼里，企业也可以分成这样两种类型:有故事的和没故事的。有故事的公司是记者喜欢的，没有故事的公司是记者头疼的。现在各种媒体的记者都比较注重报道的生动性，而使报道生动的一个方式，就是以一个正在进行的事件作为报道的开头和切口，这种方式，在现代新闻报道中越来越流行。故事和事件，无疑是记者最为感兴趣和需要的。现在的电视节目包括许多名人的访谈，访谈节目的编导、记者通常在正式录制之前都会对嘉宾进行预采访，在预采访阶段，他们最感兴趣的，也是嘉宾的经历和故事。他们会将这些事先掌握的信息传达给主持人，主持人在现场肯定会把这些故事挖掘出来，不达目的，他们是决不罢休的。

企业家在接受采访的时候，需要注意的就是不要浪费了自己的故事，要让这些故事能够"说话"，具有阐释你的理念和价值观的作用。故事要生动，容易记忆，便于讲述，容易流传。

总之，销售企业的故事，其实就是在销售企业的理念和形象。一般的企业宣传多为广告式的表述，在很多时候总有强拉强拽、自吹自捧之嫌。如果运用故事表述手法，效果就完全不一样了，生动真实、活灵活现的故事，能让人身临其境，感触倍深，增加信赖和认同。故事营销是实惠又实效的营销推广手法。

4. 公益攻心

公益活动是企业提高美誉度的重要手段，它是指企业出人、出物、出钱举办或支持某项社会公益事业的举动。从事公益活动，能使企业赢得好的声誉、扩大社会影响。

在西方，企业公民（Coporate Citizenship）的概念已经渗透在了企业经营管理中，它指的是企业为表达对人类、社区、环境的尊重做出发展策略。“公益策略”成为成熟企业必不可少的企业策略。

公益活动能为企业带来好印象，好声誉，也能带来利润。哈佛大学商学院教授迈克尔·波特指出：“企业从事公共事业的目标，从表面上看是为了博得更多的认同和社会影响，而实质上，则应该集中于公司竞争力的增强”。现代公关之父艾维·李说：“一个组织所做的有益于社会和公众的事情，最终必将有益于该组织自身。”

《孙子兵法》中说“上兵伐谋，其次伐交，其次伐兵，其下攻城”，那么有没有一个“上上策”呢？我们说，如果有的话，那就是“攻心”，公益活动，就是企业的“攻心战”。

公益行为效果亲切自然，易于被接受，其实质上是一种软广告，商业性及功利性不像硬广告那么明显。公益活动在不经意间以春风化雨的形式在公众心目中树立企业的良好形象，而良好的企业形象同时可以拉动产品的销售，这是公益营销的迷人之处。由于公益活动实质上是间接地为企业的营销服务，所以又叫做公益营销。

在进行公益营销时，有以下几点要考虑：

1)公益活动要与企业的品牌定位和气质相吻合

公益活动要体现企业的社会责任和价值，更要体现企业的战略。所以我们策划的活动一定要打上企业的印记，符合企业的品牌定位和气质，与企业的战略相关联。比如在万宝路赞助的国际体育赛事中，尤以国际一级方程式车赛最有声望。万宝路赞助一级方程式车赛20余年，作为一项体育运动的支持方，万宝路在公众中树立了自由、奔放、竞争的美好形象。在大众心目中，一级方程式赛车被视为极具挑战性的运动，一级方程式赛车手的形象正符合万宝路要塑造的“男子汉形象”，赛车所体现的精神正是万宝路牛仔具有的精神。莫里斯公司(该公司主要品牌产品是万宝路香烟)赞助一级方程式车赛也被认为是赞助活动与品牌形象完美结合的典范。

2011～2013 年，“古井贡酒・年份原浆”连续三年携手中央电视台共同举办“CCTV 感动中国年度人物评选”活动，倡导文明风尚，承担社会责任。古井还连续多年独家冠名了“心动 2012 安徽新闻人物评选活动”及河南等省的人物评选。在中国企业的公益活动中，汶川地震、玉树救灾都有古井的身影，古井开展的三江源水资源保护等行动也令人印象深刻。2012 年 7 月，古井贡酒联合安徽著名公益组织“格桑花”在苏州举办了“格桑花苏州公益答谢晚宴”，将拍卖所得的 25 万元捐赠给格桑花公益组织，并成立古井贡酒格桑花班，以此行动表达对西部孩子教育发展的支持。安徽卫视推出的《全星全益》是一档大型公益栏目，它将明星答题赢得的奖金全部用来资助需要帮助的平民英雄，古井贡酒冠名资助了这个集娱乐与公益于一身的栏目。古井在媒体上的这些作为，强化了古井品牌在人们心目中的印象和定位，因为这些活动是和古井贡酒企业的精神追求相通的。以上的这些冠名赞助，人们可以清晰地看到，古井是一个具有主流价值观、有社会担当、努力为社会聚集正能量的企业。古井通过冠名与赞助，诠释了企业与美德同行的精神气质，让人觉得这是个“高端大气上档次”的品牌。

赞助和冠名公益活动，是企业做公益的常见方式，除此之外企业应该自主策划一些活动，吸引媒体前来报道，这样的活动主体是企业，与企业品牌和诉求结合得会更紧，人们记忆上的企业烙印会更深。定位于“世界婴儿护理专家”的强生婴儿护理用品系列，其中国公司专门成立“健康教育部”，通过与医院和学校等机构的合作，共同推进婴幼儿护理知识在中国内地的普及。

全美500强企业之一的雅芳公司，于1992年成立了“雅芳全球妇女健康基金会”。通过一系列公关行动，雅芳公司在女性中树立了较好的口碑，人们在购买雅芳产品的时候，会感受到一种亲切的关怀。

以上例子是想说明，企业开展公益活动时要主动策划，不能总是临时应对，被动地赞助媒体主办的活动。赞助和冠名媒体的活动，往往是企业花钱给媒体放炮，企业自身应该主动选择合适的公益主题做下去，这样针对性才会更强。企业选择关注的公益主题最好和企业的使命、价值观、产品和服务协同配合，这样的公益事业最能够支持企业的经营目标。

2)公益活动要有足够的影响

企业是不会做没有回报的事情的，在公益活动中，企业的回报就是美名和影响，还有无形的社会关系资源。遗憾的是，没什么影响力的企业公益慈善活动太常见了。美国麦肯锡公司2008年的一项调查发现，只有20%的企业高管认为，他们公司的公益慈善活动有效地实现了预定的社会目标。

作为策划者，不能让公益活动打水漂，要让活动的各方进行传播共振，才能形成多方共赢的局面。俗话说得好：好心有好报，好事有好报。在这里我们不妨“曲解”一下这句话的意思，把这个“报”理解为能得到媒体的报道，在社会上造成一定的影响。企业的公益活动一定要吸引大众传媒的报道，使其活动和企业的行为被公众了解和赞赏，为企业添彩，为品牌争辉。那么如何才能使公益活动造成影响呢？实践表明，以下几个方面的公益活动比较容易吸引公众，达到“攻心”的效果。

第一，体现仁爱的活动。扶弱济贫，体现仁爱之心，是人类共同的感情和需求，仁爱之心是人类感情中最美好、最共通的部分。每每有这样的活动，都会打动人心，吸引公众的眼球。如捐助敬老院、关注艾滋病人、帮助留守儿童等。每年大学新生入学之时，总会有一些企业家慷慨地向贫困大学新生伸出援助之手，帮助他们完成学业，每年的八月份是中国大学新生开学的时候，也成了企业家展示爱心最好的季节。

美国投资机构高盛开展公益慈善活动的重点原先是教育领域，从 2008 年开始，转而聚焦于帮助提升无助的小企业主的经济能力，帮助他们创造就业。高盛充分利用自己的市场知识、专业知识和业务网络等方面的优势，斥资 1 亿美元，开展了一项为期 5 年的“万名妇女计划”。这项计划为 20 多个国家得不到充分支持的女性小企业主提供实用商业培训、服务和资金。此项目影响非常大。

第二，与“重大事件”相连的活动。前面说过，重大事件、热点事件具有天然的传播优势，借助重大事件，可以使企业的行为迅速高效地传播。2003 年非典期间，安徽安科生物制药的宋礼华董事长在北京已经快变成一座“死城”的情况下，冒险在人民大会堂召开新闻发布会，把价值 300 万元的 α2b 干扰素“安达芬”滴眼液，无偿捐献给佑安医院、地坛医院、解放军 302 医院等非典防范的“重点地带”，这种据说能够抗非典的药品被无偿输送到了中央国家机关。危难之际，安科公司的这种作为是一次成功的公益行为。后来，安科生物借此销售大增，迎来了一次不错的发展机遇。

第三，体育、文化赞助活动。健力宝诞生于 1984 年，含有“健康、活力”的保健意义，1984 年，健力宝赞助了出征第 23 届奥运会的中国体育代表团，一鸣惊人，被誉为“中国魔水”。健力宝的声名鹊起，和它紧贴体育活动是分不开的。重大体育活动和文化活动往往万众瞩目，紧贴这样的活动，品牌能够借势而上。荀子说：“登高而招，臂非加长也，而见者远；顺风而呼，声非加疾也，而闻者彰。”其实说的就是借势的道理。

第四，环境保护和科技教育活动。环保和科技教育活动虽然不像重大事件和文化体育事件那样吸引人，但却是从事公益活动的“常青树”题材，随着人们文明程度的提升，大家对环境保护和教育问题越来越关注，企业能在环保上面做点贡献，会得到社会各界特别是高端人士的认可。例如一些企业策划的“环保人拎环保袋”活动，一些大牌企业家组织的“创绿家环保公益创业资助计划”等，在社会上都有着良好的口碑。科教活动也是如此，如李嘉诚基金会一直致力于公益活动，其中9成都用于教育和医疗事业。这些公益活动，成了“李嘉诚”这个品牌的一部分。

在西方的大多数国家，企业策划公益性捐款的积极性很高，比如在美国，排名世界500强的企业基本上全是防治艾滋病基金会的成员。这除了他们的教义和传统外，体制机制的设计也是鼓励他们这样做的，政府方面通过立法和舆论进行积极的正面引导，并建立一套激励企业做公益的税收机制，从而形成一个良性循环。

3)最好能够打造出企业的公益活动品牌

公益活动品牌化是企业公益传播成熟的标志，企业应该把开展公益活动作为一项长期投资，像经营产品一样经营公益事业，并集中于某些特定的领域，形成合力，做出品牌。公益活动要想传播得更深入更久远，就要品牌化，公益活动的品牌化应该成为企业品牌战略的一个重要组成部分。而要想形成品牌，企业所选择的公益项目必须具有可持续发展的潜力。前面我们说到的强生公司和雅芳公司做的公益活动，已经成了公司品牌，成为公司软实力的一部分。

5.“制造”中需要注意的问题

第一，必须给企业带来正能量和正价值。

企业制造话题，制造故事，制造媒体事件，从事公益活动，都是渴求品牌美誉度和影响力的提升。事件营销、新闻炒作、公益活动，必须把握好事件的性质和发展方向，谨防越炒作越背离企业的初衷，有时候制造和炒作得不当，反而会给企业带来恶名。

好的事件通过传播，带来的就是好的价值，如果是个坏事件，那么传播出去带来的就是坏价值，捧得高，摔得惨。现在流行一个词叫做“正能量”，你制造一个事件、炒作一个话题，能否给社会、给企业带来正能量，这是衡量“制造”好与坏的标准。现实中，有太多的活动不仅没有创造正面的社会效应，还给“制造”者带来了道德风险和名誉损失。2005年夏天，哈尔滨啤酒厂举行啤酒节，策划在市民广场喷泉池喷啤酒，结果招致市民的投诉，被指责为浪费、失良心，结果引起媒体曝光和谴责，厂家只得认错收场，“好事”没成，反倒讨个没趣，有损企业形象，而且影响了企业与政府、与公众的关系。

曾有一企业策划与一著名相声演员打一场假官司，还要假装正儿八经地请律师，在媒体上大曝光，目的是给企业扬名，提高产品的知名度，把产品卖出去，并承诺事后给这位演员报酬，这种纯粹为了企业知名度而不惜愚弄全社会的“点子”，遭到了这位相声演员的拒绝。

2006年3月15日，由国家工商总局、中国消费者协会、中国消费者报和20个省市消协联合制作的中国第一份《3·15年度报告》公布了该年度最令人厌恶的商业噱头，其中有：从“内衣秀”、“当街洗澡”、“人体盛宴”、非法传销编造“玛雅神话”、哈佛代高乐“增高神话”、麦当劳“下跪”广告风波等，以上种种，值得我们引以为戒。

第二，讲求策略，要有战略观。

企业制造事件，开展公益，开始就得明确目标，明确最终想达到的目的，活动要和企业的战略相匹配。但是一份企业公益指数调查报告指出，20.7%的企业在进行公益慈善事业的过程中存在指向不明确的问题，不到70%的企业能做到每个公益慈善项目都有明确的目标指向。

制造新闻事件和从事公益活动要有效地同营销管理目标结合起来，适时推动，才能对企业的营销产生推波助澜的效果。例如，企业现阶段的营销目标是在短期内推广一种产品和服务，提高企业的知名度和销售量，那么，我们在策划时就要选择一些涉及面广、影响力大的事件。2001年，当时的金六福酒还不是很出名，那一年，中国足球在米卢的带领下准备进军世界杯，国人的足球热情再次被点燃，对中国足球的活动保持高度关注。金六福酒业就在这时赞助了中国足球，并做了一些与足球有关的公益活动。短短一年左右，金六福品牌就迅速响彻神州大地，被广大消费者所熟悉和信任。

第三，事件的策划和执行要周密。

策划新闻事件和活动，要考虑到方方面面。比如，事件和活动不要与重大事件冲突，否则就会弱化传播效果。2005 年 6 月 21 日，南京某银行的分行为庆祝开办十周年，举行了大型形象宣传活动，动用空中冲气飞船在市中心上空挂条幅飞行，招揽市民观看，但是他们没有考虑到，当天正是全市中考日，飞船的噪音及引发的交通堵塞受到考生家长的责怨，结果活动在媒体的质疑和指责声中只得草草收场，行长还不得不出面道歉。此次事件，使企业精心策划、投入巨大人力物力的活动淹没在一片埋怨声中。

第四，把握传播分寸。

制造新闻事件和从事公益活动，在传播中要注意适度性原则。默默无闻，低调行事，就会使事件成为过眼云烟；而太过张扬，大肆渲染，又会让公众认为这是一场令人不愉快的“商业秀”，所以，拿捏尺度，适度传播，才能使活动真正为公众接受，起到扩大品牌效应，传播企业美名的目的。

九、另类营销——企业品牌的软传播

1. 发挥名人、明星效应——名人是传播的“良导体”

我们随便翻看一些企业的宣传画册，会发现一个共同点，就是把国家领导人、社会知名人士与企业老总的见面及参观企业的照片放在显要版面，以显示企业的社会地位和影响，这是典型的利用大人物和名人来提升自己的做法。名人是社会普遍比较关注的人，名人和热点事件、重大事件一样，对大众有一种天然的吸引力，是一种优质的传播“载体”。恰当地利用名人资源，创造名人资源，是企业营销的重要手段。企业借助名人为自己做宣传，往往代价会稍高一些，但起到的作用是其他手法无法替代的。通常企业借助名人效应进行传播有以下几种做法。

1)利用名人做广告和代言

邀请影视歌星、时装模特、体育明星拍摄广告，出任企业的形象代言人，这在商界已成风气。利用名人做广告代言，好处自不用说，只是有几点要注意。

一是不能乱点鸳鸯谱。在明星的行情里，花小钱请小明星，花大钱请大明星，企业要请最对的明星，而不是最贵的明星来给企业代言和拍摄广告。一定要根据企业的产品特点、消费者的喜好等因素综合而定。

二是请明星下手要准，利用好传播的机会。2004 年雅典奥运会期间，耐克公司请刘翔做形象代言，为不失时机，他们制作了两套电视广告，一套是以假定刘翔夺得冠军进行创意制作，另一套是万一刘翔没拿到冠军而作备用，总之不错失刘翔关注度最高时的广告传播机会。

三是最好能够发现“明日之星”，和明星一道成长。在明星还不是特别红的时候，企业所花费的代价较小，利用当红明星，企业的出价往往特别巨大。2004 年雅典奥运会，刘翔还不是很有名，但又具有冲击 110 米栏金牌的实力，耐克果断选择刘翔作为代言人，不仅让公众相信刘翔的成绩与耐克公司的努力紧密相关，同时也获得了以较低成本取得形象代言人的机会。

四是要防范利用明星的风险。请明星做广告和代言会存在一定的风险，万一明星出了负面的状况，会对企业造成影响。如刘翔在北京奥运会和伦敦奥运会上因伤退赛，就让企业蒙受损失，另外，万一明星出现绯闻、丑闻等，还会危及企业。如歌星红豆卷入司法麻烦后，他代言的江苏红豆集团也陷入尴尬。张柏芝、陈冠希等人的“艳照门”出现之后，其所代言的产品一度也形象受损。但是，“艳照门”也让其名声更大，后来张柏芝又继续代言某化妆品，甚至代言床上用品，这就属于品牌营销策划方面的出“奇”制胜了。

2)企业领导人和员工的明星化、名人化

中国改革开放 30 多年来，出现了许多耀眼的明星企业家，这些明星当中，有些是历史造就、自然成为明星的，有些则是在有意无意中打造而成的，既然明星是优质的传播资源，那么企业在宣传自己的时候，将自己的领导人或员工打造成明星，也是一个不错的方法。

在企业员工明星化方面，合肥燃气集团推出的徐辉可算是一个成功的代表。“蓝色的工作服、高高的个头、憨厚的笑容，他就是全国劳动模范、全国道德模范、全国技术能手——合肥燃气集团蜀山区服务所所长徐辉。他被人们亲切地称为‘徐劳模’。‘不管有多难，只要你肯说！’是他恪守的诺言。”这是新闻媒体给徐辉画的像。徐辉工作勤恳，服务热情，具有劳模的素质，但成为明星，则要归功于燃气集团的有意打造，集团不放过每一个节点和机会，让徐辉在媒体上露面。集团用徐辉作为企业的典型代表，他凝聚和代表着企业价值理念，是企业精神和核心价值观的化身，是企业的一张名片。

我们已经进入到了一个宣传和炒作的时代，没有炒作，你的企业和个人在嘈杂的世界中就可能没有声音，于是，一些企业的领导人为了营销的需要，披挂上阵，将自己打造成明星，效果果然很好。最明显的例子就是陈光标，这几年，许多重大事件、话题和节点，我们在媒体上都能看到陈光标的身影，如汶川地震、钓鱼岛争端、为被砸日系车主换车、莫言获得诺贝尔文学奖等。陈光标骨子里有“善根”，就像许多企业家一样，但是和许多企业家不一样的是，陈光标把“善”发挥到极致，成为宣传推广企业和个人的一种手段。他将自己打造成慈善明星，被媒体冠以“中国首善”的称号，他的高调慈善举动经常引发争议，陈光标式的慈善还被人们定义为“暴力慈善”，针对人们对他要“低调行善”的建议，他说，高调行善和他的个性有关，他希望通过自己高调行善的举动，带动更多的人行动起来做慈善。不管陈光标的动机如何，他的高调行善和暴利慈善已经使他成为一个非常另类的明星，若不是这个明星，有谁知道世界上还有个叫做“江苏黄埔再生资源利用”的有限公司呢？

3)发挥企业已有名人的价值

如果你的企业里已经有了名人，那更是要好好发挥他们的价值。TCL 集团聘请吴士宏女士加盟的事情，充分显示了其当家人李东生的用人技巧和发挥名人效应技巧。

吴士宏是最初是北京椿树医院的一名小护士，其“最高学历”是自学英语大专文凭。她抱着个半导体学了一年半许国璋英语，就壮起胆子到 IBM 来应聘。从一个没有受过大学正规教育、没有任何背景的普通女子，到 IBM、微软这些巨型公司的地区负责人，吴士宏的传奇经历让无数人好奇和佩服，成为人们耳熟能详的名人。

1999年，在国际大公司"逆风飞扬"了14年的吴士宏"因事业和生活中更重要的事情"突然从微软辞职，在IT界引起了震动，后来人们才知道，是中国的TCL信息产业集团向她伸出了橄榄枝。吴士宏重出江湖，出任TCL集团常务董事、副总裁，吴士宏加盟TCL，一时间成为人们热议的话题，她也抛出了自己加盟后的理想：将中国的企业做到国际上去。

但是，2003年，吴士宏又因为"严重的心脏病"离开了TCL，并在此后将其持有的TCL集团1008万股股份转让给TCL集团的10位高管，她和TCL的恩怨情仇，在各大媒体上曝光，又成为当时的热点新闻。

2007年，TCL董事长李东生决定将吴士宏再请回来，当年7月3日，TCL在多个媒体发布公告称，任命吴士宏女士为独立非执行董事及审核委员会及薪酬委员会成员，重回TCL的吴士宏像当初她离开一样，又一次成为了热点人物。

吴士宏的来和去，都被媒体一次次地报道和热炒，TCL的媒体曝光率大大增加，而且，吴士宏的IBM、微软奋斗经历，加上她的知性形象，都丰富了TCL的品牌内涵，为TCL在加分。有人说，TCL花钱聘请一个热点人物，远比花钱做广告省钱、效果好！

广东的影视制作人邓建国利用自己的知名度带动赤水河酒的销售，也是营销中发挥名人效应的范例。

2002年，素有影视界"活宝"之称的邓建国在北京自导自演了"金盆洗手"告别影视圈的活动，吸引了上百家新闻媒体到场。在仪式上，邓建国豪情万丈地声称他斥巨资收购了贵州仁怀市茅台镇赤水河酒业公司，要投入3亿元来打造赤水河白酒品牌，使之不仅成为中国的驰名品牌，而且要成为世界性的驰名品牌。据业内人士估算，仅当天各种新闻媒体颇具广告价值的报道就价值数千万元。全国各地经销商当场签约就超过1000万元。这次力度很大的炒作，使名不见经传的赤水河白酒品牌的知名度在很短的时间里大为提升。

以后的几年，邓建国在影视界和企业界动作不断，炒红了自己，带动了品牌，他热衷于新闻炒作，2004年受聘南京钟山学院，说要开新闻炒作专业。目前，中国一些高校已开设了新闻炒作专业课程。

关于利用名人的传播还有一个经典的段子：一位书商为炒作一本书，设法将书送给总统，然后打出广告，说这是一本总统最喜欢看的书，结果此书一阵热销。总统得知后大怒，坚决否认此事，书商变换一招，打出广告，说这是一本总统最不喜欢看的书，结果此书又引来一阵畅销。

发挥名人效应，利用名人营销，是企业进行品牌建设的好方法，运营得当，可以起到四两拨千斤的效果。

4)聘请知名专家学者做顾问

企业聘请知名的专家学者做顾问有两个好处，一是专家学者能在专业和经营等方面对企业提供有价值的建议，二是这些被聘请的专家会经常在外讲学、做报告，对圈内的人和事很有话语权，他们会以服务的企业为案例，无形中充当企业的义务宣传员。如2011年，中国户外品牌Kolumb(哥仑步)聘请著名企业管理及内训专家方宝庆教授作为企业的管理总顾问，哥仑步总经理魏庆华说，方宝庆教授作哥仑步管理总顾问，不仅对哥仑步的企业管理做出指导，而且还参与研究最适合本企业的管理战术与战略，他的加入使企业在管理、营销、品牌、供应链、产品等各个方面都有提升。

2. 出席活动和策划活动

出席活动和策划活动，是企业进行传播的有效途径。

现在各个行业的等论坛、峰会等活动层出不穷，企业也是不堪其扰，有的是一律拒绝。但是像蒙牛这样的企业，想的更多的是怎样利用这样的场合，将其变成传播自身的舞台。

1)出席活动就是展示形象

蒙牛的掌门人牛根生一度喜欢出席各种会议，参加各类经济活动。牛根生是把活动当成展示蒙牛和他本人形象的机会。在这些重要的场合，牛根生态度谦和，很得人缘，加上他特殊的身份，常常不花钱就能得到媒体的大量宣传。

蒙牛的品牌之所以有魅力，和掌门人牛根生出席各种会议、接受各种采访有很大关系，当台下那么多的记者和“舆论领袖”、“商界精英”聆听牛总朴实又充满哲理的演讲时，聪明的蒙牛人知道，这里面蕴含着巨大的广告价值！

2)出席活动就要有目的地发出自己的声音

蒙牛的另外一位高管孙先红也是高频率的出现在各种专业论坛上，在每一次讲演中，他都大念蒙牛的品牌经，反复地讲牛根生的故事、蒙牛的故事，进行蒙牛的品牌推广。

2005年12月，在南京举办的“2005中国企业培训年会”上，蒙牛集团副总裁兼人力资源总监张文应邀上台做演讲，原定主办方设定的一小时围绕“培训”主题的报告，张先生讲“蒙牛”和“牛根生”讲了一个半小时。“牛根生的名字怎么来的”、“为什么400多号伊利人砸掉铁饭碗跟老牛创业”、“牛根生是如何一次次‘散财’的”等，完全是在为蒙牛做软广告。张文每月有近20天是在全国各地演讲，做“培训”，实际上就是在做蒙牛的品牌推广。

我们看到，一些新兴品牌也在用学术活动等方式为自身的品牌助力。安徽宣酒集团的品牌总监迟有飞来自新闻媒体，是一位新闻宣传意识、个人表达能力都很强的人。他多次走进大学和论坛，他的讲演和报告多以宣酒集团的运作为例，其讲座融知识性、哲理性和实战性于一体，成为推动宣酒集团品牌成长的另一只手。

3)策划活动要别出心裁

有时候一个活动的策划抵得上大批的广告。我国的牛奶业经历过数次信任危机，安徽益益乳业策划了一个活动，邀请记者到生产线上参观。尽管有些食品安全的隐患不是记者通过眼睛就能看出来的，但是益益乳业的这个活动等于营造了一个透明的玻璃厨房，向全社会发出了一个信号，益益乳业的牛奶产品是可以放心的！另外，海尔、青岛啤酒等企业开发了工厂旅游项目，不仅宣传了企业，还获得了一定的经济效应。去德国的旅行团大多都会被安排去参观奔驰汽车厂，这也是奔驰品牌的一种传播活动。

3. 出版书籍

出版书籍是企业品牌传播的一种重要手段，大凡企业发展到了一定的阶段，无论是人员培训，还是品牌传播，企业都要对自己的方方面面进行挖掘和总结，这些书籍往往能成为商业营销或励志成长方面的畅销书，从而有力地宣传企业，形成对企业品牌的软传播。著书立说历来被中国人看成大事，左丘明在《左传》里说："太上有立德，其次有立功，其次有立言，虽久不废，此之谓不朽。"立言，就是将自己的言行、自己对事情的理解积累写成书流传下去。立言为中国历代大智者所看中，曹丕在《典论·论文》中就说过：盖文章，经国之大业，不朽之盛事。企业在进行品牌营销的时候，不妨将书籍的出版，当成"大业"和"盛事"。企业出版的书籍从内容上大致可分为以下几类。

1)企业或企业家奋斗经历类。这类书籍具有很强的传奇色彩，能够满足人们的好奇心和对英雄的崇拜心理，如万科的《道路与梦想》、蒙牛的《蒙牛内幕》、吉利的《汽车疯子李书福》、分众传媒的《分众蓝海》等。《蒙牛内幕》请海尔老板张瑞敏、全球华人竞争力基金会董事长石滋宜、央视经济频道总监郭振玺、《中国经营报》社社长金碚、《中国企业家》杂志社社长刘东华等联袂推荐，影响很大。

2)运营管理总结类。对企业运营管理模式、管理理念、经验方法等进行整理和归纳，对本企业的下一步发展和其他企业具有很强的借鉴价值，如《柳传志管理日志》、《张瑞敏管理日志》、《张瑞敏如是说》等。蒙牛集团自《蒙牛内幕》后，《蒙牛攻略》等书又陆续上市，这种超强的品牌传播意识和功力可谓是中国民企的翘楚。

3)企业品牌故事类。一些具有较高知名度和号召力的品牌，将自己发展过程中的故事归纳成册，将故事赋予品牌内涵，与企业的管理理念、经营思想相结合，进一步树立品牌形象和地位。如《激情不灭：梅赛德斯—奔驰品牌故事》、《海尔的故事与哲理》、《海尔是海》、《联想风云》、《王石是怎样炼成的》等。

4)企业培训或教案类。以实战案例讲解阐释企业的经营之道，对自家的职工和成长型企业具有很大的借鉴作用，实用性非常强。

5)软文汇集类。上世纪九十年代后期,史玉柱为了启动脑白金的市场,组织一个班子策划写作了大量的软文,在各个媒体上发表,后来他们将软文编辑成《席卷全球》一书,大规模地派送,在消费者脑海中形成脑白金在全球畅销的印象。书中的《人类可以长生不老吗?》、《两颗生物原子弹》、《本世纪两大震撼》等软文,无论从内容的猎奇性、权威性,还是可读性,都能激起人们强烈的兴趣,迅速撬动了脑白金的市场。

6)观点论战类。当企业的行为足以构成行业热点甚至社会热点时,企业不妨趁热打铁,用出版物为自己正名。1998 年,潘石屹的 SOHO 现代城招致了很多同行的打压,他们以现代城“四不像”为缘由,在媒体上集中讨伐潘石屹,潘石屹并没有认为这是坏事,反而亲自操刀,炮制出《投诉潘石屹　批判现代城》一书,该书集中了几乎所有针对 SOHO 现代城最直接、最猛烈甚至最刻薄的批判,如《财经时报》发表的“SOHO 你蒙谁?”等。潘石屹对记者说:出这本书,就是要超越是非的概念,超出是非的纠缠。针对别人的意见我们来讨论建筑、人和环境的关系,和大家共同探索怎样才能把房子盖好。通常房地产老板开发一个楼盘都巴不得媒体说它怎么怎么好,可是针对这么多的“骂”声,潘老板不慌不忙也不生气,出版书籍,借骂打骂,该书不仅使现代城名声大噪,也使潘石屹极具个性、极具思考特性的一面展现出来,个人的品牌和产品的品牌形象融为一体,引起了大众的尊敬。

7)企业家思想类。一些企业家本身闪耀着思想的光华,本身就是思想家。他们走得很远,主要是因为他们有很高的思想和境界,行动力超群。这样的企业家将他们的过往和心路历程写下来,必然成为公众的财富。房地产大佬冯仑继《野蛮生长》之后,又向人们献上了《理想丰满》、《伟大是熬出来的》等书,理想、人生、热点等尽收其中,这些书籍的出版,不仅让人们认识了一个有魅力的冯仑,对他的万通集团品牌也是一种有力的推广,冯仑在书中流露的思想和个性,和万通品牌融为一体,成为企业文化的注解。

以上所列书籍,大都成为畅销书,增强了企业的美誉度,出版书籍,是企业提升文化软实力和影响力的一种非常好的方式。

第三部分

应对传媒　化解危机

——企业危机中的媒体应对

一、危机来临——危机已经成为企业经营的常态

什么是危机公关呢？危机公关是就是指在危机爆发和危机持续阶段中，组织或者个人对危机进行管理，控制危机，减少危机造成的损失，使组织或个人保持持续发展，甚至在危机中实现新的发展的努力。

危机是企业经营的常态，有人说世界上有两种企业，一种是发生了危机的企业，另一种是即将发生危机的企业。

企业危机的类型有很多种。企业的决策失误、管理不善、人才流失、商业机密泄露、外部环境的突变、政府政策法规的改变、自然灾害等，都会造成企业的危机。我们在这里讨论的企业危机，专指企业的媒体舆论危机，即由于媒体的报道、炒作而引发的企业外部舆论环境恶化。媒体炒作企业的负面新闻，会引起顾客的投诉、原料商断货、银行断贷、政府封杀等，严重影响企业生存发展。

淮南市新华医院是一家由原矿务局医院改制而成的股份制医院，凭着先进的设备和技术精湛的医务人员，该医院在淮南一直有着良好的口碑，他们似乎没想到有一天自己会一下子卷入一场危机。2013 年 1 月，在该医院血透中心进行透析治疗的 70 多名患者被确诊有 9 人患有丙肝，病人们认为自己是通过医院的透析机感染上丙肝的，医院则认为没有证据证明病人是在医院感染上的。一场医患纠纷就这样上演了。患者邀请来了电视和报纸等媒体，给医院带来了巨大的压力。

先期介入此事的是一家省级电视台的民生栏目，由于采访了医患双方，报道比较公正客观，而后来的报纸媒体基本上全面倒向患者，被患者的情绪“绑架”，在没有充分证据和权威部门认定的情况下，就将板子打到了医院的身上。大凡遇到这样的医疗纠纷，记者会想当然地站在患者的角度去讨伐医院。我们这里无意判定这起事件中谁是谁非，我们只想用这件事说明，一个企业随时可能卷进危机中去，如果我们处理得好，会将危机的损失减到最小，

如果处理不好，企业会损失惨重，甚至遭受灭顶之灾。

三株公司曾经是名震中国的大型民营企业，早在1996年它创造了单产品年销售80亿的奇迹，它还创造了与邮政网络相媲美的销售网络，在全国有600多家子公司，200多个办事处，13000多家工作站，组建了15.7万人的销售队伍，营销网络遍及中国最边远的乡镇，其主打产品三株口服液一度红遍大江南北。就是这样一家企业，却因为一个意想不到的事件而一蹶不振。

1996年6月，湖南省常德市陈然之先生77岁的父亲陈伯顺(当时已经有冠心病，肺部感染，心衰等多种疾病)，在医生的嘱托下服用三株口服液，服用后三个月中出现皮肤病症状，经诊治无效于9月死亡。1996年12月，陈然之向常德市中级人民法院起诉了三株公司，认为他父亲的死亡是服用三株导致的，而三株坚持认为，三株口服液不是导致陈父死亡的原因。1998年3月，常德市中级人民法院作出一审判决，判三株公司败诉，并没收了三株1000万元的销售利润。三株不服，向湖南省高级人民法院提出上诉。

在事件发生之后，多家媒体报道，消息从湖南迅速扩散到全国，三株的产品形象、企业形象、品牌形象均损失惨重。湖南市场上首次出现零销售，全国其他地方也陷入了瘫痪状态。与此同时两个现代化生产工厂全面停产。

1999年3月25日，湖南省高级人民法院作出终审判决，判定三株公司胜诉，但胜诉后的三株董事长吴炳新仍痛心疾首：这起官司导致三株数十亿元损失，十万人下岗。

三株在这场风波中赢得了官司，却丢掉了市场。我们看看前面所举的两个例子，其危机都是源于媒体的报道，前者还好，可以修复损失，而后者，就一蹶不振，从企业的版图上消失了，这确实令人痛心疾首。

二、企业危机的几个诱发因素

1. 自身的管理不善，产品和服务上出现缺陷

必须承认，现在的危机虽然来源广泛，但是大部分的危机还是来自于企

业或组织的自身的因素，企业确实有做得不好的地方，才会引发外界的评论和负面的影响。纵观这几年的企业危机事件，蒙牛黄曲霉毒素风波、百胜速生鸡事件、沃尔玛的假猪肉事件等，都不是无中生有，空穴来风，所以，企业自身的产品质量过硬，是杜绝企业危机的最根本的因素。比如，近十年来“出事”较多的保健品市场，多以忽悠人为能事，使用“天上打广告、地下铺通道”的路数，靠广告打出品牌。由赵本山代言的保健品“蚁力神”曝出因含“伟哥”成分而被食品药品监督局禁用，此外，“太阳神”、“中华鳖精”等保健品企业，都是由于产品经不起市场考验，在存活几年之后纷纷死掉，这几乎已成了保健品企业的统一“死法”，也使整个保健品产业陷入发展的危机。这些企业的倒掉，根本的原因还是自身产品的问题，出了这样的问题，什么样的公关都无济于事。

由于自身缺陷导致媒体舆论危机而消失的企业不胜枚举。大家应该还记得多年以前风靡中国广告界的秦池酒，1995 年，秦池以 6666 万元的报价夺得中央电视台《新闻联播》节目后 5 秒的黄金时段的独家广告播放权，成为中央电视台的广告标王，企业还获得了国家绿色食品称号，一时间风光无限，销售额也从 1995 年的 2.3 亿猛增到 1996 年的 9.6 亿元，第二年他们又以 3.2 亿的天价再夺标王。其实秦池酒的原酒生产能力只有 3000 吨，突然增加了这么多的销售量，如何弥补？据知情人透露，该酒厂产量不足时主要依靠从四川收购的散酒再加工，《经济参考报》的记者就跑到酒厂进行了一番调查。调查报告一经刊发，让企业立即陷入危机之中。到了 2000 年，因为一起债务官司的败诉，该酒厂被法院裁定拍卖“秦池”商标，“秦池”的神话在人们的记忆中渐渐淡去了。

2. 来自媒体的挑战

爆料或“找茬”是媒体和记者的天性，媒体靠发行量、点击量、收视率来证明自己的商业价值，记者要靠写稿、拍片、获奖来挣“工分”，企业的坏消息，往往就是媒体的好新闻，坏事、灾难往往成就记者。媒体的挑战分几种情况：

1)企业确实出了问题，媒体出于社会责任将企业曝光

南京冠生园就是一个典型。南京冠生园用陈年馅子做月饼，被央视记者秘密拍下，导致南京冠生园一蹶不振，并且全国所有的冠生园品牌都遭受到极大伤害，形成有名的"公地悲剧"。这种"公地悲剧"我们稍后还会介绍。

2)一些不良媒体和不良记者对企业进行讹诈

现在一些媒体报道、唱赞歌和收费是一体的，只要给钱，就写表扬稿，如果不给钱，就写批评稿。一个社会组织，一家企业，只要你拿着放大镜找，怎么会找不到一点毛病呢？他们找到毛病后，就前来"采访"，名为采访，实为谈价，央视 2013 年 2 月 18 日《焦点访谈》栏目就以《蹊跷的采访》为题，报道了一起典型的媒体讹诈事件。不良记者跑到有点弊病的企业采访，对方不给钱，他们就以曝光相威胁。由于政府部门的监督常常缺位，加上法律不健全，社会上的不良现象和丑恶现象、企业的一些弊病，很多情况下就只能通过媒体的监督来消减了。大量存在的企业弊病，成为一些不良记者和媒体的生财之源，他们以舆论监督和伸张正义为幌子，行敲诈勒索之实，成为企业非常头痛的事情。

3)记者的知识缺陷和正义冲动

记者这个行当是需要丰富的知识储备和阅历来支撑的，但是现在从事记者行业的人往往都是新招来的年轻人。他们不缺乏“铁肩担道义”的热情，但是缺乏必要的知识和调查的方法、耐心，缺乏必要的培训。当面对一个复杂的事件时，往往会做出错误的判断，会带着错误的判断到事件中去证明自己的判断，这往往会给事件的当事者造成伤害，河南商报对巨能钙的报道就是如此。2007 年 11 月 17 日，河南某报纸以“消费者当心，巨能钙有毒”为题，披露巨能公司所销售的巨能钙含有致癌的工业用双氧水，引起舆论喧哗，国内各大媒体和网络纷纷于当日进行了转载，不少药店也将巨能钙撤下柜台，危机从河南迅速扩散到全国。在这起事件中，记者宣称巨能钙中过氧化氢对人体有致癌、加速衰老等诸多危害，并说这是专家的意见。但报道并没有说过氧化氢含量超过多少才会致癌。其实，食品药品中，很多成分只有超过一定量后才会对人体造成伤害，比如专家告诉你，饮用水要适量，不然就会出现水中毒现象，你不能报道“专家说了，喝水会中毒”。巨能钙的报道就是犯了这样的错误。巨能钙从这篇报道之后走向了衰亡，可以说巨能钙就是在记者的知识缺陷和正义冲动中轰然倒下的。

“清华紫光 CPU”事件也是记者缺少知识和调查的典型例子，此事件源于一位上海的顾客使用的紫光笔记本频繁出现死机现象，顾客后来发现这款笔记本电脑使用的是台式机的 CPU,后与紫光数度交涉,仍然得不到满意的解决。极度失望之下,他便致函相关媒体,称清华紫光恶意欺诈消费者,其笔记本电脑中使用台式电脑的 CPU。此事经媒体报道,对清华紫光的声誉产生了极坏的影响。事件出来之后,清华紫光向媒体解释,使用台式 CPU 是笔记本制造技术的发展趋势,死机现象并非 CPU 的原因。由于记者没有深入调查,轻率出来的稿子让清华紫光产品的形象在顾客心目中一落千丈。当然这起事件也暴露了清华紫光在公关上的缺陷,如果清华紫光在消费者投诉阶段就能认真处理,强调笔记本电脑使用台式电脑 CPU 是技术发展的未来方向,就不会发生媒体报道的事件,也就能避免让自己的品牌处于那样被动的地位。

现代社会假新闻泛滥,媒介不仅报道事实,有时也成为谎言的制造者。2005 年,国内有家媒体抛出一则有关艾滋病的科学类新闻,称世界最大的艾滋病疫苗人体试验在泰国失败,100 多人因为参加注射疫苗反而染上艾滋病。这篇被转载多次的新闻严重失实,事实情况是:接受疫苗试验的都是性工作者等艾滋病高发人群,染病原因并非是注射疫苗。2005 年,个别媒体还热炒了一个“服用伟哥容易导致失明”的新闻。实际情况是:一个美国研究人员发现有 7 个服用伟哥的性功能障碍者出现失明症状,但并没有证据证实失明是和吃伟哥有关,还是和这些人自身患有的糖尿病、高血压等症有关,可是个别媒体却妄下断言。

应该说,正义感和同情心是记者最宝贵的品质之一,但是,先入为主的正义感和同情心则有可能使记者失去真实。央视记者柴静在她的博客中引用了一段她的朋友告诫她的一段话,非常中肯,这篇博客的名字就叫《真相常流失于涕泪交加中》:

“如果你用悲情贿赂过读者,你也一定用悲情取悦过自己,我猜想柴静做节目、写博客时,常是热泪盈眶的。得诚实地说,悲情、苦大仇深的心理基础是自我感动。自我感动取之便捷,又容易上瘾,对它的自觉抵制,便尤为可贵。每一条细微的新闻背后,都隐藏一条冗长的逻辑链,在我们这,这些逻辑链绝大多数是同一朝向,正是这不能言说又不言而喻的秘密,我们需要提醒自己：绝不走到这条逻辑链的半山腰就号啕大哭。……准确是这一工种最重要的手艺，而自我感动、感动先行是准确最大的敌人，真相常流失于涕泪交加中。”

除了记者的知识缺失导致的假新闻以外，记者的粗心、责任感不强也往往导致报道的不实，给企业带来伤害。

2003年8月，海南检验检疫局在对走私进口的红牛饮料检验中，发现饮料无中文标签，咖啡因含量超过我国标准，且尚未取得我国标签审核证书。随后国家质检总局发出通知，要求各地检验检疫局对辖区市场销售的进口红牛饮料进行检查。南宁一家媒体对此作了不准确的报道，随后被几家网站转载，从而对公众和消费者产生了一定程度的误导。新闻只报道“进口红牛被查”，却没有指出这个产品是“走私进口”的非法产品，与中国红牛饮料公司生产的产品完全没有关系，而且还把主要问题扣在咖啡因超标上面。其实，国家质检总局查处“进口走私红牛”并不仅仅是因为其咖啡因超标，更重要的是因为它属于走私进口的非法产品，没有经过任何部门的检验。

这篇报道导致了红牛饮料的危机，一时间人人都知道红牛饮料被查了，而一个产品“被查”对这个品牌来说，是致命和灭顶的。好在红牛公司在公关方面还算老道，采取了一系列措施成功化解了危机。

4)媒体的炒作

炒作事件和话题，也是媒体的本能需求。媒体就是靠卖信息赚钱的，信息不能吸引眼球，公众的注意力没有被吸引过来，就说明它的产品还不够“卖座”。所以，媒体要经常策划和炒作一些新闻、事件来保持公众对它的关注度，这样它的存在才有价值，订阅数、收视率、点击量和广告量才能上去。

2005年，国内一些媒体炒作了一条叫做“高露洁牙膏可能致癌”的新闻，使高露洁产品一时陷入了极大的危机之中。高露洁是在全球销量很大的一个牙膏品牌，个别媒体在发布“高露洁牙膏可能致癌”这样一则新闻时，给高露洁这种日用品带来的重创是可想而知的。后来证明，这是一则媒体凭主观臆断推测出来用于炒作的假新闻。

他们的消息来源均是来自4月15日的英国《旗帜晚报》。当天，该报刊登了该报记者Mark Prigg采写的新闻《牙膏的癌症警告》，导语是“十几种超市出售的牙膏今天成为癌症警告的焦点，受到有关影响的还有一些抗菌清洁产品，包括洗碗液、洗手液等”。报道中提到，取得这一发现的是美国弗吉尼亚理工学院的教授Peter Vikesland。《旗帜晚报》在英国只能算个三流小报。当高露洁事件后，有关专家向在英国的媒体同行求证这一新闻的科学性时，同行听说这一新闻来自《旗帜晚报》，甚至没有兴趣去深究。就是这样的一个小报，在报道这条新闻的时候，也没有提及高露洁的名字，可是国内的媒体却为了炒作的需要莫名其妙地将高露洁拎了出来。媒体炒作往往是非常无厘头的。

美国学者麦克卢汉是一位对现代大众媒介理解十分透彻的人，他较先提出“地球村”的概念，认为现在大众媒介已经把我们社会的时空压缩了，地球确实像村庄一样小，打开电视和网络，地球上发生的事尽收眼底，这就是现代媒介环境下喧闹的“地球村”。在这个村庄里，传媒很容易炒作，东头有只狗叫，西头都会听到，然后满村的人都能议论一番，围观一阵子，一些企业在经历了一场炒作和围观之后，就分崩离析，一蹶不振了。

值得一提的是，中国的传媒（包括传统的和新兴的传媒）正在转型和爆炸式增长过程中，缺乏相应的自律机制和法律的约束，即使它报道的不实，给企业造成惨重的后果，它们一般也不会道歉，不会承担责任。作为企业和组织的危机管理者，对此要有充分的认识。

3. 竞争对手的中伤

危机的原因还有一个，就是同行的诋毁。俗话说同行是冤家，近年来企业的许多危机的源头都是来自于同行的竞争需求，这方面的一个典型案例就是蒙牛和伊利多年来的恩怨。

蒙牛和伊利是同在内蒙的两家乳业巨头，由于历史和行业竞争的原因，多年来两家的恩恩怨怨一直没有停止过，两大企业在中国的北方上演了令人叹息的豪门争斗。2010年7月，蒙牛集团液态奶事业部的一个产品经理安勇与北京博思智奇公关顾问有限公司合作，在媒体上发表了鱼油中含有的EPA成分对婴幼儿健康不利的言论，直接诋毁伊利公司的圣元奶粉等产品。之后，安勇等人因涉嫌损害商业信誉罪被呼和浩特市公安局经济技术开发区分局拘留。

2010年10月20日，伊利集团针对“蒙牛集团策划了圣元奶粉性早熟事件”、“有蒙牛集团高管已被公安机关拘留”一事发表说明，其说明如下：

我公司陆续接到媒体有关“伊利遭受竞争企业恶意攻击”事件的问询，在此感谢社会各界对我们的关注。

经过核实，现对此情况说明如下：

1.2010年7月中旬我们在部分网络媒体发现大量攻击我公司产品、品牌的言论、报道，我公司已于7月30日正式向呼和浩特经济技术开发区公安分局报案。

2.经警方缜密侦查，这起利用网络媒体恶意损害伊利集团商业信誉、商品声誉的案件已被侦破，此案涉及蒙牛乳业、北京博斯智奇公关顾问有限公司、北京戴斯普瑞网络营销顾问有限公司相关人员。

3.蒙牛乳业儿童奶负责人安勇、北京博思智奇公关顾问有限公司赵宁、郝历平、马野等4人已于近日被检察机关正式批捕，李友平、张明2人网上追逃。

我们对于此事件不做评价。

特此说明。

伊利集团公共事务部

二〇一〇年十月二十日

2010年10月21日，蒙牛集团也发表了关于安勇事件及诽谤与被诽谤的声明，以回应伊利的“说明”。

近日,许多记者来电了解"安勇事件"及"未晚事件"的细节,为了让社会各界及广大消费者进一步了解实情,同时促进中国乳业真正健康有序发展,现将我集团此前及最新掌握的情况公布如下:

一、公安机关调查表明,"安勇事件"确系其个人行为,并非蒙牛集团的企业行为。

安勇是蒙牛集团液态奶事业部的一个产品经理。在蒙牛,每个产品都有一个产品经理。每个产品的销售额是与产品经理的收入挂钩的。

根据目前相关情况,2010年7月,安勇在未向任何上级请示的情况下,擅自与合作公司联系,发表了鱼油中含有的EPA成分对婴幼儿健康不利的言论。安勇这种行为,造成什么后果,就承担什么责任。公司负有教育不周、管理不力的责任。安勇对相关方面及消费者造成的不良影响,我们深表歉意!

安勇原是伊利集团的员工,2006年才来到蒙牛,(颇有点"橘生淮北则为枳"的感觉——编者),他在做损害兄弟企业的事时,没有向任何人请示,擅自而为,其中缘由,我们也正在了解。目前,安勇已被呼和浩特市公安机关批捕,并已被蒙牛集团除名。下一步,我们将痛定思痛,认真反思,对员工加强教育,严格管理,坚决杜绝此类事情的发生。

北京博思智奇公关顾问有限公司总经理杨再飞,既不是蒙牛的员工,更不是蒙牛的总裁助理。该公司只是我集团的业务合作单位。

二、"未晚事件"是由当时伊利集团液态奶的主要负责人潘主谋,并亲自操作,事发后,郑俊怀还保过他。但郑和他两人产生矛盾后,郑曾拿着相关材料控告过他。未晚事件的案子至今未撤,仍悬在那里,等待处理!

近年来,蒙牛集团曾多次遭遇类似的诽谤事件。其中,经公安机关查实,2003年到2004年间,伊利集团曾花费超过590万元,雇佣公关公司对我公司进行攻击。

两年间,伊利集团委托其合作公司北京未晚品牌(国际)传播机构(以下简称"未晚"),采取购买媒体版面等方式,广泛制造并传播蒙牛负面信息。经公安机关查实,在所实施的5次行动中,双方共签署合同款总额592.17万元,在全国11个省会城市的平面媒体及网络发表诋毁蒙牛乳业文章数百篇。事发后，“未晚”总经理杨××等3人曾被刑事拘留。

在公安机关查获的多份伊利集团与该机构签署的合同中，其中的一份合同里，双方约定，伊利集团付给后者444.3万元，用以实施所谓的“伊利集团号外行动整合公关传播”。

呼和浩特和北京多地公安机关在侦查中发现，所谓的“伊利集团号外行动整合公关传播”中，共有6次行动方案（五次执行，一次未执行），分别是：(1)“霹雳”行动；(2)“雷霆”行动；(3)“航空奶”行动；(4)“广告标王”行动；(5)伊利“号外”行动；(6)打击“概念营销”整合行动。合同总额高达592.17万元。

这6次行动方案明确提出针对蒙牛乳业的打击方针：“擒牛”、“斗牛”、“打牛”，最后把“猛牛”变成“病牛”直至“死牛”。其行动采取的主要手段是，以支付“广告费”的名义购买版面发表诋毁蒙牛的虚假新闻，标题有《蒙牛不会做“牛疯子”》、《蒙牛广告涉嫌欺诈》、《蒙牛现象——皇帝的新装》、《蒙牛暗藏危机，战略缺失、核心能力不足》、《高速扩张引专家质疑央视“标王”蒙牛面临三大难题》、《狂飙蒙牛暗藏危机?》、《难阻狂奔的“蒙牛”》、《“标王”蒙牛暗藏危机》等……

截至目前，此案仍未了结，我们也希望在此次全国整顿行业不正当竞争之际将此案一并解决。

二〇一〇年十月二十一日

蒙牛声明中的“未晚事件”是指在2003年至2004年，发生在蒙牛和伊利之间的一次恶性竞争事件。蒙牛指责伊利和“北京未晚品牌（国际）传播机构”联手，策划针对蒙乳业的打击方案。主要手段是，以支付“广告费”的名义购买版面、收买记者，发表诋毁蒙牛的虚假新闻。经公安机关调查，整个行动发表文章数百篇，涉及媒体上百家。在该事件中，“未晚”总经理等3人被刑事拘留。

在伊利对“未晚事件”尚无公开回应之际，蒙牛集团副总裁胡苏东10月

25日对外表示，蒙牛希望与伊利“化干戈为玉帛”，双方进行良性竞争，但此番心意未得到伊利方面的回应，以至双方都陷入沉默。2007年，则发生了以上所述的“安勇事件”，两家乳业巨头恶性竞争，各自雇佣公关公司，形成“对掐”局面。

2009年2月，蒙牛的特仑苏OMP产品遭遇了危机，有媒体报道称“特仑苏”违法添加了名为OMP(造骨牛奶蛋白)及IGF－1(类胰岛素生长因子)的物质，而这种物质可能造成人体细胞的癌变，事后蒙牛集团通过政府部门、行业协会，证明其产品是安全健康的。有业内人士质疑，关于IGF－1致癌的说法是有人在幕后操纵。一位资深律师在接受采访时表示，“公众健康和安全无疑是食品企业的重中之重，但是食品安全不应当被利用，成为企业不当竞争的武器。这不利于建设一个有序、合法竞争的市场。”

企业的大多数危机都是因为某些行为损害了相关者的利益，来自同行的危机占了企业危机的很大部分。上面我们所举的例子是利益双方故意冒犯对方，其实在现实中，很多利益集团之间的冒犯是在无意间形成的，所以我们在平时的经营中要正确地认识和处理同行、利益相关者之间的关系，不能损害别人的合法权益，如果不慎造成伤害，要及时地进行沟通和弥补，以使矛盾尽快化解。冤家宜解不宜结，如果你损害了别人的利益，授人以柄，你就埋下了危机的种子。总之，做企业也像做人一样，应该广结善缘，否则，像蒙牛和伊利一样，冤冤相报，则不知何时是了。

2002年3月21日，安徽华泰接到集团从香港的经销商处传来的消息，香港政府在全港查禁含有甜菊糖的食品，而安徽华泰公司出口到香港的“洽洽”香瓜子因在包装配料表上印有甜菊糖而遭到香港食物环境署查禁。事后证明，此次甜菊糖风波并不简单，它是美国替代糖制品的生产商一手炮制的旨在攻击竞争对手、保护自己市场的事件。美国代糖产品每年销售额达10多亿美元，而由于该甜味剂是合成的，经高温后甜味全失，甜菊则是天然提取的，且具有耐高温特点，有取代此合成甜味剂之势，影响美国产品的销售，所以美国的生产商炮制甜菊安全问题。

总之商场上的许多事件都印证了那句“同行是冤家”的俗语，当你的企业遭遇危机时，也许就有同行在偷着乐呢，或许，你的危机就是他们一手策划的也说不定。

4. 新媒体时代舆论危机的概率大大增加

现在企业生长在新媒体时代，生存环境比任何时候都复杂得多。任何一个人都可以通过微博和论坛对你说上几句不负责任的坏话。比如一个人在某某商场买东西时包被贼偷走了，心里非常不痛快，于是发微博将这件事爆出来，让其他人小心点。事件传播出来，某某商场就受到了伤害，危机也就产生了，其实她丢包和某某商场也许没有太大关系，也许这个人就是个马大哈，试衣服的时候把包放在了没人看管的地方，但事发的这个商场就倒霉了。

更有甚者，一些不良的公关公司有时会故意制造危机，他们在网上发帖、发微博攻击企业，然后让企业掏钱“摆平”。

我们来看看新媒体时代企业的危机概率为什么会大大增加，也就是说，我们这个时代企业的危机公关面临哪些挑战。

1)信息发布者的不可知性

在新媒体时代，由于发布者的不可知性，任何一个人都可以是危机发生的触发器，任何一个细节都可能是危机的诱发因素，我们也许能控制某一个媒体，但我们无法控制每一个人。

2)信息没有价值，注意力才有价值

我们经常讲，现在是一个信息爆炸的时代，媒体的过剩和泛滥，使得信息也随之过剩和泛滥，这就造成了一种现象，那就是信息没有价值，注意力才有价值。而这个现象的残酷性在于：好消息通常不能吸引注意力，而能够吸引注意力的往往是坏消息。企业的好消息很难出得去，但只要有一件坏消息，则会不胫而走。

3)核裂变式传播

现在“坏消息”的传播不是上了媒体就完事了，而是遵循了一种“裂变式”的规律：“微博或论坛曝光——网民关注——传统媒体报道——网络转载——网民议论放大——更多媒体关注——更多社会关注——事件升级，掀起高潮”，这种传播的裂变效应是非常令人恐怖的，而且其速度往往使当事者措手不及，坏消息能瞬间传遍全球。

4)100－1＝0 效应

2010 年是微博元年，中国从此进入“围观时代”。当你被无数人围观的时候，即使你做了一百件好事，也抵不过一件错事带来的伤害和中伤。任何一个微小的疏忽或者细节的失败，都可能导致 100－1＝0 的效果，前功尽弃，甚至万劫不复。有人说：爬到山顶需要花 10 年的时间，而掉到山谷只需要 10 秒钟。

5. 公地悲剧

经济学上有“公地悲剧”这样一个概念，意思是说：公地是谁都可以使用的，而公地悲剧就在于使用它的人众多，而保护它的人稀少，到最后这块原本挺肥沃的公地定然寸草不生，有时是“一颗老鼠屎、坏了一锅粥”。最著名的公地悲剧事件就是南京冠生园陈年月饼事件。2001 年 9 月 3 日，央视曝光南京冠生园用陈馅做月饼配料的丑闻后，冠生园的“城门”失火，殃及了包括上海、重庆等地众多同样挂有“冠生园”招牌的“池鱼”，尽管这些“池鱼”可能绝大多数都是无辜的，然而消费者却对“冠生园”这一品牌全然失去了信心。从冠生园月饼，到金华火腿、太仓肉松、山西陈醋，都发生过类似的公地悲剧，为数众多的厂家、商家似乎都认为只要套个响当当地品牌，谁都可以出去招摇撞“市”，“前赴后继、制假不已”，全然忘了为大树浇水、施肥，除害祛病，结果一枝“生虫”，大树全毁，公地悲剧就这样发生了。

造成公地悲剧的，往往只是一、两家不良企业，但他们身披着苦心经营、历经百年、在消费者心目中享有极高声誉的“金字品牌”，这些品牌往往还有鲜明的地域特色和人文色彩，一旦出了个“老鼠屎”，便坏了这些百年老店、金字品牌的“一锅汤”，使“金字招牌”面临信誉危机和生存压力。毁掉一个品牌竟如此容易，似乎就在一夜之间，百年基业可以毁于一旦。

现在的企业连锁店很多，如家乐福、沃尔玛、乐购、肯德基、老乡鸡(原肥西老母鸡）等，如果哪一家出了问题，就一定会殃及池鱼，所以，品牌连锁的企业一定要特别的小心，防止公地悲剧的发生。

以上种种，都大大增加了现代企业出现危机的概率，而且，一旦出现危机，处理起来特别的棘手，如果对现代传播的规律和机理不是很了解，企业就不知道如何应付，很可能被一下子击倒，遭受极大的损失。

三、企业危机的特点

1. 危机爆发的不确定性

企业危机的时间、地点、以什么方式爆发、爆发的程度等，都是企业的管理者始料不及的。很多危机由于是在企业毫无准备的情况下发生的，所以常常给企业的上上下下带来混乱和恐慌。

2. 危机处理的紧迫性

一方面，一旦危机爆发，其破坏性能量会在短期内释放出来，并快速传播，如果不能及时处理，将蔓延和失控，特别是在互联网时代，一点点小的失误会酿成轩然大波。另一方面，企业危机给人的反应时间极其有限，必须在最短的时间内处理，任何迟缓都会带来更大的损失，在危机中迟半步，就可能对企业造成致命的伤害。

3. 危机发生后具有扩散性、传导性

一个危机会导致另一个危机的发生，会从一个部门到另一个部门，从一个企业传导到另一个同行业的企业。

4. 舆论的关注性

危机事件的爆发能够刺激人们的好奇心理，常常成为人们谈论的热门话题和媒体跟踪报道的对象。企业越是束手无策，危机事件越会增添神秘色彩，引起各方的关注。

5. 两面性

两面性指危机事件的危害与契机并存。危机的发生使企业得到媒体的

关注和报道，会吸引消费者眼球，成为他们关注的焦点。如果企业能很好地利用危机，将其化为企业提高知名度的契机，不但度过了危机，还能促进企业的发展，提高企业品牌形象。

四、媒体炒作企业"坏消息"的几个兴奋点

企业和社会组织遇到舆论危机，管理者首先要考虑的就是不要让媒体兴奋起来，媒体一旦兴奋起来，企业的危机就会扩大，而且更难化解。在舆论危机事件中，要消除或避免媒体的兴奋源。我们许多管理者不懂这些，不仅不消除这些兴奋源，有时候还无意中给媒体喂兴奋剂，结果可想而知。那么媒体一般会对哪些事情兴奋呢？

1. 食品安全

纵观近年来的企业舆论危机事件，九成以上是有关食品有毒有害有致癌物质的。一旦一个"入口"的商品被传出有问题，人们总是怀着"宁可信其有，不可信其无"的心理，迅速远离这个品牌，而且其惶恐的心态在短期内是很难消弭的，毕竟这是直接"入口"的产品。所以我们看到南京冠生园、劣质金华火腿、太仓肉松、山西陈醋、重庆火锅底料等一系列曝光事件，都不亚于一枚枚重磅炸弹，在公众中引起了强烈的反响。为了亡羊补牢，当地政府采取公开焚毁假货、集体宣誓守约，甚至是政府高官带头当众吃火锅等手段，但都是于事无补，杯水车薪。

2. 企业陷入法律纠纷

最典型的就是三株集团，有关三株集团的辉煌以及如何因为一场官司而走向衰微，我们前面已经有介绍，这里不赘述。

3. 与媒体对抗，状告记者

如果企业与媒体对抗起来，甚至要状告记者和媒体，那就正中了媒体和记者的下怀。媒体就像艺人一样，无论出好名和出坏名，他都是赢家，而企业则不同，企业和企业家只能出好名，否则你的产品就会遭殃。与记者对簿公

堂，会让媒体非常兴奋，会引来公众的关注，甚至成为媒体的一个“炒点”，除非企业能有十分的把握能够通过这场官司给自己带来舆论上的正能量，否则，与媒体对抗，状告记者等都是大忌。

4. 民族歧视

由于数百年来有受压迫的历史，中国人对民族的歧视特别敏感，一旦外国公司在商业上采取歧视政策，会深深刺痛中国消费者的神经。

1999 年 3 月，两名美国用户向美国德克萨斯联邦地方法院提出诉讼，认为日本东芝笔记本内置的 FDC（软盘控制器）有瑕疵，存在导致数据破坏的可能性。东芝公司与原告进行庭外和解，并向美国用户提供和解金 10.5 亿美元。

2000 年 5 月，东芝笔记本在中国也发现类似的瑕疵，但针对中国用户，东芝公司只提供补丁软件来修补瑕疵。日本东芝公司赔偿美国用户 10.5 亿美元，但使用同一产品的中国用户，却没有享受到同等待遇。东芝公司对中国用户的态度，使得中国消费者感到民族自尊心受到了伤害，觉得自己受到了歧视。2001 年，中国消费者在北京对东芝的做法正式提起了共同诉讼。当时日方的解释是，因为中国法律与美国法律对消费者的保护程度不一样。

东芝笔记本事件之后，又出现了三菱帕杰罗汽车事件，从东芝笔记本电脑到三菱帕杰罗汽车，媒体的声讨之声从质量延伸到日本公司处理这些事件的态度。

类似的事件还有法国家乐福。2008 年 4 月 7 日，北京奥运会火炬在法国巴黎传递时受到藏独分子干扰，同时各大法国主要媒体报道西藏问题时大肆指责中国，并封锁中国媒体的报道。法国知名 LVMH 集团涉嫌捐巨资给达赖集团，LVMH 集团于同年 3 月成为知名连锁超市家乐福的最大股东，因此家乐福便被中国人视为出气的对象。2008 年 4 月 9 日，网上的声讨很快从海外蔓延到中国的网站，天涯、西祠、猫扑等中国几大论坛相继出现抵制法国货的帖子。帖子被广泛转发，之后，抵制法国货，抵制家乐福的活动在国内各大城市展开。

5. 腐败问题，高管被拘

中石油的天价吊灯，百万茅台酒采购发票等，对石化行业是重大的打击，之后中石油高管们纷纷被查处，不能说与之前的这些腐败端倪被揭出没有关系。而这些高管们被拘，更成为公众关注的话题，也是媒体追逐的热点。国企掌控的是公共资源，国企内产生的腐败，自然会成为公众关注的焦点。人们会计算，这些人的贪腐，会给我们每个人的生活增加多少成本，由于这些人的贪腐，我们的汽油价格要高出多少，我们的火车票价要高出多少，特别是关乎国计民生的国企，他们的腐败是要全体人民买单的。

对民营企业家来说，宣传报道企业家本人往往是把双刃剑。我们前面说过，企业家的名人化、明星化可以带动企业知名度的提升。但过度曝光、宣传自己并不见得是好事，如果哪一天企业家出事了，企业也就跟着遭殃了。许多企业家都喜欢和媒体交朋友，没事的时候，请记者吃饭，给媒体讲半真半假的故事，记者加工一下，让企业和企业家一下子变得光彩照人起来。其实，企业家要做的，往往是要和媒体保持适当的距离，看看上《中国企业家》和《福布斯》封面的，有几个还没出事？一旦出事，必然成为媒体追逐的焦点，因为名人出事，就是媒体的兴奋剂。

五、处理危机是企业管理者的基本功

在一些发达国家和中国香港地区，媒体是不敢随意报道企业的“好消息”或“坏消息”的，如果因不适当地报道而给这个企业造成损失，媒体机构或个人会赔得倾家荡产，甚至遭遇牢狱之灾。中国内地由于处于特殊的发展阶段，职能部门还没能很好地发挥作用，导致新闻媒体经常要越位充当“监督者”、“揭黑者”和“法官”的角色，加上至今还没有一部“新闻法”，媒体在履行其职责的时候无法可依，经常会把企业带入危机的泥潭而不受惩戒。

中国企业的死亡率很高。小企业如此，大企业也不例外。有调查表明，中国民营企业的寿命平均只有 3.7 年，因此企业界有“成功三年，崩溃三天”的说法，很多企业辉煌之后，就像流星一样陨落，无声无息地从人们的记忆中淡去，诸如爱多、三株等。企业为什么危机频发并在危机中死掉？中间的原因很多，有的是因为制度问题，有的是因为管理问题，有的是因为产业选择问题，也有的是外部环境问题，还有不少企业是因为不善于进行舆论危机的处理，不善于和媒体打交道，应对媒体不力。在企业遭受的危机当中，至少有半数以上的危机是由媒体引发的，其中又分为两种情况：第一，媒体曝光直接引发。如南京冠生园月饼、金华火腿等。第二，媒体间接引发。比如三株，本来危机事件不是起源于媒体，但媒体的炒作比危机事件本身对企业的伤害更大。

所以，如何应对媒体已经成为企业运行中不容回避的问题。面对危机，有的企业表现出大家风范，成功地经受住危机的挑战，有的还能化危为机；有的企业则应对不周，遮遮掩掩欲盖弥彰，陷入困境而无法自拔。当企业陷入舆论危机的泥潭，怎样跟媒体进行有效的沟通？怎样在遭遇危机时借力媒体？怎样组建一支专业的公关队伍，进行有效的危机管理？这都是每一个企业的管理者需要思考的问题，是所有企业经营者不得不认真学好的课程。

六、危机公关不是欺、瞒、堵——危机处理的秘籍

危机公关是企业遭遇危机后为摆脱危机、减少损失甚至化“危”为“机”而采取的行动。在危机爆发之后，不同的企业有不同的应对方法，不同的方法使得危机对企业的影响有很大的差异。毋庸置疑，危机在大部分情况下会对企业有消极的影响，但如果企业处理得好，就可以把危机的损害降到最低，甚至把危机转化成发展的机遇。可惜，很多的企业管理者没有学习过应对危机的办法，往往凭着本能去处理危机。

堵住，就是一般的企业管理者在遭遇舆论危机时最想做的事，是一种本能。但是，在这个媒介高度发达的社会里，堵住的可能性有多大？你堵住了一家媒体，能防得住其他媒体吗？

企业遇到危机后的另一个本能反应是采取“鸵鸟政策”。当鸵鸟遇到攻

击时，它的绝招就是找一块沙地把自己的头埋到里面，而沙土外面裸露的身体和屁股就不管了。“鸵鸟政策”的体现就是遇到危机后企业默不作声，没有一个出来说话的。事实证明，这两种本能都对企业贻害无穷。

还有的企业过于迷信危机公关的所谓技巧，把“危机公关”当成丑闻的消音器，人民日报曾对这种现象给予深刻剖析与批评。

危机公关不是“丑闻消音器”

中国国际公共关系协会发布的调查报告显示，网络公关及危机公关已成为份额增长最快业务。以大企业、政府及城市为主要客户的公共关系服务需求正逐步增加，据预计，今年此类业务将占公共关系行业三成。

这个“激增”，让人喜忧参半。

喜的是，一些地方政府和企业改变了对突发事件的“鸵鸟政策”，开始重视与公众之间的沟通，重视对公众关切的及时回应，希望通过网络公关来引导舆论、化解困境。与过去的“习惯性沉默”相比，这是一种进步。实践证明，公关运用得当，可减轻危机给地方和企业带来的声誉损害。

忧的是，一些人片面理解了公关的内涵，以为危机公关就是利用网络等媒体“摆平”和“搞定”公众舆论。而不少网络推广公司，也常为自己能“成功引导互联网上的舆论导向”而得意，其背后的“奥秘”，就是通过控制论坛和网络水军来操纵舆论。

去年沸沸扬扬的蒙牛公关事件，是业内利用网络水军“抹黑”的典型行为；十多天前发生的“双汇瘦肉精万人道歉大会”闹剧，更是一场试图“抹红”却适得其反的公关丑闻：年逾七旬的双汇董事长鞠躬道歉，有经销商甚至现场高喊“双汇万岁”。中国国际公共关系协会负责人近日向媒体透露，这次“表演”是公关公司的手笔。出了问题，企业不是忙着给消费者损失一个说法，却忙于计算自身损失，企图通过“表演”蒙混过关——危机公关异化为“秀”意十足的“表演”，引来的只能是更大危机。

危机一旦出现，邀请专业公关机构参与应对，组织公关活动，这本身不是问题。但危机公关有一个前提，就是以诚恳、诚实的态度面向公众，不回避问题和错误，而不是通过拙劣的表演欺骗公众。仅靠公关手段，绝不可能代替危机的真正化解。那些只会“捂盖子”、花钱“删帖子”，而不是忙着解决问题、舒缓公众情绪的做法，无疑是本末倒置。事实证明，“秀”出来的危机公关不是、也成不了真正的“丑闻消音器”。只有真诚地道歉、及时地弥补、积极地查处、主动地改进，才能及时挽回形象；也只有积极承担企业的社会责任，才能赢得消费者的同情理解，重新找回公众的信任尊重。

危机公关、网络公关的火暴，某种程度上说，是社会的进步，是政府部门和企业成长的需要。可是，公关要有法律底线和道德操守，不能把推卸责任、误导舆论和“金钱公关”当成法宝。当然，这不仅需要公关行业加强自律，更需要“出事”企业、政府，以正确的态度和方法，找到真正的“丑闻消音器”。

2011 年 04 月 12 日　人民日报

危机公关不是欺、瞒、堵，也不是“丑闻的消音器”，那么企业遭遇危机后应该怎么做呢？

1. 真心沟通

企业遇到危机，立即会有记者蜂拥而至，而这时，企业也许已经被事件搞得焦头烂额，领导人心情非常不好，面对记者，他们本能的反应也许就是拒绝，把他们当成麻烦的制造者，认为他们都是来找麻烦的。其实真的要克服这种心理。记者是在做他们职业分内的事情，如果他们不来，是他们的失职。你给他们什么样的“料”，什么样的信息，是你的事情。因此，真诚沟通、彼此尊重，是最好的态度。

做企业如同做人一样，其实是没有太多技巧的，如果人们发现一个人或者一个企业有太多的技巧，人们则会厌烦和远离，失去人心对企业来说是最致命的。如果说有什么技巧的话，真诚沟通是做人和做企业最好最管用的技巧。

真诚沟通通常包含以下几个方面：

1)真诚面对大众和媒体

不掩盖,不护短,企业一旦有过错,真诚地接受公众和媒体的批评,是赢得社会谅解、化解危机的最好的办法,也是取得公众信赖的最好办法。企业遭遇危机时,化解危机的所有努力,都是为了重新赢得消费者的信赖。通常情况下,任何危机的发生都会使公众产生种种猜测和怀疑,媒介也会起到扩大事件传播的作用。这时遭受危机的企业必须认识到只有诚恳的态度才是挽救企业的有效途径,因为,大众媒体和社会公众最不能容忍的事情并非危机本身,而是企业千方百计隐瞒事实真相或故意说谎。企业必须以真诚负责的态度面对公众与媒体,及时与公众和媒体沟通,这样大众对事件的看法会友好得多,更愿意从积极的角度去看待事件和企业。而任何遮遮掩掩的言行都会欲盖弥彰,傲慢无礼、推诿责任只能招致公众更大的反感,给企业造成更大的损害。

上文所引人民日报上提到的"双汇瘦肉精事件"就是一例。2011 年央视在 3·15 消费者权益日播出了一期名为《"健美猪"真相》的特别节目,其中披露了河南济源双汇公司收购使用含"瘦肉精"猪肉的事实。央视记者在河南省孟州市、沁阳市、温县和获嘉县调查了十几家养猪场，发现几乎家家都在使用瘦肉精，添加量大小不一，使用瘦肉精成了公开的秘密。而有毒猪肉部分流向河南双汇集团下属分公司济源双汇食品有限公司。

该事件被曝光之后，3 月 31 日上午 10 时，双汇集团在漯河召开万人职工大会。参加会议的有双汇集团中层以上代表，供应商、销售商代表，漯河当地的工商、卫生、畜牧等相关单位的主管负责人，双汇集团的 30 多家投资代表，30 多家国内媒体记者，还有建行、中行、汇丰等国内外 23 家银行的相关人士，但恰恰没有消费者代表出席。在大会上，双汇董事长、71 岁的万隆鞠躬道歉。双汇集团特别安排了一个环节，让全国各地经销商“即兴”发言，多位经销商表示对双汇依然充满信心。一位来自辽宁的经销商最后高喊“双汇万岁，万隆万岁”，被主席台上的万隆连摆手叫停。

双汇大会现场

双汇的这次活动据说是由一家公关公司策划的，活动不仅没有挽回影响，反而因为态度的不诚恳，公司形象进一步受损。为什么呢？就因为这次活动的策划太重技巧，不够真诚，没有把公众的利益放在首位。如果双汇真的把消费者利益放在首位，其自我标榜的十八道检验工续，不会检测不到瘦肉精。可惜的是，双汇的质量承诺只是出现在了广告上面，而在出了问题之后，没有道歉的诚意和赔偿的打算，却做了一个双汇的誓师会这样的活动，好像不是双汇对不起社会，而是社会对双汇不公，摆出一副很受伤的样子来。这样的企业，如何能获得公众的信任？

当企业遇到危机，“摊上事了”，最要紧的，就是与各方进行真诚的沟通。犯错之后要想得到真正的原谅，唯一的办法就是比任何人都更加深刻地批判和解剖自己，而不是自我辩解，这不是计谋，而是一种道德境界。

真诚沟通的真诚指的是“三诚”，即诚意、诚恳、诚实。无论是面对消费者，还是媒体抑或是政府，都应当做足这“三诚”。如果做到了这“三诚”，问题就可能迎刃而解，否则，则有可能给企业带来更大的危机——信任的危机。

2)通报相关者

政府管理者、消费者、本单位员工以及公众甚至同行，都是你的利益相关者。现在是即时传播的时代，一个“坏消息”几秒钟就可以让全世界知道，与其让这些相关者从别的渠道知道你的“坏消息”，不如你主动告知他们，这样一方面说明你对他们的尊重、真诚，另一方面，也会减少从别处传来的消息添加的不实成分。

3)告知真相

危机发生后，企业出于一种本能，通常不愿说出真相，更不愿承认错误，以为一旦承认错误，会招致更大的危机。其实，在大多数情况下，企业应该直接说明真相，不要试图掩盖事实，否则，你会看到更为糟糕的结局。因为媒体和公众也许能原谅你的过错，但未必能原谅你的谎言。危机发生后，你不可能改变事实，但你可以改变公众对你的看法。所以，遭遇危机后，正确的做法是把真相告诉公众，如果企业确实有错，就应该主动承认并道歉。下面我们把“光明问题奶”事件和“哈根达斯黑作坊”事件进行比较。从危机的性质看，两者有类似之处，但由于不同的危机处理方式，结果却大相径庭。

2005 年 6 月 5 日，河南电视台经济生活频道曝出惊天黑幕：郑州光明山盟乳业将过期牛奶回炉再包装后重新进入市场销售。记者按照最低标准估算，仅郑州光明山盟乳业一年就销售200万袋回收奶。6月6日，全国媒体迅速转载该节目所报道内容，各门户网站均在首页显眼位置以“光明牛奶，你还敢喝吗”之类的专题进行跟踪和讨论。光明乳业也迅速反应，立即派高管到郑州进行自查，同时向消费者发布“诚告消费者书”，称从来没有做过“将变质牛奶返厂加工再销售”的行为，请广大消费者放心。

6月8日，光明乳业董事长王佳芬接受《每日经济新闻》采访时称“这个事情不存在，光明不可能做这个事情。”

6月20日，郑州市食品药品安全委员会就此事件发布书面调查报告。报告称，尚未发现光明山盟回收变质牛奶再生产问题，但存在库存产品在保质期内经检验合格再利用生产的现象。同日，光明集团发布正式澄清公告承认，“郑州光明山盟乳业有限公司存在用库存产品在保质期内经检验合格再利用生产”现象。

对此，记者与光明集团新闻发言人联系时，对方先是不接听电话，随后干脆就关机了。

6月21日，郑州光明山盟乳业有限公司总经理及一位副总均被免职。原因是郑州“回炉奶”风波“对光明的品牌和销量都造成了影响”。

6月24日，光明乳业在其网站上挂出《光明乳业诚致广大消费者》书，首次就事件向消费者表示道歉。

光明乳业集团在回锅奶事件的应对中错漏百出，关于这些错漏我们之后还将剖析，这里只讲一点，他们首先违背告知真相的原则：由于光明牛奶的极力否认，让媒体感觉到还有很多可以深挖和跟进的新闻点，结果将媒体炒作推向了更高的热潮。在事件的关键时刻，光明牛奶的相关人士，不是站出来告知人们真相，而是极力否认，甚至玩起了失踪。这只会让消费者和媒体更加相信光明乳业有问题。

也许有人会问，光明告知了真相，不是会招致公众更大的谴责吗？还是那句话，危机时候的欺、瞒、堵，只会让人感觉企业的管理者不真诚。企业和人一样，不可能不犯错，人们可能不会太在乎你犯了什么错，而更在意你犯错之后的态度。哈根达斯就遭遇了类似的危机，但是哈根达斯的做法就是说出真相，承认错误，公开道歉。

2005年6月16日，深圳市罗湖区卫生监督所发现，上海哈根达斯食品有限公司深圳东门店从这一年3月份开始，未取得食品卫生许可证从事西式糕点加工，且糕点加工场所内有卫生间，检查当班3名从业人员均未能出示健康证和卫生知识培训合格证。根据该店的违法行为，罗湖区卫生局依据《中华人民共和国食品卫生法》第四十二条的规定，当场给予取缔查封，现场销毁可疑食品约50公斤。并作出对该店罚款5万元人民币的行政处罚。哈根达斯“脏厨房”事件由此受到社会各界的广泛关注。

事件发生后，哈根达斯大中华区总经理迅速赶到深圳，于18日在深圳媒体公开发表声明表示道歉，就事件对公众进行了详细地说明，承认公司管理体系上存在漏洞，导致在运营中违反了国家相关规定，并表示愿意接受处罚，限期整改。其真诚的态度赢得了公众的一致好评。随后，国家质检部门对上海和北京两地的哈根达斯冰淇淋蛋糕产品进行了紧急检查，结果显示两地的哈根达斯产品均符合国家卫生标准，深圳市质量技术监督局对深圳市哈根达斯产品的复查也显示产品质量合格。国家权威机构的认证彻底打消了顾客的疑虑，深圳市哈根达斯产品的销量经过了短暂的下滑后开始恢复到正常水平。

事发一个礼拜后，哈根达斯开放中央厨房让公众参观，使消费者对哈根达斯产品的质量有了正面了解，对上海，北京等地的产品销售起了促进的作用。

食品质量问题牵动着社会和媒体的神经，“脏厨房”事件自然会引起公众的极大关注，但企业承认了错误，媒体也就没有挖掘的兴趣。质监部门宣布哈根达斯没有质量问题，黑作坊事件很快从人们记忆中淡去。开放中央厨房让公众参观，使消费者对哈根达斯产品的质量有了正面的了解。反观光明回锅奶事件，企业则是用了狡辩＋否认＋隐匿的做法，把自己打扮成很受伤的样子，让公众看了很是反感。

现在是信息高度发达的社会，任何企图封杀媒体、掩盖真相的做法都是错误的。你越掩盖，媒体就越会炒作；你越拒绝媒体采访报道，就越证明你有不可告人的内幕。这个时候，唯有主动向媒体传递正确的信息并加以引导，媒体才有可能认为你是有诚意解决问题的，甚至是可以谅解的，那些传言、谣言和公众对企业的猜疑才有可能得到平息。

4）诚恳道歉

企业如果损害了消费者的利益，诚恳道歉是必须的。企业有时会想，道歉是不是会伤害品牌？伤企业的面子？其实道歉是一点也不伤面子的事情，大公司的道歉有时还能体现出公司领导人的修养，在社会上起到抬升企业形象的作用。

2007 年 2 月，美国捷蓝航空公司在肯尼迪国际机场发生了长达 9 个小时的航班延误事故，数百名乘客被困在客机里很长时间，延误的原因是温度骤降导致航道结冰。随后，捷蓝公司又取消了 1000 多班的航班。

几天之后，捷蓝航空的 CEO 尼尔曼在全球最大的视频网站 Youtube 上公开道歉，并在美国著名脱口秀节目《大卫·莱特曼晚间报道》里主动承认了自己管理存在的不足。

显然这次事故的原因是天气，一般人碰到这样的情况会本能地寻找借口，为自己开脱，但捷蓝公司却选择了自责。这次自责、承担责任不但没有使捷蓝公司因飞机延误而形象受损，而且塑造了公司平和、勇于承担责任的形象，尼尔曼的个人形象也被融入到企业形象中来。

道歉应该是危机公关中的必杀技，它有时可以帮助企业在危机中带来转机。特别是那些精英人物，他们的道歉具有无限的杀伤力，体现了管理者直面危机的勇气和处理问题的大智慧。在后来美国著名市场调研机构的全美调查中，捷蓝航空公司连续三年获得满意度第一名，这个排名不能不说与当年的这一公关有相当大的关系。

然而，一些大的公司仰仗其雄厚的资源和政府背景，在侵害了公众利益之后，并没有诚恳道歉之举，反而显示出对消费者和社会公众的无礼和傲慢，产生极坏的社会影响，这无疑会对其企业形象产生消极作用。

2011年1月26日，国家发改委披露，多地消费者举报“家乐福等部分超市价签标低价结账收高价”，恶意坑害消费者。经查实，确有一些城市的部分家乐福超市存在价格欺诈行为。紧随其后，央视、新华社、新浪网等国内最重要的媒体连续、大篇幅、在显著位置谴责家乐福，各种媒体报道铺天盖地，一时间社会反响巨大。

针对这一事件，一位家乐福的负责人在接受媒体采访时表示：“超市不存在刻意玩价格标签游戏的行为，如果遇到，应该是超市工作人员在打印或挂牌时的疏漏。”家乐福就价签问题发表声明称：“相关问题是由于我公司价签系统不完善而造成的，我们正着手进行升级改造。针对目前出现的问题，公司特别加强了内部监督检查工作及检查频率，并将积极与各地的物价等监管部门进行沟通，邀请各地物价检查部门的专业人员对我公司相关负责人及员工加强培训。”

然而，媒体调查显示，公众对家乐福的表态和解释非常不满。

家乐福对低标签高收费的行为不但没有赔礼道歉，反而寻找托词，表现出一个国际商业巨头企业的傲慢。无真诚道歉之意，也就没有改过自省之行，国家发改委将涉嫌价格欺诈的超市名单公布后，媒体对多个城市的相关门店进行了实地采访，结果仍然找到了一些低标价、高结算的商品。即使是在虚假优惠价格事件曝光后，全国各地仍有不少地方的家乐福门店顶风欺诈，未做改变，导致公众对家乐福这一品牌的好感尽失。家乐福近几年频繁发生信任危机事件，可惜它并没有从一次又一次的危机中走出一条危机公关的正确道路。

真诚沟通和诚恳道歉是相连的，没有诚意，即使道歉也是假惺惺的，公众不是傻子，肯定能够闻出字里行间的味道。企业一旦给公众造成损失，是真诚地道歉，还是四处寻找托词，是显示大智慧，还是要小聪明，这体现了一个企业管理者的道德境界。

2. 承担责任

一旦遭遇危机，企业的一个本能就是“撇清”自己，声称自己与事件没有关系，或者不是自己的错。我们反复说过，做企业如同做人，如果事情出来了，大家都还不知道青红皂白，你就开始撇清自己，急着告知公众自己的“清白”，这往往会给人逃避责任之嫌，这样的人，是不可交的，这样的企业，是不可信的。所以，当一个企业遭遇危机后，不管是不是由自身的行为引起的，都应该客观、坦然地面对，至少要有类似这样的表态：“目前有关部门正在对事件进行调查，一旦是我们的责任，我们将对此事件负责，尽到企业应尽之责任。”只要是企业的产品给消费者带来了损害和不便，企业都应该主动承担责任，积极进行处理。

1)安抚受害者

如果是因企业的原因造成人员伤亡或重大财产损失，要特别重视与受害者沟通，满足他们的合理要求。一般来说，即使受害者对于危机的爆发负有一定的责任，企业也不应据此推卸自己的责任。必须明确一点：危急时刻绝不是争辩是非曲直的时候，不论责任应该由谁承担，企业也不应急于追究，否则容易加深矛盾，使企业处于被动的局面。企业要以一种勇于负责的姿态出现在公众面前，毫不犹豫地把消费者的利益放在首位，以人为本，及时诚恳地告知公众正在采取的措施，安慰亲友。如果不完全是企业责任，这样做可能需要使企业暂时受点委屈，甚至付出点代价，但从长远看，这样做有利于企业解决危机，有助于企业树立良好的口碑和形象，否则会给企业带来很多意想不到的麻烦。

2013 年 4 月 1 日，央视《经济与法》栏目以“谁动了我的助力车”为题播出了这样一个事件：

21 岁的小顾开着从朋友处借来的助力车到同学家，途经一个道口时发生车祸，把别人撞得不轻，自己撞得更加严重，小顾变成了一个智力只相当于几岁孩子的人，先前的记忆也基本失去，这让小顾的母亲几乎崩溃。小顾的妈妈是位单身母亲，她和儿子相依为命，靠打工为生，出了车祸后，她没法打工，她要负担儿子后期治疗的医药费用,车祸的另一方还要她兑现三万多元的赔偿。

经公安交通部门交通事故认定书认定,小顾开的是一辆牌子为本菱的大排量摩托车,而不是所谓助力车,助力车是无需驾照的,如同自行车,谁都可以骑着上路,但摩托车属于机动车,需要驾照,小顾当天竟然是属于无照驾驶。

但是据朋友家介绍,当时他们买车的时候,车行告诉他们这是小排量的助力车。很显然,厂家卖车时用的是大排小标的办法,以求销量。

于是小顾的母亲施红英把位于上海奉贤区的本菱摩托车制造商告上法庭,要求厂商赔偿各项损失 36 万元。

但本菱摩托车制造商很快出具了一份声明:本厂只生产摩托车,没有生产小顾骑的那种助力车,小顾出事的那辆大排小标的助力车是别的生产商仿冒他们的。并出具证明:这辆车的本菱公司销售发票,出厂合格证等,也全都是伪造的。本菱摩托车制造公司的黄总介绍说,这种车多为不法分子生产,因为这种车功率大,挂个助力车的名头,买卖手续简单,买主买回去后还可以满足飚车的需求。记者采访上海助力车市场的时候,假冒的本菱摩托车还在销售。

基于以上情况,施红英撤回了对上海本菱摩托车公司的诉讼。

事情至此似乎就打上句号了,上海本菱摩托车公司其实也是受害者,但是他们却在法庭上向小顾母子捐助了 1 万元人民币,以表示对他们的同情。此举赢得了各方的一致好评,本菱摩托只花了 1 万元,就向上海市民做了一个大广告。本菱摩托慈善、关爱弱势群体的形象一下子植入了人们的心中。

2)把公共利益放在首位

危机出现了,对公众的伤害造成了,企业应该从公众利益出发考虑问题,企业要通过种种手段向公众传达这样一个理念:我们是负责任的,我们始终会将公众的利益放在首位,和公众站在一起!当公众感觉你是一个负责任的企业时,他们就比较容易相信你说的话,就比较容易获得公众的谅解。

2010 年 4 月 20 日夜间,位于墨西哥湾的“深水地平线”钻井平台发生爆炸并引发大火，大约36小时后沉入墨西哥湾，11名工作人员死亡。据悉，这一平台属于瑞士越洋钻探公司，由英国石油公司(BP)租赁。钻井平台底部油井自2010年4月24日起漏油不止。沉没的钻井平台每天漏油达到5000桶，并且海上浮油面积在2010年4月30日统计的9900平方公里基础上进一步扩张。此次漏油事件造成了巨大的经济损失和环境灾难，美国路易斯安那州、亚拉巴马州、佛罗里达州的部分地区以及密西西比州先后宣布进入紧急状态。

事发之后，英国石油公司BP全力以赴封堵漏油，BP发布消息称，其用于海湾漏油清除的费用已经高达26.5亿美元，BP还要向遭受损失的墨西哥湾沿岸各州提供赔偿，有报道称最终的赔偿金额可能达到数十亿美元。BP还设立了200亿美元基金，赔偿因墨西哥湾漏油事件而生计受损的民众。另外，英国石油公司已经决定，其首席执行官海沃德引咎辞职。这是一个把公共利益放在首位的公司，BP公司虽然因此次漏油事件元气大伤，但它很快走出灾难的阴影，从现在我们的电视里出现的“BP提供的不仅是石油”的广告里，我们不难看出，BP正在潜心打造它的绿色环保形象。

同样是漏油事件，同样是给环境和公众的生活造成灾难性后果的危机，中石油大连公司表现出来的就是另外一种姿态。

2010年7月16日，位于辽宁省大连市保税区的大连中石油国际储运有限公司原油罐区输油管道发生爆炸，造成原油大量泄漏并引起火灾。经过15个小时的扑救，才将大火扑灭，此次事故至少造成附近50平方公里的海面污染。

但搞笑的是，事故发生的十几天后，中石油大连石化分公司不是忙着清理周围的环境，对给公众造成的损失进行赔偿，并检讨自身安全上的隐患，而是于8月2日召开了“7·16”火灾事故抢险救援表彰大会，有9个单位和197人分别被授予先进集体和先进个人称号。该公司消防支队、石油储运公司、建安总公司储备库保运车间记集体一等功，供排水车间、安全环保处记集体二等功。以上立功单位的负责人等16人记个人一等功，另有28人记个人二等功。

中石油大连分公司的表彰活动受到了社会的广泛诟病和质疑，人们普遍认为，中石油的事故给生态造成灾难，给人们的生活造成极大的影响，他们不闭门思过，而是丧事当成喜事办，以功臣自居，高调邀功，自我加冕，这种举动昭示了他们对民众缺乏最起码的敬畏和尊重，缺乏最起码的社会道德和责任，简直就是一出黑色幽默的戏剧。这样的企业，怎么能得到公众的信任？中石油之所以能做得出这样的事情，说明他们有巨大的靠山，不需要公众的支持，他们占有独特的资源，只要搞定政府，就平安无事了，这样傲慢无理的企业，"出事"其实是必然。果然，同年 9 月 7 日和 2011 年的 1 月 19 日，中石油在不到半年的时间内又发生了两次爆炸。

3)吃小亏，行大义

前面说过，有的时候危机出现了，原因尚未查明，只是"疑似"企业有责任，企业也应该负起责任，为消弭消费者的损失做出努力。这样，企业可能会受点委屈，遭点损失，但待日后查明真相，如果不是企业的责任，公众会更加相信你的企业。我们且把企业的这种处理危机的行为叫做"吃小亏，行大义"。在这一点上，美国强生公司对泰诺毒胶囊事件的处理堪称典范，一直被视为公关的范例而被人们津津乐道。

美国强生公司生产的泰诺止痛药，是国际同类产品中的第一品牌，1982 年前，在美国成人止痛药市场中占有 35％的份额，但在 1982 年 9 月 29 日到 10 月 1 日期间，芝加哥地区竟接连有 7 人因服用该产品而死亡，在医疗部门与警方调查之后发现，死者服用的泰诺止痛胶囊竟然含有剧毒的氰化钾成分，一时间舆论大哗。

随后，又有媒体传言，在其他州也有 200 人因此死亡，其影响迅速扩散到全国各地，泰诺止痛药与强生公司一夜之间由天使变为魔鬼，成为死亡的化身。

事件发生后，在首席执行官吉姆·博克(Jim Burke)的领导下，强生公司迅速采取了一系列危机公关措施。

第一，公司全力配合警方封锁泰诺产品生产厂流水线，收回和封存了市面上的全部泰诺止痛药。

第二，虽然强生很快证实此次事件并非公司生产环节导致，但是坚守“生命安全至上，企业财产次之”的信条，在全国范围内紧急召回并销毁3100万瓶泰诺，损失高达1亿美元。一周以内，公司停止一切泰诺产品的广告，转而播放提醒公众停止使用旧包装泰诺产品的公告。

第三，向那些可能与此次污染有关的医生、医院和经销商发出警报。

第四，抽调大批人马对所有泰诺止痛药进行检验。经过公司各部门的联合调查，在进行检测的800万颗药剂中，发现受污染的只有一批药，总计不超过75颗，并且全部在芝加哥地区，在美国的其他地区此药品是安全的。

第五，在电视媒体和新闻发布会上频频道歉。尽管警方调查显示此事为有人在药店里投毒所致，但是强生依然对受害者家属进行了赔付。

警方查证：由于生产流水线是密封的，不可能有毒品进入。在芝加哥收缴来的含氰化钾成分的泰诺胶囊上则均发现了针孔，由此可以证明是有人刻意陷害。

不久后，又从警方传来消息，向胶囊中投毒的是一个疯子，已被拘捕。至此，危机事态可说已完全得到控制。照理说，一般的企业会召集媒体发布公告，说明情况，危机也就平安过去了，公众也就能够重拾对强生产品的信任，强生的新产品可以一如既往地投入市场了。但是强生并没有满足于这些，他们采取的措施有：

A. 告知公众自己是受害者

为了让人们了解这一真相，说明“责任不在本公司，我们也是受害者”，强生公司专门租用卫星频道在全国20多个州同时举行新闻发布会，其中7个州的记者可以同步问答。在这个会上，强生公司出示了受到“陷害”的相关证据。

B. 配合政府进行“抗污染包装”

当时美国政府和芝加哥等地的地方政府正在制定新的药品安全法，要求药品生产企业采用“抗污染包装”。强生公司看准了这一机会，立即率先响应新规定，推出了三层密封包装的瓶装产品，从而排除了药品再次被下毒的可能性。

C. 发送优惠券

强生通过媒体感谢美国人民对泰诺的支持，并发送优惠券，凡凭此券都可以免费获得价值 2.5 美元的泰诺新包装止痛片，在各个医院、药房专门指导服用。

D. 设立热线电话、进行专家演讲

公司领导人考虑到，虽然事件过去了，但可能还有不少人对泰诺产品心有余悸，有很多疑惑，公司设立 250 部免费热线电话以回答病人咨询，并大张旗鼓地为免费电话的号码作宣传。同时，外部则设立专家组巡回演讲。

在这一事件中，强生公司不惜血本，召回所有产品并销毁，体现了对公众负责的精神，看似吃了很大的亏，损失了很多的金钱，但它借此向公众树立了一个负责任企业的形象。接着强生公司的一系列"组合拳"可以说是借力打力，不仅迅速化解了危机，还借着危机事件浓墨重彩地将自己的形象重塑了一把，把坏事变成了好事。强生公司这一系列有效的措施，使泰诺再一次在市场上崛起，仅用 5 个月的时间就夺回了原市场份额的 70%。

试想一下，此类事件如果发生在国内，厂家很有可能这样处理：在查明自己的生产环节没有漏洞之后，就宣布"这是有人投了毒，那我怎么办？这纯属一个极端的意外事件"。如果这样处理，也许公众也能理解，但强生的处理却彰显了"生命安全至上，企业财产次之"的理念，在这件事上强生公司看似吃了一个哑巴亏，但是却履行了公司的承诺，使其品牌更牢固地扎根于民众之中，从长远看，它赢得了更大的市场。"小利靠计，大利靠德"，强生公司的这一案例为这句话做出了生动的注脚。

蒙牛乳业在 2011 年曾遭遇了黄曲霉素事件，和强生的毒胶囊事件有些许相似之处，相比之下，蒙牛乳业在处理黄曲霉素事件时，表现得就不如强生那样老道。

国家质检总局 2011 年 11 月 24 日公布了对 200 种液体乳产品质量的抽

查结果，抽查发现蒙牛纯牛奶产品黄曲霉毒素 M1 项目不符合标准。其中，蒙牛乳业（眉山）有限公司生产的一批次产品被检出黄曲霉毒素 M1 超标 140％。对此，25 日蒙牛在其官网承认这一检测结果并向全国消费者郑重致歉，表示要“严谨细致地执行国家和企业的各项质量和检测标准，在每一个环节上把好质关”，此外表示对该批次全部产品进行封存和销毁。

但是，可能是觉得出了黄曲霉素事件对企业品牌造成了不良影响，12 月 28 日，蒙牛乳业副总裁、新闻发言人表示，事件原因是个别原奶供方，由于饲料霉变，导致牛吃了霉变饲料之后，在产的奶里头出现了黄曲霉毒素。他说，“奶农用什么样的饲料企业是有推荐的，企业帮他去招标，告诉他用什么样的饲料。但是有些奶农没有遵守，就像国家刑法立法了说不容许你杀人，但是有人就是要杀人，那你怎么办?”他还说：“奶农饲料霉变是一个个别性问题，就像你家里面吃饭一样。不小心一个馒头发霉了，这是个别性问题。”

这个表态让蒙牛陷入了人们的口水之中，遭到了公众的口诛笔伐。

首先，蒙牛声称问题在于饲料和奶源，但是对其来源暂时无法追查。这一解释让公众难以接受，毕竟，如果没有详细的生产物流跟踪系统，追查不到问题饲料和奶源的来源，那么同样的问题可能还会重演。

其次，蒙牛虽然公开道歉，但是其整改措施“严谨细致地执行国家和企业的各项质量和检测标准，在每一个环节上把好质量关”，几乎没有任何针对性。

第三，蒙牛发言人坚称此事只是个别问题，很容易给公众造成推卸责任、敷衍了事的印象，让消费者更不放心。

第四，用吃饭、刑法禁止杀人等做比喻，也表明其未谨慎考虑消费者的情绪反应。公众对食品企业的安全问题是零容忍的，打此比方，就如同说你的牛奶出问题，如同家里的饭会霉变，如同社会上会有杀人事件一样不可避免，这会将蒙牛置于何地?

试想一下，当年美国强生公司的“泰诺毒胶囊”事件，不是更有理由说自己是无辜的吗？但是他们一点也没有推卸责任，表现出一个企业的道德水准和责任担当。

由此我们又回想起“光明回锅奶”事件。光明乳业在此事件中败笔很多，其中一项就是违背承担责任原则，他们在“诚告消费者书”中坚称不可能存在有回锅奶一事，并称“诚告消费者书”已经代表了光明乳业公司在对这一事件进行自查后的最终态度。董事长王佳芬更是言之切切，称回锅奶是“不可能存在的事”。事后证明，这个表态是匆忙的、鲁莽的、不负责任的。

其实，如果光明乳业按照对消费者负责的精神，将不合格产品收回，并停止销售河南光明的产品，也损失不了几个钱。但这个举动会让消费者感受到你负责任的态度。可惜光明乳业没有这样做，在“摊上事了”之后。本能地否认，出于经济的考量太多，认为那样会损失太大。在利和义的博弈中，光明选择了前者，而舍弃后者，而这种取舍，有可能就输掉了民心，给品牌造成重大伤害。

逐利是企业的天性，因为企业是一个经济组织。但“君子爱财取之有道”。商业道德、社会责任应该是企业核心价值的重要组成部分，企业一旦偏离，就会变成一架纯粹逐利的机器。我们不能把以人为本、社会责任等核心价值看成对企业利益和业务的束缚，而应看成是企业的竞争优势。在危机中主动承担责任，往往会成为危机中的亮点，成为我们置身阴暗中最出彩的地方，即使在宣传上带有一些作秀的嫌疑，也都是公众可以理解的，危机中的转机往往就出现在这个时候。

3. 迅速反应

企业危机一旦发生，处理危机的速度往往决定了危机是否能消除甚至转化为机遇。如果反应迟缓，各种猜测、传闻和谣言就会越来越多，公众对企业的负面印象就会越来越深，从而造成危机的升级，使企业陷于非常被动的局面。

1)第一时间做出反应

我们先看几个例子。

2002 年 5 月，一篇声称微波炉存在对人体有害的辐射，且通过微波炉制作出来的食物全部失去了营养的新闻在一些地方小报纸上露面，当时中国微波炉行业的老大格兰仕根本没有把这样的报道放在眼里。谁知在不到2个月的时间内，这条消息已经在全国达500家平面媒体上发表，格兰仕微波炉的销售直线下降40%，市场份额迅速缩水。

2004年11月16日，《河南商报》登载了一篇《消费者当心：巨能钙有毒》的文章，文章说，检测检验结果显示，巨能钙不同程度地含有过氧化氢成分。文章还说，过氧化氢对人类具有致癌、加速人体衰老、缩短人寿命等诸多危害，"巨能钙风波"由此引发。值得注意的是，事发前，巨能公司高层曾得知《河南商报》要报道此事，但没有及时采取措施或给予合理解释，导致了巨能钙事件的爆发，这个事件直接让巨能钙公司走向衰败。

2005年6月，《华尔街日报》报道称，一个独立审查小组发现，杜邦公司用于生产畅销不粘锅的材料特富龙(Teflon)包含一种化学物质——全氟辛酸铵(PFOA)，有可能是导致人体癌变的一个因素。7月11日，央视对这一消息进行了报道，此后国内大量媒体跟进报道。特富龙事件给中国的不粘锅市场造成了极大的震荡，部分超市不粘锅销量下降50%，报道直接冲击到作为杜邦公司中国特许经销商的苏泊尔不粘锅，众多商场停售杜邦不粘锅。试想，如果美国杜邦公司能够在事发伊始采取措施，将事情控制在萌芽状态，其结果肯定要好得多。

2004年3月25日，上海媒体报道，"来自权威部门的说法，'息斯敏'会引起心血管系统方面的副作用，甚至出现吃死人的个案。"报道说，上海一些医院皮肤科已经停止使用息斯敏。息斯敏是西安杨森制药公司生产的治疗皮肤病的药品，息斯敏有毒副作用的消息一经传出，西安杨森公司立即遭到来自四面八方的指责。对此，杨森公司没有回收大量旧版产品，也不对旧产品进行说明书更换，也没对此报道采取什么措施。

其实，自1992年起，在国外就陆续有息斯敏导致不良反应的报道。2002年12月3日，我国国家药品不良反应监测中心公布了包括息斯敏在内的9种药品存有不良反应的安全隐患。这说明，息斯敏的危机早在多年前就已存在。作为一种处方药，只要修改说明书，告知患者服药的副作用和注意事项，公众也是可以接受的。因为大家都知道凡药三分毒,服药也只是两害相权取其轻而已。但杨森公司没有及时采取措施,导致公众对企业大量诟病,危机发生后很难收拾。

以上是几个危机发生后企业行动迟缓的例子,在这些事件中,当事企业都受到了巨大的损失。一旦危机发生,企业反应迅速非常重要,特别是最初的24小时,很多时候成败就在此段时刻。当舆论危机发生时,你对媒体的报道不做任何评价,对公众的关切不做任何回应,人们就会认为你的产品确实有问题。因为事件出来之后,会有一个信息的真空时段,如果你不提供信息,媒体将被各种猜测和谣言占据。而公众对危机信息的了解愿望是迫切的,他们密切关注事态的发展,并且在接收信息的时候本着宁可信其有,不可信其无的心态,常常对危机中的企业及其产品采取回避和抵制的态度。所以说,危机爆发之初,往往是处理的最重要时刻,也是最佳时刻。有人把危机出现后的24小时称为危机处理的黄金24小时。一旦危机发生,企业应该当机立断,快速反应,与媒体和公众进行沟通,迅速控制事态,使事态不扩大、不升级、不蔓延。

肯德基在2005年的"苏丹红事件"中的处理是比较能够体现速度第一的原则的。

2005年3月15日,肯德基热销食品"新奥尔良鸡翅"和"新奥尔良鸡腿堡"调料中被发现含有可能致癌的"苏丹红一号"成分。显然,这家在中国已拥有超过1000家分店的连锁快餐巨头,其拳头产品出现这样的质量事件,无疑对其是致命的打击。"肯德基涉红"一时间成为爆炸性新闻,各大媒体纷纷谈"红"色变,一阵苏丹红风暴席卷中国。

就在事件发生的第二天,16日上午,肯德基的东家,百胜集团上海总部通知全国各肯德基分部"从16日开始,立即在全国所有肯德基餐厅停止售卖新奥尔良鸡翅和新奥尔良鸡腿堡两种产品,同时销毁所有剩余调料。"3月16日下午,百胜发表声明,宣布新奥尔良烤翅和新奥尔良烤鸡腿堡调料中被发现含有"苏丹红一号",并向公众致歉。百胜集团表示,将严格追查相关供应商在调料中违规使用“苏丹红一号”的责任。

3 月 16 日第一次发表声明承认“涉红”以后，肯德基连续向媒体发布了四篇声明，及时介绍“涉红”产品的检查及处理情况。而百胜餐饮集团更在随后由其中国区总裁出面召开的新闻发布会上，就日前其旗下品牌肯德基的几款产品查出含有苏丹红的事件发表声明，确认问题调料均来自其供货商。这是一个被公关界认为十分“聪明”的做法，肯德基成功地把媒体的注意力从肯德基产品转移到对“苏丹红一号”来源的关心上，同时表示积极配合调查，这个“高招”帮助肯德基迅速脱离“苏丹红”的泥潭。在这一事件上，肯德基主动配合以“揭露问题”著称的中央电视台“新闻调查”以及“每周质量报告”等栏目的采访。并在电视品牌广告上下了大力气，在“肯德基立足中国”的广告后加上“肯德基产品均通过权威部门检测，请放心食用”等字样。在尽力表示自己是一个负责任的企业之后，肯德基在 4 月 2 日开始了对四款“涉红”产品的促销活动，最高降价幅度达到 3 折。此后，肯德基的销售逐渐恢复元气，渐渐地从“苏丹红”的危机中走了出来。

肯德基的苏丹红危机处置是值得上公关学教科书的，其中的一点就是反应迅速，他们所实施的各项公关措施环环相扣。由于其在第一时间以不回避问题的积极态度通过媒体公布事件进展，在公众中塑造了“肯德基是一个有信誉和敢于承担责任的企业”的良好形象，在一定程度上减轻了消费者的疑虑和来自媒体的压力，防止了舆论环境的进一步恶化。

在这一事件中，肯德基还用了“转移视线”法，企业高管适时地出现在新闻发布会上，以坦诚的姿态向公众介绍事件的过程，并巧妙地将视线从肯德基产品转移到供货商身上，同时积极配合政府部门的调查，给公众造成了“肯德基也是受害者”的印象。这种公关技巧很为公关学者称道。

2)第一时间定义新闻

定义新闻，就是给事件定性，给事件贴上有利于自己的标签。危机发生后，为了避免不同版本的信息混淆广大消费者的视听，企业要很快地作出自己的判断，给危机事件定性。企业应该以最快的速度设立危机公关处理机构,迅速调查、分析危机产生的原因及其影响程度,进而通过媒体把危机的真相公之于众,以确保危机消息来源的统一,消除公众对危机的各种猜测和疑虑。

给事件定义非常重要,比如“911 事件”之后,布什第一次面对镜头,就为事件定了性,他当然不能说这是美国在全球推行单边主义的恶果,他要按照美国政府的利益来界定事件。于是他的第一句话就说:“今天早上,自由受到了攻击,自由终将被捍卫。我要向美国人民保证,联邦政府所有资源都会被利用起来,……来拯救生命,来帮助受难者,绝不会出任何差错,美国人一定会惩罚那些要为这件事负责任的人。”这是一个自由受到攻击的事件——这就是布什对事件的定义,他身后肯定有一帮顾问帮他策划。白宫每天都举行发布会,中国的外交部近年来也举行例行的新闻发布会,除了向世界表明国家态度外,目的之一就是要在第一时间定义新闻。

在很多时候,企业在不知情的情况下,一个跟自己有关的事件可能提前被媒体定义了,这个时候,企业要想办法“解扣”。上面提到的肯德基苏丹红事件就是一个很好的解扣例证。苏丹红事件本来铁定是一个肯德基的食品安全事件,但是肯德基成功地将人们的视线转移到食材的供应方身上,表明自己也是受害者。事件到了这个时候,苏丹红事件就被重新下了定义:这是一次肯德基遭到侵害的事件。

3)第一时间采取行动

一般情况下,危机发生后,企业应立即成立危机处理小组专门负责事件的处置,确定企业危机处理的原则立场、方案与程序,并及时对危机事件的受害者予以安抚,避免事态的恶化,在最短时间内把企业已经掌握的危机概况和企业处理危机的举措向新闻媒体做简短说明,及时将处理的进程与结果公布于众,阐明企业立场与态度,争取媒体的信任与支持。下面我们以红牛饮料在海南省被查事件作为案例,看一看企业处于舆论危机之时应该如何采取行动。

2003 年 8 月,海南检验检疫局在对进口红牛饮料检验时,发现饮料无中文标签，咖啡因含量超过我国标准，且尚未取得我国标签审核证书。随后国家质检总局发出通知，要求各地检验检疫局对辖区市场销售的进口红牛饮料进行检查。南宁一家媒体对此作了不准确的报道，随后被几家网站转载，从而对公众和消费者产生了一定程度的误导。新闻的误导在什么地方呢？他们只报道“进口红牛被查”，却没有指出这个产品是“走私进口”的非法产品，与中国红牛饮料公司生产的产品完全没有关系，而且还把主要问题扣在咖啡因超标上面。其实，国家质检总局查处“进口走私红牛”并不仅仅是因为其咖啡因超标，更重要的是因为它属于走私进口的非法产品，没有经过任何部门的检验。

当事件发生后，红牛公司临阵不慌，从容地应对了这场品牌和产品的信任危机，而且出手“快、准、狠”，将危机的负面影响减少到最小，体现红牛危机管理的水平。

第一，查明原因。当“被查事件”发生后，红牛维他命饮料公司品牌策划管理部部长立即询问进口红牛被查事件。根据电话线索，他们马上查找信息来源，弄清事情真相，并及时向总经理汇报。

第二，迅速沟通。红牛公司与质检、工商、法律等部门紧急沟通，立即召集条法部、客户服务部和品牌部相关人员的紧急会议，通报情况，制定处理办法。

第三，扭转舆论。会议人员一致认为必须向公众澄清事件，并消除由此可能带来的负面影响。公司决定首先在媒体方面扭转舆论导向，立即同国内刊登该新闻的一些主要网站取得联系，向其说明事情真相，然后动用公关手段，促使有关网站摘掉所转载的不准确的新闻，换上红牛公司法律顾问的“严正声明”，并附以红牛公司质量承诺宣言和获得国家相关认证证书的列表，防止媒体可能存在的“恶炒”。针对第二天平面媒体可能出现的报道，红牛公司起草了一份新闻通稿，于当晚向全国一些主要媒体以传真形式发出。

第四，广告跟进。公司针对全国约 50 家主要媒体做了一个广告投放计划，每家做半个版的广告，而广告的内容是向消费者说明和承诺红牛的品质没有问题，红牛的品牌绝对值得信任。广告是连夜设计出来的，与危机抢时间。

第五，向经销商说明真相。在与媒体联络沟通的同时，红牛通知全国30多个分公司和办事处，要求它们向当地的经销商逐一说明事情真相，红牛公司将自己的声明传真给每个经销商，让经销商先期有了知情权，使经销商得到尊重，坚定了经销商对红牛的信心和信任。

以上措施，红牛公司都能做到责任到部门到个人。由于危机处理的各项事务都做到了安排周密并指定相关责任人，红牛在这次事件中争取到时间的主动权。综观红牛的危机公关过程，它体现了整个红牛公司良好的危机公关素质，使“假红牛”的负面影响控制在一定范围之内，使危机对于品牌和公司的危害降低到了最低限度。

与之形成对照的是法国家乐福在2008年遭到中国民众抵制时的迟钝和傲慢。

2008年4月7日，北京奥运火炬在法国传递期间遭到干扰，激怒了众多中国人，于是，在中国遍及30多个城市、销售额接近300亿人民币的法国家乐福超市成了国人发泄愤怒的“靶子”。

4月10日，一名叫“水婴”的网友在论坛里发出了“抵制法国货，从家乐福开始”的帖子，点燃了抵制家乐福的第一把火。4月11日，有网友开始在网上发出“动员令”：“5月1日北京地区抵制家乐福一天。”这个动员令引发了众多网名的共鸣，该帖内容被转发至各大论坛社区，并开始出现其他地区的仿效帖，之后的十几天，在QQ群、MSN、天涯、猫扑等论坛持续传播，一股强大的抵制家乐福怒潮势不可挡。

而此时的家乐福没有做出反应，任由负面信息广泛传播，一开始就失去了主动。也许是家乐福低估了中国网民的力量，或许他们认为沉默是金，加之跨国企业严格的新闻发言管理制度，使得家乐福发言人一直没有和媒体进行沟通，这只能加剧抵制的升级。

一位熟悉家乐福的人士称，这样的反应非常符合家乐福处理危机事件的一贯原则，家乐福的高层相信应对危机事件最好的办法是沉默，在多次处理危机事件的过程中，很难看到高层出现澄清或者解释。而正是这种傲慢和迟钝的处理方式，让家乐福错过了最好的缓解危机的时机。

4. 权威证实

在说权威证实之前我们先说一说自我证实。

当企业遭遇危机，特别是企业遭遇不白之冤时，自我证实是很重要的，企业自我证实的重要手段就是请记者和公众到生产实地去看一看，营造“透明的玻璃屋”。我们经常看到，一家饭店如果想证明自己的食品是令人放心的，最好的方法就是将自己的厨房营造成透明的，让吃客看到厨房里的一切。在牛奶安全事件频频发生的时候，一家牛奶厂突发奇想，组织一大批记者和公众去参观自家的奶牛养殖场和牛奶生产车间，这样既创造了一次公众零距离接触企业的机会，又创造了一次企业上媒体的新闻事件，可谓一举两得，一箭双雕。央视“焦点访谈”栏目有句口号：让事实说话！企业要创造这种让事实说话的机会。

在美国亚特兰大市有一家小型化工厂，紧挨着居民区，化工厂和居民彼此和谐生活了几十年，突然有一天，一个修女召集居民并开始宣讲：这家化工厂有一种致命气体排放，危害很大，尤其是对儿童。当地的日报和电视台都报道了此事，并且采访了这位修女。这家企业立即成为所有媒体讨伐的对象。情急之下，这家公司找到了管理专家哈特，哈特给他们一个建议：让记者看看他们是如何进行环保作业的。于是这家化工厂向记者展示了他们的污染物处理设备和过滤系统，之后，又请环保署进行现场监测，让记者现场见证：这里排出的水都很清澈，空气也是清新的。后来的事实证明，哈特的建议非常有效。

再说说权威证实，权威证实的方法在危机处理的实战中效果很好。

在遭遇危机后，企业不能一味地拿着高音喇叭去解析实情，要学会请重量级的第三者在前台为自己说话。在上面所引的红牛事件中，红牛集团与质检、工商、法律等部门紧急沟通，其中一个目的就是寻求权威部门的证实。在危机发生后，企业往往是不能自己证明自己无辜的，企业要主动与主管单位沟通，告诉他们媒体的报道可能是失实的，而实际情况是怎么样的。要争取方方面面的人为你证实，这比自己去证实自己要容易得多，也有效得多。

肯德基的苏丹红事件处理得可谓完美，但是有一点做得还是有瑕疵的，就是它没有很好的运用权威证实这一大有力工具，让权威部门来发话，而是自己表态。光明回锅奶事件也违背了权威证实原则，始终没有权威管理机构发布有利于光明的言论，整个事件中，都是光明牛奶自己表达。没有权威的认可，只会降低可信度，即便是实话公众也会觉得是假话。

那么，这权威的第三方通常有哪些？

1)政府主管部门

在中国，危机公关中最重要的就是对政府部门进行公关。政府公关从根本上说，就是当企业或组织深陷舆论漩涡时，寻求党委和政府的保护。由于中国特殊的国情，一般情况下，政府部门出面证实一下企业“无罪”，比企业自身的洗刷要好上百倍。“洽洽”香瓜子的“甜菊风波”就充分说明了政府部门在处理企业危机时的巨大作用。

2002 年 3 月 21 日，从香港的经销商处传来消息，香港政府在全港查禁含有甜菊糖的食品，而出口到香港的“洽洽”香瓜子因在包装配料表上印有甜菊糖而遭到香港食物环境署查禁。由于“洽洽”系列产品在香港拥有广大消费者，香港媒体对此事件高度关注。3 月 22 日，广州某报在没有调查和核实的情况下，突然发表一篇文章，以特大号黑字“‘洽洽’香瓜子含致癌成分？”为标题，说香港市场“洽洽”香瓜子近日已回收，广州市场仍大量出售。此文一出，经网站发布，在全国引起轩然大波，经销商要求退货，消费者提出质疑。

公司高层认为不能孤立地看待问题，此事有可能由此会引发一次大的危机事件，因此决定成立以公司总裁为领导的 3·21 危机处理小组，立即着手处理此事。危机领导小组下辖 3 个小组，第一组由分管海外市场的副总裁带队赴香港，查清事件原因并在现场处理相关事务；第二组由分管销售的副总裁带队赴北京，向国家有关政府部门反映情况并做好和在京媒体的沟通工作；

第三组则在本部由总裁亲自坐镇指挥，做好向当地政府的沟通和汇报工作，指挥全局。

其实，甜菊糖是我国政府批准使用的食品添加剂，许多食品如饮料、乳品、肉制品等都使用这种甜味剂。事后证实，甜菊糖风波是美国甜制品生产商攻击对手、保护自己市场的事件。

为了尽快扭转局面，公司决定借力两地政府重铸对洽洽品牌的信任，在“重灾区”广州召开新闻发布会。总部及时将这一计划汇报合肥市委市政府，得到了市领导的大力支持。为使发布会具有公信度，市政府决定以合肥市新闻办公室名义召开新闻发布会。

3 月 27 日，合肥市政府新闻办公室在广州花园宾馆举行了新闻发布会，广东电视台、广州电视台、深圳电视台和大公报、文汇报、广州日报、羊城晚报等众多重量级媒体及广州市各界 70 余人参加了新闻发布会。合肥市委常委、市委宣传部部长主持了发布会，合肥市副市长做新闻发布，市技术监督局局长作“洽洽”产品质量监督情况介绍，广州市副市长和市委宣传部、市技术监督局的主要领导参加了发布会。

第二天，各大媒体都实事求是地报道了新闻发布会的有关情况。《香港商报》在 3 月 30 日以“‘洽洽’在港遭禁，事缘摆乌龙”为题刊登专访，专访写到：“这次新闻发布会由合肥市副市长率领质监局等部门领导及生产商一众人马专程从安徽赶往广州举行，作为一个民营企业，政府肯出面牵头为其召开新闻发布会，足见当地政府对其的重视，其公信度亦从中可见一斑”。

蒙牛在政府公关方面多年来一直是长袖善舞，2009 年，蒙牛的特仑苏 OMP 产品卷入了可能含有致癌物的风波。2 月 2 日，国家质检总局发函表示蒙牛集团的高端品牌“特仑苏”违法添加了名为 OMP（造骨牛奶蛋白）及 IGF－1（类胰岛素生长因子）的物质。而我国尚未明确 OMP 的安全性，IGF－1 也未列入食品添加剂使用标准。

10 天后，即 2 月 11 日，此公函被媒体获悉并公布。自特仑苏 OMP 产品 2006 年初诞生后，对其可能致癌的质疑持续不断。以学者方舟子为代表的人士认为,蒙牛特仑苏中 OMP 添加的 IGF-1 能增加癌症发病率。关于 OMP 可能致癌的安全性质疑全面升级。

事件出来之后,蒙牛集团立即组织人马到卫生部、农业部、国家工商总局等部委,邀请专家为其产品正名。十天以后,各大媒体纷纷登载特仑苏 OMP 没有健康危害的新闻。

卫生部质检总局等国家六部委组织专家认定:

饮用特仑苏 OMP 牛奶没有健康危害

2009-02-13 23:33:00 来源:食品安全综合协调与卫生监督局

核心提示:卫生部会同工业和信息化部、农业部、商务部、工商总局、质检总局组织卫生、营养、毒理、食品、农业等方面的专家对蒙牛公司使用的 OMP 食用安全性进行了研讨。根据对 OMP 的来源、生产工艺、添加量、检验报告以及国际同类产品政府许可和国外使用情况,认为消费者饮用目前市场上该产品没有健康危害。

针对近一个时期社会关注饮用内蒙古蒙牛乳业(集团)股份有限公司(以下简称蒙牛公司)生产的添加 OMP 的"特仑苏"牛奶是否存在安全性问题,卫生部会同工业和信息化部、农业部、商务部、工商总局、质检总局组织卫生、营养、毒理、食品、农业等方面的专家对蒙牛公司使用的 OMP 食用安全性进行了研讨。据称,OMP 是蒙牛公司命名的商品名称,由上海统园食品技术有限公司代理从新西兰进口,作为乳品原料使用。OMP 是牛奶经脱脂、膜过滤等方法获得的牛奶蛋白组分,主要成分为乳铁蛋白、乳过氧化物酶,产品具备新西兰食品安全署出具的安全证明。专家根据对 OMP 的来源、生产工艺、添加量、检验报告以及国际同类产品政府许可和国外使用情况,认为消费者饮用目前市场上该产品没有健康危害。

OMP 不是我国现行国家卫生标准允许使用的食品原料。依据《食品卫生法》的规定,进口没有国家卫生标准的产品应当经过卫生部的批准。蒙牛公司进口并使用 OMP 没有事先申请批准,并擅自夸大宣传产品功能,违反了

《食品卫生法》的有关规定。对此，蒙牛公司已经按照有关执法部门的意见停止在产品中添加OMP，并表示将按照法律规定提出申请。有关执法监管部门将进一步对该企业的违法行为作出处理。

2）行业协会、权威机构

在企业遭受危机时，行业协会和权威机构出来证明企业的清白，是非常有效的，再拿“洽洽”香瓜子“甜菊风波”为例，“洽洽”瓜子所属的合肥华泰集团赶赴北京的小组到京后，立即将情况上报国家食品工业协会等行业协会，请求国家权威部门给予客观、公正的答复。

3月23日，中国食品添加剂生产应用工业协会和中国甜菊协会迅速召集专家召开紧急会议，专家指出，甜菊糖的安全性是相当肯定的，我国及日本科研机构均对甜菊糖进行过严格的安全试验研究，结果表明，甜菊糖是安全的，无致畸、致突变及致癌性。

3月26日，中国食品添加剂协会和中国甜菊协会联合举行新闻发布会，国家卫生部就近来关于甜菊糖安全性问题引发的公众疑虑作出解答，指出从未发生甜菊糖危害健康的证据。华泰集团成功地利用行业协会和权威机构的影响，拨开了甜菊糖给人们心中投下的迷雾。

在利用行业协会化解危机方面，王老吉的“夏枯草事件”也是成功的一例。

2009年4月13日，杭州消费者叶先生在其博客上公布了对王老吉的诉状：自己长期饮用王老吉凉茶以后出现胃溃疡，医生诊断说他是胃寒，而罪魁祸首可能就是王老吉凉茶配方中的夏枯草，夏枯草会造成胃寒的人病情加重，王老吉侵犯了自己的健康权以及消费者的知情权。

有专家学者也出来作证：在卫生部公布的87种允许食用的药材名单中没有夏枯草，因此王老吉存在食用风险。不但如此，专家认为夏枯草对孕妇、儿童、老人和体虚胃寒的人易造成伤害。至此，王老吉因为配方“违禁”在国内闹得沸沸扬扬，面对社会质疑，5月11日，国家疾控中心营养与食品安全所常务副所长给红罐王老吉定了性：王老吉中的有些成分和原料，的确不在食品安全法已经规定的既是食品又是药品的名单之列。这个消息经央视播放后，王老吉这个流传170多年的凉茶品牌一时陷入了涉嫌违法添加非食用物质和滥用食品添加剂的危机之中。

王老吉于是找到了“老上级”——广东食品行业协会，希望通过其协助平息危机。广东食品行业协会非常爱护这个有全国影响的民族品牌，很快就站出来发言，告诉消费者，夏枯草是南方茶饮料中常用的一种材料，已经有近百年的历史，而且这个配方是在卫生部备了案的。行业的表态虽然不能立刻消除消费者的疑问，却为王老吉多少挽回了一些不利影响。

前面我们介绍过蒙牛特仑苏OMP事件，事件发生后，蒙牛立即找到了国家卫生部和国家质检总局，同时，他们也没有忘记请国外的权威机构为自己验证。美国明尼苏达州的一家科研机构的报告让人们对蒙牛产品信心大增。下面是互联网媒体的一篇报道。

美实验机构：特仑苏OMP奶蒙不白之冤

2009－02－13　12:09:52

近日，美国明尼苏达一家科研机构在对44个中国市场、10个华盛顿地区的牛奶样本进行对比检测的数据也显示，蒙牛、伊利、光明三家生产的牛奶中IGF－1(类胰岛素生长因子)含量远远低于选自盛顿地区销售的牛奶产品，也低于同在中国市场销售的雀巢。

专家介绍说，作为一种成长因子，IGF－1普遍存在于人体血液、牛奶和人的母乳之中，对人体生长发育起着重要的作用。之前有流言称蒙牛在OMP奶中人工添加了这种物质，但是来自国外研究机构的数据证明，OMP奶的IGF－1含量在正常含量范围之内。OMP奶蒙受了一次不白之冤。

此次美国实验机构的抽样检测中，包括特仑苏OMP在内的18个批次的蒙牛样本，IGF－1含量绝大多数小于400pg\ml。同批进行的检测中，雀巢的检测值集中在400－600 pg\ml之间，而美国当地生产的牛奶样本中的含量个别则高达2654 pg\ml。

之前在网上流传，称IGF－1与蒙牛OMP共用一个专利，实质上是同一种物质，能够致癌。而蒙牛出具的材料则显示，OMP有自己独立的专利申请文件。相关部门也援引美国FAD(食品药品管理局)的一项报告指出："IGF－1与癌症无关，牛奶中它的浓度变化不会增加人体罹患癌症的几率。"(http://www.foodqs.cn/news/gnspzs01/200921416149080.htm)

3)专家学者、意见领袖

寻求专家学者和意见领袖的帮助，也是企业和组织化解危机的一个重要渠道。意见领袖又叫舆论领袖，是传播学里的一个词汇，美国传播学家和社会学家拉扎斯菲尔德在他的《人民的选择》一书中提出了这个术语，是指在信息传播和人际互动过程中少数具有影响力、活动力，既非选举产生又无名号的人，他们具有一定的知名度，他们的意见一般会被更多的人知晓。他们常被比喻成人际传播中的大喇叭。现在，已经有一批具有实力和商业头脑的意见领袖在互联网上生存，且实力不断增大，影响众多的网民。许多大企业的公共关系名单中，少不了一群在企业业务范围里很有影响的权威人士，他们被尊称为顾问、专家、老师，不仅学识丰富，而且新闻媒体往往征询并发表他们对企业的意见和建议。他们需要了解企业，而企业更应该主动结识他们，善待他们，并保持密切联系，主动提供企业信息。当危机发生时，这些行业专家、顾问、科学家等非利益相关者，可以比较冷静、客观、公正地作出评论。由他们作出的评价远比企业自己为自己辩护有用的多。

2007年7月18日，年仅26岁的华为员工张锐在深圳梅林某小区的楼道内自缢身亡。进入华为只有60多天的他，生前曾多次向亲人表示工作压力太大。事件一出，媒体、网民对华为的声讨之声汹涌袭来。

但也有很多意见领袖第一时间站了出来，提出"谁妖魔化了华为，谁就妖魔化了华为精神"，他们发表一篇篇反对妖魔化华为的文章，担当着意见领袖的角色，如张贯京《为华为狼性正名》、项立刚《妖魔化华为就是妖魔化奋斗精神》、杨小洁《到底是谁在妖魔化华为?》、查皮《为什么要妖魔化华为——我真的不理解》、陶国睿《华为员工自杀忧思录　反对“妖魔化”华为》等。这些意见领袖的言论很快被各大网站转载，并形成了热烈的讨论。

华为和行业意见领袖长期结成了良好的关系。网络媒体的速度比报纸、杂志快，当行业意见领袖把事件定性以后，往往会左右后面传统媒体的声音，在一定程度上扭转网络上对华为的一片打压的态势，使华为躲过了这次舆论危机。

专家学者、意见领袖往往具有个性，且只代表他们自己，所以他们的意见常常有出格之嫌，他们能把事情做好，也会把事情搞糟。

2012年12月，一名ID为“水晶皇”的个人博主宣布送检的茅台酒塑化剂超标，茅台股价应声而跌。一贯沉默应对公众的茅台公司这次有点淡定不住了，连发三份检测报告，自证产品质量没有问题，并多次召开媒体见面会，回应含塑质疑，力求洗清自身。茅台集团董事长袁仁国在会上表示，有人想利用大众对食品安全的重视和关切的心理，把一个不是问题的问题放大，制造公众恐慌，打击中国的白酒行业，损害投资者利益，从中牟利。茅台集团在会上除了发布自己的声音，还邀请了一些专家学者为其说话，其中，北大教授李可基的发言在社会上引起轩然大波，他声称，塑化剂的标准本身就是不科学的。卫生部的511函将所有食品中塑化剂含量用同一个简单的数值来规范，本身就是匆忙应急的，是很粗线条的参考，该标准本身是不科学的，或者科学上是有局限的。李可基还谈到三聚氰胺，他表示三聚氰胺基本是无毒的物质，成人喝下去不会损害人体。李可基还表示，人类几百万年都没有灭绝，说明人类的排毒、解毒能力实际上是非常强大的。过去一百多年间，各种各样的有毒有害物质，铅、砷、汞、二恶英等物质都是几十倍、上百倍在增加，但是人的寿命在过去一百多年中增加了一倍，所以各种有毒有害的物质我们基本上都应付掉了。因此人类要相信自己，使自己心理得到平衡才会有利于健康长寿。

李可基身为北大教授，在茅台酒遭遇塑化剂风波的时候居然说塑化剂无害，三聚氰胺无害，让公众大跌眼镜，不能不让人感觉这其中有某种利益和交易，有拿了“卢布”的嫌疑。当然，现在的学者如果仅做研究，是很辛苦和寂寞的，所以，学者专家不时地抛出一些雷人雷语，已经成为他们的一种生存技巧。但是这次的雷语毕竟是和茅台联系上的，这让人对茅台也心生一种不良的感觉。

5. 系统运行

危机发生时，企业或组织容易陷入慌乱。毕竟，危机不会是家常便饭，其发生时间、地点、原因等都是不确定的，当危机来临时，乱了方寸和阵脚也完全可以理解。但是，事先学习一点危机处理的步骤，靠制度，靠系统去应对危机，效果会好得多。索尼公司采取的媒体攻略就是“四个一”：一个系统，由专门的部门与媒介沟通，建立友好关系；一个声音，公司对外口径一致，由指定的新闻发言人对外发言；一个态度，对所有的媒体和记者都坦诚相待；一个形象，对外形象保持一致。

系统运行有两个意思，一是在本组织内成立应对危机的系统，协调配合；另一层意思是，在处理一种危机的时候，不要忽视另一种危险，在进行危机管理时必须系统运作，绝不可顾此失彼。

处理危机的系统应该包括以下几个方面：

1)建立信息监测系统

企业应该给自己构筑一张信息网，及时准确地了解媒体动向及舆论导向。在社会化的自媒体流行的年代，我们尤其要关注网络上的信息，建立信息的预知和预警机制。论坛、博客以及短信微博微信等传播工具将新闻传播的权利交到了每个人手中，人们可以不加辨别地将新闻和谣言一起传播。风浪往往起于青苹之末，很多新闻事件，都是在网上被人炒热，传统媒体才开始介入的，而传统媒体的介入，又会引起了新一轮的讨论。如此循环，舆论议程设置，已经不再是传统媒体手中的专利。

在这种情况下，大的企业应该非常重视舆情监测工作，购买信息监测工具，和专门的舆情分析机构联手，确保在第一时间发现危机源头，了解危机动向，对热点进行识别，通过分类、聚类分析，判断其倾向和趋势。

在全球信息化的今天，企业要关注的媒体不仅包括本国媒体，还包括国外的媒体，2004 年中国国内的“杜邦特富龙”事件就是国外的媒体殃及的。在 2004 年 7 月 8 日，美国国家环保署宣称，杜邦公司没有及时向其提供有关“全氟辛酸氨（PFOA）”对人体健康或环境风险的信息，违反了“有毒物质控制法”和“资源修复法”的规定。虽然，据美国报纸《今日美国》报道，美国环保署并不认为“特富龙”及其他相关产品是不安全的。杜邦公司在此后发表的声明中也称，“这不是一个有关我们产品安全性的问题，而是有关行政汇报程序的问题。”但国内媒体在报道此事时还是将注意力放在了对产品安全性的质疑上。杜邦公司由于没有对国内媒体及时疏导，从而导致了 2004 年著名的“特富龙不粘锅”事件。

从 2005 年 4 月 17 日起，国内媒体竞相报道“高露洁牙膏可能含致癌成分”，而来源竟然是英国的一份三流小报《旗帜晚报》（The Evening Standard）。以上两起事例我们前面已经分析过，这些事例都说明，我们生活在一个全球化的时代，世界上任何一个角落的三流媒体所报的与你有关的信息，都不可轻易忽视。

2)成立应急小组

危机发生之时要以最快的速度成立危机应急小组或者危机控制中心。从危机的处理到危机的恢复，都应有体系、流程作为保证。危机发生后，解决危机的最佳时机往往稍纵即逝，在刻不容缓的关头，企业的当务之急是在第一时间启动危机处理领导小组的工作，让它充当企业危机管理的核心，协调指挥，全盘把握。一般情况下应当迅速调动企业人力资源，组成由企业高层管理者、相关的职能部门乃至企业外部专家组成的危机公关处理小组，明确规定危机公关处理小组成员之间的职责分工、相应权限和沟通渠道。

“肯德基苏丹红”事件处理得很漂亮，这不是偶然的，事件的处理基于肯德基有一套应对危机的机制和人员。在肯德基的苏丹红危机中，他们推出了一系列的举措。建立了危机小组，由营运、产品质量控制、物流、公共事务等部门的 10 多位管理人员构成工作核心，并组建了多个管理小组，分别负责多方事物的处理工作。在危机小组成立后立即确定了统一的应对危机的立场，并及时向公众发布道歉声明。这一系列的措施，保证了肯德基在苏丹红事件中能够化危为机。

3)进行危机诊断

危机公关处理小组组建后，相关负责人要立即奔赴现场，通过收集信息了解危机的各个方面，进一步确认危机事件的性质和引起危机爆发的原因，了解危机发生的详细经过，了解危机的受害者及受害情况等等，以形成对危机的正确认识。这个过程就是危机诊断。危机诊断就是企业根据危机的调查和评估，探寻危机发生的具体诱因和处理办法。在危急时刻，可调配的资源十分有限，企业需要通过危机诊断判断出危机产生的真正根源，对于不同程度的危机采取不同的处理，弄清病因，对症下药。

一旦确认了危机，危机处理小组必须在最短的时间内对如下问题作出初步的评估和决策：危机事件的发展趋势；可能给企业带来的影响和后果；企业能够采取的应对措施；危机事件的处理方针等。

4)及时提供信息

当企业发生危机事件时，对于媒体来说，都希望能够得到有关事件的最新信息，因而，建立媒体信息发布中心是非常有必要的。新闻发布中心的任务就是为内部和外部公众提供信息，为媒体提供新闻信息，回答问讯和控制谣言的传播。

企业一旦发生危机，为内部和外部人员提供信息就成为一项最重要的任务。在危机一开始，就应当着手准备第一篇关于危机报道的新闻稿。新闻稿应当包括已经清楚知道的所有信息，如危机发生在什么地点、什么时间、由谁引发了什么事件、有多少人与事件有关等。

事件发生的原因则应该设法避免谈及，这个问题应该交给主管部门或法律部门去确认。

如果各大媒体的工作人员到灾难或者危机发生的现场采访，企业应该指派专门人员陪同，一方面向记者介绍情况，阐述企业的立场和真相，不要让纷扰的谣言左右记者。另一方面,向记者表达企业的真诚和善意,这在某种程度上能够左右记者的态度和报道的倾向,人是感情动物,我鞍前马后、好吃好喝地陪着,记者总不会对企业有太深的敌意。

5)关注内部状况

由于爆发危机,在企业内部,往往会引起焦躁恐惧的情绪,这时候就需要企业高层保持清醒的头脑,不可全身心关注危机的发展而忽略了企业自身内部的“低气压”。在这点,肯德基在苏丹红事件爆发时就做得很成功。首先,危机出现的第一时间在企业内部就向全体员工通报了事件情况,并表示不会因此事件而裁员,此举赢得了广大员工的理解和支持。其次,肯德基担心危机的爆发可能使企业的投资信心动摇,造成部分股东的撤资,使得企业在危难时刻遭受雪上加霜的困境,肯德基主动将事件经过及解决方案上交到母公司和各大股东。由于信息透明,股东们明白了肯德基采取的一系列措施,因此对肯德基还是信心满满。母公司对肯德基的财政支持,也确保了新产品的研发,使得替代商品顺利上市,肯德基顺利度过苏丹红危机。

以上我们阐述了危机处理中的真诚沟通原则(sincerity)、速度第一原则(speed)、承担责任原则(shouldering the matter)、权威证实原则(standard)、系统运行原则(system),由于这五个原则的关键词中都带有“S”,因此又被一些公关学者称为危机处理的“5S 原则”。

6. 转移焦点

遭遇危机后,在某些时候可以通过转移焦点的办法来引导危机的走向,转移公众的视线,达到稀释危机的目的。当克林顿在国内被“拉链门”事件弄得焦头烂额的时候,他就开始发动攻打南斯拉夫的战争,以转移国内媒体和人们的视线,于是美国民众的目光就开始关注战争,而对克林顿本人事件的关注程度直线下降。转移焦点是传播学的议程设置理论在危机处理中的具体应用。

其实我们在前面提到的一些例子中,就包含有转移焦点的成分。

华泰集团遭遇的洽洽瓜子甜叶菊风波是转移议题的成功范例。照说恰恰瓜子的甜叶菊风波经过政府、专家和权威机构的澄清之后，让公众了解了真相就可以结束了，但是华泰并没有就此了事，他们对“甜菊风波”的始末进行了深入调查，一些专家认为，甜菊糖致癌纯属误导，炒作背后疑有财团操纵。经过调查他们认定，此次甜菊糖风波是美国代糖生产商一手炮制的旨在攻击竞争对手、保护自己市场的事件。甜菊是天然提取的，且具有耐高温特点，有取代美国进口的合成甜味剂之势，影响美国产品的销售，所以竞争对手炮制了甜菊安全问题。我国是甜菊糖出口大国，占市场份额的70%，所以此次事件的背后隐含有商业竞争、贸易壁垒等因素，绝对不是一个食品安全的问题。

华泰将此调查向媒体透露，此后几天里，国内主要媒体纷纷报道，认为此次甜菊事件实际上是中国入世后的三大贸易战之一，将此次的甜叶菊风波与之前的“钢铁反倾销案”、“DVD、VCD技术壁垒案”相提并论，提醒人们入世后中国所面临的贸易环境，虽然明的壁垒没有了，但暗的贸易壁垒还是存在，并暗指内地的一些媒体不明事理，跟着起哄，伤害的是民族产业。

“洽洽”在这次风波中由一个“致癌产品的制造者”变成了一个“贸易壁垒的受害者”，进而被媒体说成了民族品牌和产业的代表和精英，受到国人普遍尊敬。无论是品牌知名度、美誉度还是企业形象都有较大提升，这是做广告很难达到的效果。

肯德基的苏丹红事件处理被很多公关人士称为用议程设置的方法转移公众视线的经典。事件的一开始，媒体设置的议题是：肯德基的新奥尔良烤翅和新奥尔良烤鸡堡被查出有苏丹红1号，可以导致人体致癌！“肯德基会吃死人”的消息迅速在公众中扩散开来。

经验老到的肯德基没有躲闪，没有掩盖，没有狡辩，更没有乱了阵脚。肯德基面对媒体，抛出了两个议题：道歉和改过——停止所有的问题产品的销售，并向公众致歉，这样的态度和作为，很能取得人们的谅解和支持。

紧接着，肯德基开始了议题的转移。集团最高层表示要追查供应商的责任。肯德基成功地把媒体的注意力从肯德基产品转移到对“苏丹红一号”来源的关心上，同时表示积极配合调查，媒体和公众的关注点集中到了对苏丹红来源的追查上，肯德基产品变成了一个无辜的“受害者”。原来的议题被“呼叫转移”，在“涉红”事件的后期，这个“高招”帮助肯德基迅速脱离“苏丹红”的泥潭。

值得注意的是，在出现了问题和危机之后，企业应该首先尽到自己的社会责任，转移视线也好，议程设置也罢，都应该是第二步的事情，如果事件刚出来，你把原因全推给其他方，肯定会招致公众的反感。在蒙牛的饲料霉变的事件中，蒙牛也想借助转移视线的方法，把责任推给“供货方”，结果却却深陷“滑铁卢”，除了这几年人们对食品安全的焦虑加强之外，其“转移”的时机没有把握好也是一个原因。

2007 年 6 月 19 日，甘肃金塔县双城镇的营盘铁选厂一电焊工作业时，手机电池突然爆炸，导致其肋骨断裂并刺破心脏而死亡。死者是该厂的一名电焊工，22 岁。6 月 19 日端午节那天中午，当地气温较高，这名电焊工戴着面罩作业时，其装在胸前衣兜里的手机突然一声巨响，他就倒在了血泊中。

这是全国首例手机电池爆炸致死事件，小伙子使用的摩托罗拉品牌手机一下子陷入危机的深渊，此后的两周内，全国许多媒体都在追踪这起事件的原因和调查进展。危机事件发生之后，摩托罗拉的做法明显失误。先是说爆炸手机不是摩托罗拉品牌，接着又说这个电池是非原装货，责任不在手机。接着，在广州市场的抽检中，摩托四款手机电池均不合格，摩托罗拉即刻又发布声明称所有抽检的电池均是假冒产品，并称摩托罗拉产品制造线质量是可靠的，不会存在质量缺陷。

摩托罗拉的这种处理模式明显使媒体及公众的关注点始终集中于摩托罗拉身上，使企业对危机事件的处理变成一场有罪或者无罪的辩解，媒体的关注热情随着摩托罗拉的每一次辩解而延长，随着每一次的辩解，摩托罗拉品牌的负面形象日益增强。

如果换一种思路，效果会怎样？在刚刚手机爆炸之时，由于事故的严重性（死人了），公众的对抗情绪高涨，摩托罗拉采取迎合的策略，以道歉、合作调查为主要行为方式，迎合媒体及公众的预期，消除公众更为激烈的对抗情绪。而在危机发展的第二阶段，摩托罗拉用疏导的方式进行舆论引导，如将矛头指向劣质手机电池之害，将自己巧妙地置身为劣质电池的受害者地位，引导媒体强烈关注这个问题的严重性，并为媒体及公众找到情绪的发泄口。而在危机的收尾阶段，则可以通过企业内部的某些变革，如成立新的电池技术研究部门、开通消费者支援热线、重大项目的开工等方式，创造新的议题以转移媒体对于危机事件的过分关注。如果按照这种思路，摩托罗拉这个当年如日中天的手机品牌也许不会这么快就走向衰败。

7. 不要与媒体对抗

在危机处理中，企业最忌讳的就是出现对抗，与政府对抗、与公众对抗、与媒体对抗，只要出现了对抗，无论企业是对是错，最终的输家都是企业。所以，无论在什么情况下，千万不要与政府对着干，不要与消费者产生争执，企业最终的目标是利润，是要将产品销售出去，无数的例子证明，做一个弱势的组织比做一个强势的组织更能赢得公众的同情，更能够在激烈的市场竞争中获得优势。

在诸多的“不对抗”中，不与媒体对抗常常被忽略。

我们在第一部分中对媒体的本性已经有了一个初步的认识。媒体是信息的加工厂，媒体靠出卖信息产品赚钱。他们希望抢得独家新闻，在市场上打败对手，而企业的坏消息，对媒体来说，则是精彩的好消息，它比一般的消息更能引发轰动，所以当有危机发生时，媒体就特别地感兴趣。社会的灾难，往往恰是媒体的节日。作为企业的管理者还要看清媒体的一点就是：媒体能够传声，但经常变调，它随时会对你们的事件进行偏激甚至是歪曲的报道。不要指望媒体会准确地传达你们的全部信息，你们的信息甚至有可能被埋没在其他的信息中。企业要把这种情况看成是常事，企业能做的事就是积极与他们合作，尽量用自己的行动影响记者的观点，努力控制局面，控制舆论的导向。

但是出于种种原因，企业往往拒绝与媒体合作，试图逃避媒体的采访。比如企业认为，这次记者来采访，就是因为他们拉广告、赞助，企业没有答应，现在来找茬了；这次记者的找茬，其实是受某竞争对手的暗中指使，来者不善；或者目前某媒体对企业就有歪曲的报道，现在各路媒体一拥而上，就是要对我们进行负面报道的集体轰炸，等等等等。

遇到媒体的来访，企业一定要冷静面对，心平气和，切不可意气用事拒绝与媒体合作，逃避和对立，绝不会达到企业想要的效果。媒体想要的是新闻，当他不能从企业得到的时候，就会从别的渠道去得到。而其他渠道的信息多半是充满着猜测和想像，对企业是一种伤害。

另外，与媒体不合作，还会导致媒体上企业正面报道、正面声音的减少，负面内容的增加。

企业有时逞一时之气，不惜与媒体交恶，对媒体采取压制恐吓，和媒体对簿公堂，岂知越是这样做，媒体就越兴奋，你和它打官司，产生冲突，它求之不得，它有时还花钱找官司打呢。越争执越打官司，它的名声就越大，关注度越高，发行量影响力就越高，这正是媒体最想要的。

2013 年 4 月，农夫山泉遭遇了标准门事件，原因是京华时报几天内用 6 个版面对农夫山泉提出 8 大质疑，连篇报道农夫山泉瓶装水出现的问题，先是一则关于"农夫山泉标准低于自来水标准"的消息让农夫山泉深陷"标准门"，加上此前被爆出的农夫山泉位于湖北丹江口的取水点水源受到污染，这些让农夫山泉作为"大自然搬运工"的形象受到严重质疑。

农夫山泉董事长钟睒睒表示：京华时报系列报道是一个局。在农夫山泉 5 月 6 日下午在北京召开"饮用天然水标准新闻发布会"上，钟睒睒说，《京华时报》用大量的版面，让被批评者屈服于自己的意志，在本质上讲这是一种舆论暴力，在这种氛围下绝不可能产生有活力的创新型的公民企业。钟睒睒表示，"农夫山泉不会在北京再开工厂生产，不会向舆论暴力低头。"

农夫山泉北京厂 2013 年预计的利润为 500 万。于是有记者问："关闭北京工厂，这 500 万你们不要了吗？"钟睒睒回答："当然，我们不会为钱低头，我们认为正义、尊严比金钱更重要。"

在农夫山泉饮用天然水标准新闻发布会上，还出现了京华时报记者打断董事长的发言，对其质问的情况，记者被会场人员要求“滚出去”。

在这一事件中，我们认为农夫山泉有几个失误的地方。1、自证清白。没有权威部门和第三方的参与，自己说自己的产品符合标准，说服力大打折扣。2、意气用事。农夫山泉认定京华时报的连篇报道是个局，出现了问题，没有私下的沟通，以至在新闻发布会上出现了不可控的局面，甚至还表示宁愿损失500万利润，也不再在北京开工厂生产桶装水。因为有个京华时报“搅局”，就退出北京市场，这显然有点意气用事。3、和媒体打官司。农夫山泉表示，由于京华时报的报道，农夫山泉损失了6个亿，因此决心和京华时报对簿公堂。

农夫山泉这些冲动的态度，说明他们的公关人员还不太懂得媒体。你要退出北京市场，你要和媒体打官司，好呀，这正中相关的企业和媒体的下怀，也许听到这些消息他们在偷着笑呢。因为在现在中国的企业生态和媒体生态中，不管农夫山泉在这场官司中是赢是输，输家肯定是农夫山泉，而赢家肯定是京华时报。表面上看，两家都“摊上事了”，但效果对两家可能完全不同。作为生产“进口”饮品的企业，只有摊上好事，才能是给企业带来正能量，带来利润，而作为出卖信息的媒体，某种程度上和娱乐圈差不多，不管摊上的是好事还是坏事，都增加了知名度和曝光率，他们在这样的炒作中已然是赢家了，农夫山泉落得的却只是“下架”和撤出北京市场。

环球网 财经 finance.huanqiu.com　滚动新闻　资讯排行　RSS订阅　留言板

您的位置：环球网 > 财经 > 中国 > 正文

农夫山泉和京华时报斗争激烈　火拼不会有赢家

2013-05-08 08:56　环球时报　参与 1　字号：T T

京华时报同农夫山泉的“战争”打得轰轰烈烈，事情已经离开了最初关于饮用水标准的辩论，成为双方押上各自名誉的“赌博”。

事情的起因是京华时报对农夫山泉饮用水的所用标准做了“舆论监督”。它有两个背景，一是中国食品安全的负面事件层出不穷，受此牵连，整个食品行业的信誉都很脆弱。二是发生过一些媒体以谋利为目的“监督”企业的先例，企业很容易按这种逻辑揣测媒体的动机，将正常监督做敏感解读。

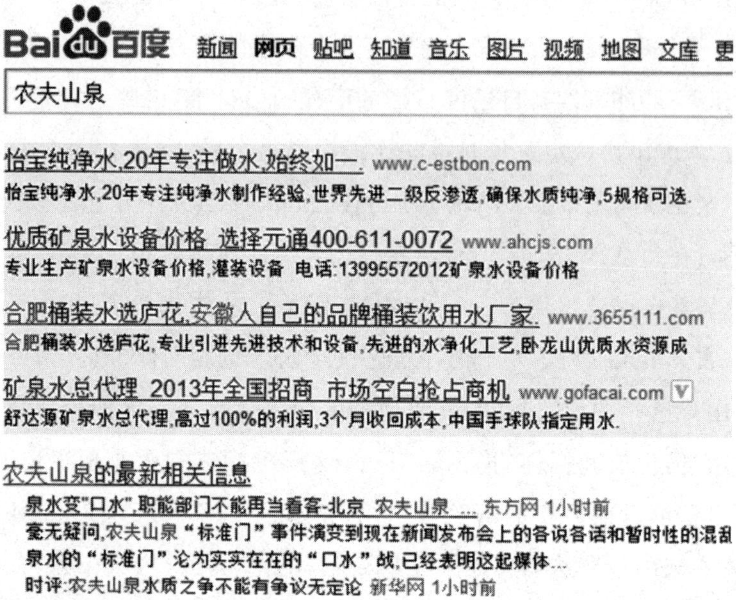

就在农夫山泉和京华时报交恶,口水战不可开交的时候,我们在百度搜索上查“农夫山泉”,出现在前面的却是另外一家纯净水的品牌。这让许多做品牌传播的人士浮想联翩。

霸王集团员工围攻每日新闻报事件也是企业与媒体的冲突的典型例子。

2010 年 7 月 14 日,香港媒体报道:“霸王”品牌旗下的中草药洗发露、首乌黑亮洗发露以及追风中草药洗发水经香港公证所化验后,均含有被美国列为致癌物质的二恶烷,但具体含量没有公布。消息一出,霸王公司顿时被推到舆论的风口浪尖。

霸王集团立即为自己展开正名,不久他们也拿到了国家药监局的“正名”公告,但是,却出现了集团员工冲击《每日经济新闻》报社的事件。下面是京华时报对此事的一篇报道。

本报讯(记者胡笑红实习记者王丽梅)尽管手持国家药监局的“正名”公告,但霸王二恶烷事件并非彻底结束,昨天,每日经济新闻报社(下称“每经”)向记者透露,因该报记者对霸王的报道,霸王集团的员工昨天冲击报社,并对记者采取辱骂、推搡等手段，对此，报社表示强烈谴责。

每经昨天下午在其网站上发表“严正声明”称：“近期《每日经济新闻》报社对霸王洗发水被曝含致癌化学物质一事进行了报道。7 月 30 日下午 4 时许，四名自称霸王集团员工的青年男子未经许可，擅自闯入《每日经济新闻》报社上海办公区，找寻采写该报道的记者。当报社记者与来访人沟通时，来访男子采用辱骂、推搡等手段，对我报记者进行威胁。在制止未果的情况下，报社遂向上海警方报案。目前，四名男子已被警方带走接受调查。”

每经表示，媒体有权对公共事件进行客观、公正的报道，以保障公众的知情权，这是媒体应有的权利和应尽的职责。对这种通过寻衅滋事的手段，威胁记者人身安全、滋扰和冲击报社正常工作秩序的行为，表示强烈谴责。

随后记者致电霸王集团公关总监杨政书，他表示，公司也是从网上获知此消息，感到非常震惊，公司已经立即派高管前往上海了解情况；如真有此事，公司将严肃处理；一直以来，公司都非常尊重媒体客观报道的权利，绝对不允许此类事情发生；感谢大家的关注。杨政书还表示，有最新进展会通过公司微博对外发布。

据了解，霸王在香港被曝含有致癌物质二恶烷之后，各大媒体纷纷介入报道，每经记者近日又发表了《霸王中药世家发源地调查》一文，文中对霸王宣称的集团创始人陈启源是“中药世家”和帝王后代、陈启源的博士学历、霸王洗发液有“祖传秘方”等问题做了相关调查和质疑。

霸王集团员工冲击报社的事件虽然平息，但这种不冷静的行为给集团带来的伤害是巨大的。

巨能钙“有毒事件”，也让巨能公司尝到了与媒体对立的苦果。

2004 年 11 月 17 日，《河南商报》以“消费者当心，巨能钙有毒”为题，披露巨能公司所销售的巨能钙含有致癌的工业用双氧水，引起舆论哗然，危机从河南迅速扩散到全国，许多药店将巨能钙撤下柜台。面对突如其来的危机，巨能公司可谓反应迅速：

11 月 18 日，巨能公司发布声明，承认巨能钙含有微量双氧水，但不会对人体有危害。

11 月 19 日，巨能公司在北京召开新闻发布会，强调虽含有微量双氧水，但属于安全范围之内，要求国家权威部门就巨能钙“有毒无毒”进行评判，同时指出事件缘起于恶意攻击，巨能公司在《人民日报》、《经济日报》等媒体发表律师声明，声言将追究《河南商报》混淆视听、不实报道之责。董事长李成凤说：“我相信我们的胜算是百分之百。我希望大家拭目以待！”。

11 月 19 日下午，巨能集团发布致全国媒体和消费者的一封公开信。当晚，《河南商报》予以坚决回应，称销售受损是巨能公司咎由自取。

在巨能与《河南商报》就巨能钙安全性进行争辩时，巨能钙在全国的销售则几乎限于停顿状态。

12月3日，卫生部的检测报告称“巨能钙过氧化氢含量在安全范围内”，巨能钙立即通过各地媒体通告了卫生部的评判意见及再致消费者的公开信。

在卫生部检测结果公布后，巨能实业副总裁则认为整个事件是北京某竞争对手策划的，而《河南商报》则驳斥此种说法纯属造谣。

在巨能钙有毒的危机事件中，巨能公司的公关策略不乏可圈可点之处，但对媒体的策略上，他们的失误不小，虽然最终卫生部的检测结果对巨能公司有利，但整个事件给巨能公司造成重创，企业代价太大。

首先，巨能公司犯下了一般企业在这种情况下都可能犯的错误，急于通过驳斥、指责当事媒体以证明自己清白，岂知这一方式无助于问题的解决。你可以坚持认为你的产品是安全的，但在最后结果的论证上，时间拖得越长，外界因此产生的猜测和怀疑会越来越多，反而令巨能公司丧失对事态发展的主控权。

其次，巨能公司忽略了公众的一个心理：对于直接“入口”的产品，只要哪个媒体或人群说它不安全、会致癌等等，中国老百姓是“宁信其有，不信其无”的。你执著地与媒体争辩你的产品不会致癌，就是不断地重复着你的负面信息，这是企业危机处理中的大忌。

我们也发现，卫生部对巨能钙所下的结论的措辞也是相当谨慎的：“巨能钙过氧化氢含量在安全范围内”、“目前尚未发现巨能钙生产企业存在违法行为”。卫生部的结论只是证明了巨能公司产品的合法性，但合法的产品离好产品还有相当大的差距。

我们假设，巨能公司在危机爆发之后不是执著于和媒体进行是非曲直的辩论，而是积极寻求改善工艺的方法，进而让消费者明了：微量双氧水不会对消费者造成任何的身体伤害，但为了照顾消费者的感受，巨能公司还是愿意花大力气改造工艺。或者，巨能公司积极配合媒体的质疑，做出自己应有的解释，甚至按照国际大公司的惯例，不管产品是否有问题，为确保公众的安全，先停止产品的销售，甚至“召回”，就如中美史克在“毒胶囊”事件表现的一样，等事情确有定论以后东山再起。巨能公司如果这样的话，它可以在这一事件中完成一次品牌的塑造和好声誉的传播。

可惜巨能公司却把更多的精力用在了对抗《河南商报》的质疑上，甚至动用媒体力量去对抗另一个媒体，这显然是一个错误的选择。这样的直接后果是，《河南商报》将一直参与对巨能钙的质疑。果然，就在19日巨能公司在北京召开新闻发布会的当天，《河南商报》对巨能公司发表了七点回应。论战的双方陷入僵持。

对于企业来说，陷入危机后，越短时间结束越好，越少人知道越好。巨能钙的对抗行为显然引起了更多人对事件的关注，而且是更持久的关注。

8. 不要洗白自己，抹黑他人甚至整个行业

危机发生后，一些企业为了洗白自己，不惜抖出行业的行规和潜规则，告知公众自己所犯的毛病别人都在犯，为求自保，将他人甚至整个行业统统拉下水，这种方式是不可取的。

还拿上面所说的霸王洗发水事件为例。2010年7月14日，香港媒体《壹周刊》报道了“霸王”品牌旗下的中草药洗发露、首乌黑亮洗发露以及追风中草药洗发水，经香港公证所化验后，均含有被美国列为致癌物质的二恶烷。

事发的当天下午，霸王集团就在其官方微博上频频发出信息，告知消费者“霸王产品是安全的”。并连连出手，平息事件带来的影响，可以说从事件处理的速度上看，霸王的处理是很迅速的。但是，在霸王集团官方网站发表的声明中称，香港《壹周刊》中“霸王致癌”的文章是对集团的产品作“夸张失实”的“恶意报道”，声明指集团的产品符合世界包括欧盟及美国地区所定的标准，并表示对该媒体的失实报道及其所带来的影响保留采取进一步法律行动的权利。声明强调，微量的二恶烷绝对不会对人体健康构成威胁。

在随后霸王给消费者的信中，霸王强调并无刻意在产品中添加二恶烷，其产品中所发现的二恶烷是生产过程中产生的自然残留，是目前技术上无法避免的，并低于世界各地政府立法机构制定的安全水平，不会对消费者健康构成影响。

不仅如此，霸王公司首席执行官还说，该物质是在原料上出现，全行业大部分洗头水均有，强调含量少对人体无害。这让人想起了前不久轰然倒塌的三鹿集团，在面临三聚氰胺指责的时候，他们也是这样的态度——“全行业都这样”。

这种“不可避免”的说法，特别是他们将二恶烷的残留说成是全行业的共同现象，让全行业的人不爽，媒体也是群起围观，一个生产日用品的企业哪能经得起媒体的如此围观呢？霸王此役，形象蒙受了很大的损失。

9. 不要树敌太广

危机的发生往往是众多推手导致的结果，为了平息事件，我们不妨抓住主要矛盾，解决了主要矛盾，攻其一点，其他的方面也就不攻自破了，但是，危机的发生往往让事主头昏脑涨，暂时丧失判断能力，导致昏招频出。树敌太多就是其一。

几年前，《合肥论坛》上发表了一个帖子，说的是一位姓朱的女士在合肥某驾校学车时遭到性侵的经过。帖子的内容大致如下：

“我在去年报名了XX驾校，而某某正是该驾校的分校校长。在学车的过程中，他对我很客气，出于对XX驾校的信任，我对他也就没有防备之心。”

“7月16日下午培训结束后，某某（校长）打电话约我晚上唱歌，称去的都是熟悉的教练和一些学员，我找不到借口推脱，就答应了下来。晚上赶到宁国路阿波罗KTV的时候，已经接近晚上11点了。在唱歌的过程中，某某（校长）对我频频敬酒，出于礼貌我都喝了。但后来他居然拿出果盘里的水果要喂我吃，还动手动脚的。我当时就想离开。但他却不答应，强行把我留了下来。随行的一男一女已经躺在沙发上睡着了，我怕再不走，晚上不知道会发生什么事。他又拿了果盘里的水果拉扯着要喂我，还把爆米花含在嘴里，要我嘴对嘴接过来吃掉。”

朱女士称，因为担心激怒他会吃亏，只好都顺从了他。后来她借口去洗手间，匆匆从钱包里抓了50块钱就逃出了包厢。“等我回到家已经快到深夜2点，手提包还在KTV，没办法跟老公解释，就如实的告诉了他事情的经过。”

之后的几天，朱女士都请假没有去学车。直到21号下午，某某打电话来通知她说,26 号报名参加考试,可她刚学了一个星期,对考试根本就没有信心。她害怕某某又是找借口骗她出去玩,就让她老公陪同一起去。“但在驾校,我老公却跟某某起了冲突,推搡中,某某还一脚踢在了我老公的右小腹上。”

“随后我跟老公就去报了警,但在警察局,某某的态度依然非常嚣张,甚至无视警察的存在,多次羞辱和恐吓我老公。”朱女士表示,这件事深深影响了她的生活。她希望通过媒体曝光的方式为自己讨回说法,所以发了这个帖子。

这个帖子发出之后,跟帖者众,一时间在网上引起了很大的震动,基本舆论可想而知,都是声讨那位驾校校长的。

不久,朱女士接到一个驾校律师打来的电话,称将以毁谤的罪名起诉她。原来,此次“骚扰门”事件当事人,驾校校长某某聘请了两个律师团,准备起诉发帖网站合肥论坛和发帖人朱女士,还要把跟帖的网民也告上法庭,称网上帖子发布后,给学校及他本人都带来了很大的负面影响,他们向对方索赔1000 万,并要求该论坛立刻删帖,停止对自己的名誉侵权行为;另外要求当事人在原告指定的安徽 3 家以上主流媒体公开赔礼道歉,恢复名誉。

在这件事情上,驾校的处理让人看不懂。照理说,你如果觉得自己是委屈的,你把朱女士告倒之后,其他的方面就不攻自破了,为什么要把合肥论坛和其他网民都告上法庭?这种隔岸打空炮的做法让人觉得有些蹊跷,不是心太虚,就是想借机炒作。树敌太多,让驾校陷入严重的被动,这种事情对驾校来说应该是持续时间越短越好,但是由于他们的处理失当,事件长时间发酵,网站和各媒体陆续报道了此事,并将人们快要遗忘的细节拿回来重放,让事主不断地处于被审判的地位。看看这篇报道的开头,就知道此事发酵到什么地步:

本网陆续综合报道了《从骚扰门到炒作门　金盾驾校千万索赔之幕后》、《驾校“骚扰门”事态升级 1000 万只是索赔底线》,今晨,本网获悉,前段时间沸沸扬扬的 XX 驾校“骚扰门”事件再掀波澜。XX 驾校以“名誉纠纷权”为名起诉网友“霸王玩”及配偶。……

此报道冠以“合肥驾校女学员遭驾校校长调戏事件越闹越大”这样的标题，驾校在此事件中搞得越来越被动，树敌太多，将该位校长和驾校推入了舆论的死胡同。

10. 让自己的雇员积极参与

在舆论危机发生之后，企业往往忙于应付外界的舆论和周边关系，而忽视了最重要的利益相关者——自己的员工，这是非常危险的。企业的员工对发生的危机是最关注的，危机处理小组应当及时地把事件的原委告知他们，肯德基的苏丹红事件中，员工就是及时地知道了事件真相而没有产生动摇，从而保证了肯德基平稳度过了舆论风浪。如果员工在媒体上都看到了自己企业发生的事情，而企业却没有和他们沟通和告知，他们会把这种缺乏沟通视为隐瞒真相。

企业的管理者千万别忘了，危机发生后，企业的员工往往是媒体捕捉采访的对象，如果不和员工及时地沟通，告诉他们真相及如何应对媒体的提问，那么他们很有可能在记者采访时发表一些你不希望听到的言论。

总之，在危机来临时，不要忽视你身边员工，他们绝不是麻木的一群，他们是一支可左可右的力量，就看企业如何引导。

第四部分

善用网媒　创造机遇

——把新媒体变成营销工具

网络传播的时代汹涌而来，给企业的公关和品牌推广带来了新的机遇、新的空间。在网络时代，如何借网络媒体之力，传播形象，营造话题，进行低成本的营销，这对所有的企业都是新的课题。技术的进步使传播的方式和渠道日新月异，未来的技术进步将会给网络传播带来怎样的变化，几乎无法预料。乔布斯打破了手机的概念，将这个用于打电话的玩意儿变成了一个可以连接全世界的移动媒体，人们在这里可以看到全世界正在发生的事情，也可以向自己的圈子报道自己正在经历的事情，人们在瞬间就可以将看到的场景拍下传遍世界。这个改变会把直播变得异常轻松，而以前，电视直播是一个重装备、专业性非常强的活儿，门槛很高。

由于网络媒体是近几年才发展起来的新兴媒体，而且这一媒体的技术不断翻新，其传播的手段，推出的传播平台令人眼花缭乱，所以至今也没有一个关于网络媒体公关的系统论著出台，大家似乎都在摸索，因为当你刚刚总结出一套经验时，新的手段和平台又出现了，你所总结的东西也许就已经过时了。网络时代媒体的变化是这么迅速，所以我们本部分讨论的内容，只能将网络营销的手段画一个轮廓，细分的内容就不便多列了。网络媒体传播方面的知识，真的犹如手中的雪片，你还没把它焐热，它就化了，接着而来的是大量新的东西，等待你的接受和融化。一个现代人如果不注重学习，几个月后就会觉得跟不上趟了。

一、网络媒体时代，是糟糕的时代更是美好的时代

英国作家狄更斯在他的小说《双城记》中有这样一句话：“那是最美好的时代，那是最糟糕的时代；那是智慧的年头，那是愚昧的年头……”这句话用来形容我们这个网络时代，似乎也是非常的贴切，网络媒体时代到底是一个糟糕的时代还是一个美好的时代？为了回答这个问题，让我们给网络媒体把把脉。

1. 网络媒体时代传播者的特征

凡是基于网络技术而派生的传播平台都是网络媒体的传播平台。Email（电邮）、BBS（论坛）、BLOG（博客）、微博、微信、IM（即时通讯）、手机短信、网络报纸、网络杂志、网络广播、网络电视、视频和音频的上传平台等，都是网络媒体。

网络媒体的一个很大的特点就是传播者的自主性，所以，网络媒体时代其实就是自主媒体时代，网络媒体的兴盛，很大程度上就是以个人门户类网站的兴起和个人对互联网的广泛使用为标志的。在网络媒体时代，网络传播者都具有哪些特性呢？

1)普泛化

进入互联网年代，人们发布信息的门槛一下子变得很低，只要有一台电脑，注册一个账号，你就可以建立一个自己的媒体，发布消息。在这个时代，人人都是编辑和记者，人人都是消息的源头和受众。2006 年年终，美国《时代周刊》年度人物评选封面上没有像往常一样摆放名人的照片，而是出现了一个大大的"You"和一台电脑。《时代》周刊对此解释说，社会正从机构向个人过渡，个人正在成为"新数字时代民主社会"的公民。2006 年的年度人物就是"你"，是互联网上内容的所有使用者和创造者。

传统媒体的传播者都属于传播机构中的人员，通常都扮演一种教化者和训导者的角色，机构的宣传纪律、肩负使命等也不允许他们在传播的内容和程序上越雷池一步。而普泛化的、平民化的互联网传播者相对于传统媒体的编辑记者，思想上少了很多约束，没有所谓的宣传纪律，也少了很多预设的立场、偏见，少了很多的功利性，他们发布的信息往往更加客观、真实、快速，在铸就个体价值的同时，更加体现民意，而这些正是互联网新闻的生命。在自媒体时代，各种不同的声音来自四面八方，来自平民百姓，以前的所谓"主流媒体"的声音似乎不像以前那样"主流"了，人们不再满足于被一个"统一的声音"告知对或错，每一个人都在从独立获得的资讯中，对事物做出判断。

CCTV"大裤衩"楼失火，首先发出新闻的不是传统媒体，而是一个网民用手机拍摄的图像上传到了网上。近几年的几起干部腐败事件，如陕西表哥、广东房叔、浙江省桐乡市公证处主任 80 多万年薪等，也都是网民将其“爆”出来的，网络行将替代传统媒体，成为反腐的一支力量和武器。

这种传播者的普泛化给我们的企业管理者什么样的思考呢？自媒体的时代，每一个人都有可能是消息的发布者，所以，今天的企业管理者都要意识到：监督已经无处不在。每一个员工，每一个消费者随时都可以转变成“公民记者”，都能进行负面新闻的传播，而且传播的速度非常惊人。

2）专业化

网民来自社会的各个角落，各行各业，其知识的覆盖面几乎到达所有的领域，他们对事件的把握相对于传统媒体来说更深入、更专业。2007 年 10 月 12 日，陕西省林业厅宣布，陕西发现华南虎，并公布了陕西安康市镇坪县城关镇文采村村民周正龙 2007 年 10 月 3 日拍摄到的华南虎照片。但这一轰动性的消息随即引来广大网民的质疑。网民中的动物学家对老虎的体态和周围的植被做出了详细的分析，摄影摄像专家从图像处理的角度对照片进行了深入分析，最后得出结论，这张华南虎的照片是一张假照片，周正龙以诈骗罪被判处 2 年 6 个月有期徒刑。

2012 年，在陕西延安 36 人遇难的特大车祸中，陕西省安监局长杨达才身陷“微笑门”，继而又陷入“名表门”。网民首先发现杨达才视察事故现场时佩戴的是一只进口名表，价值数万元，接着，网民又搜出杨达才在不同场合所佩戴的表，总共十多块。这么多名贵的手表，是靠工资收入根本无法消费得起的。网民的人肉，引起了纪检部门的重视，他们又查实杨达才在 20 多家银行有存款 1000 多万元，名表事件直接导致了杨达才被查处。在陕西“表哥”事件中，网民能分析出“表哥”在什么场合佩戴的是什么表，价格多少，在不同时间出场中共戴过多少块表，其专业的程度令人咋舌。

3）个性化

自媒体时代，博客和微博就是每一个平民自己的网络报纸，播客就是平民自己的网络广播和电视台，BBS 论坛就是公民的公共话语平台，媒体变成了个人的东西，网民在自己的媒体上恣意张扬，每一个草根民众都可以利用互联网表达自己的观点，传递生活的感受，构建自己的社交网络。自媒体从版面风格设计到内容表达，都可以充满个性，自媒体成为平民表达个性，表现自我的最佳场所。表达自我的声音，张扬自我的个性，成为网络媒体的内容特点和发展趋势。

4)功利化

随着网络工具的普及，人们利用网络自媒体的目的也是各种各样。大部分人发微博，只是闲来无事，在朋友圈里逛逛，但是明星名人们开微薄和发微博绝没有这么简单，他们是为自己积攒人气，为新片的上映、新书的出版等造势。新媒体传播者的功利化特别明显，这几年的一些网络推手们更是如此，他们的手段就是制造一些热点和话题，使公司的知名度上升，引起企业的关注。正是这些网络推手出于功利目的，制造出一个又一个的突破道德和审美底线的网络事件，毒化了网络环境，使人们觉得现在是一个审丑审怪事件扎堆的悲惨世界。知名网络推手“立二拆四”在接受采访时说：想挣钱，先把自己炒红了，就会有企业来找我，这样我就可以赚企业的钱，所以是“先赚名，再赚钱”。以网名为“边民”的董如彬为例，他炒作“黄氏四兄弟”，就是因为昆明某企业法人与黄氏四兄弟有矛盾，给了他 9 万元钱委托他炒作的。他抹黑宣威火电厂，更是因为火电厂边上一个楼盘要销售。“边民”接受楼盘的委托后，一开始是想用“宣威火腿”原料被该火电厂污染为“爆点”炒作，委托方觉得拿全国知名品牌炒作太过分没采纳，于是他转而将目标锁定为距楼盘 20 多公里外的一个癌症高发的小村子。由此可见，现在的网络传播者，有很多是目的性、功利化特别明显的。

2. 网络媒体传播的特点

1)随时随地发布信息

传统媒体的信息发布需要经过选题审批——采访——写作——编辑——审稿——传播这一整套的流程，网络自媒体的传播一般不需要这些繁琐的制作和编排程序。没有时间和空间限制的、随时随地的发布信息，成为网络媒体的最大特点。参加宴会的时候，人们随时可以将桌上的菜拍下来，传到微博上与朋友一起分享，朋友也立即会知道他现在是在什么地方，正在享受什么样的佳肴。如果我们在世界的某一个角落旅游，可以用微博和微信的方式将图片和视频马上传到自己的粉丝和朋友圈，告诉世界上其他地方的人们，我在这里，这里有什么，这里的风景人情是多么的神奇。这种近乎实时传播的优越性，正在打破传统电视台直播的概念，过去电视台直播一个新闻需要多讯道的转播车，众多的人力物力支持，现在的新闻直播，一部智能手机也许就能够解决问题。对一些突发事件和重大事件进行实时直播在技术上已经不是什么难事，只是限于传统媒体的性质、流程、宣传纪律等，要想做到这样的直播不知还需多少时日。

自媒体突破了时间和空间的限制，只要有网络覆盖的地方，我们就可以随时随地经营自己的媒体，其时效性让传统媒体无法企及，网络使地球真正变成了一个“村庄”。

2)传播渠道相互融合

网络时代的传播，多媒体相互的融合是一个很大的特点和趋势。传统媒体中，声音传播是广播，图像传播是电视，文字传播是报刊，可是进入新媒体时代，报纸不再只是纸质媒体，它也可以有自己的电子报，广播、电视的内容，也被很多网站平移到网络上，变成了网络媒体的内容。在传播渠道上，媒体之间的边界正在消融，融媒体时代已经到来，现在的一个热点新闻，都是传统媒体和新媒体的各种终端一起报道和“轰炸”。在我国，通常是一个事件先在网上爆出，引起网络上的围观，传统媒体再跟进，形成社会热点。传播渠道的多样性和融合性成为我们这个时代的特点之一。

3)传播具有互动性

传统媒体的传播是由信息的发布者(媒体机构)向不确定的大众传播信息，大众也是在被动的情况下接受信息的，这是一种单向的、点对面的传播。在这种传播中，受众很难对接受的信息进行反馈。在传播者不断的信息压迫下，接受者很可能被“洗脑”，进而接受传播者的信息和观点，以至一段时间内，西方传播理论中有“魔弹论”和“皮下注射理论”之说。

魔弹论（The Magic Bullet Theory）或称“皮下注射理论”，是20世纪20年代至30年代风行一时的传播效果理论，该理论认为：传播具有极其强大的威力，受传者就像是射击手面对的固定不变的靶子或是躺在病床上接受治疗的病人一样，只要枪口瞄准靶子，或者针头准确扎入病人身体的某部位，子弹或药水就会产生种种强大而神奇的效果。传播者只要把信息对着受传者进行传播，就可以把自己的思想、情感灌注到受传者的脑海中，迅速使受传者的态度和行为发生改变。这种观点由于第二次世界大战前夕纳粹德国宣传部门的推崇和鼓吹运用而影响甚广。联想起人类多次的疯狂时期，那些愚民的独裁者就是“魔弹论”和“皮下注射理论”的运用者和实践者。

而在网络媒体的传播中，点对面的传播变成了点对点的传播，受众不再是被动的信息接受者，他们可以积极主动地表达自己的见解，发表接受消息时的感受，或质疑，或讨厌，发出不同的声音。在网络上，传者和受者都可以成为信息的发布者，而且两者可以进行消息和观点的互动，这种交互式的传播，使受传者的地位得到了尊重。

3. 网络媒体时代：企业公关应该意识到的几个方面

我们分析了网络时代传播和传播者的特点，目的是要认清当下企业所面临的媒体环境，网络媒体和传统媒体一样，对于企业来说都是双刃剑，无所谓好坏，利用好了，它能为你的品牌推广助力加油，忽视了它，它就有可能在你不经意的时候给你的企业带来伤害。借用狄更斯的那句话：这是一个糟糕的时代，但对于企业的宣传，这更是一个美好的时代。我们来分析一下这些糟糕和美好的方面。

先看糟糕的方面。

1）发布信息随心所欲，企业危机随时可能爆发

新媒体时代，企业的负面新闻随时可能发生，其发生之突然，传播之迅速，都是超乎传统媒体时代的。

第一，媒体记者对“爆炸性”新闻孜孜以求。

我们在第一部分里讨论过媒体和记者的本质，新媒体的发展及媒体的融合使得媒体之间的竞争更加激烈，无论出于媒体竞争和逐利的需要还是出于记者生存的需要，记者都对负面的新闻、爆炸性新闻特别感兴趣，这就使得社会组织中的隐患被触发，成为危机的可能性大大增加。特别是网络新闻的记者和编辑，以及想自我炒作争取人气的博主，他们为了赚取眼球、点击量和粉丝，常常是以唯恐天下不乱的心理编新闻、设标题。

第二，草根平民随意发布，网络信息缺少守门员、把关人。

前文说过，网络时代的信息发布者大都是草根平民，这一方面造成了网络的繁荣，信息的来源更加广泛，但另一方面，网络的隐匿性给了网民随心所欲的空间，有话要说的人越来越多，有时候会无意中给企业造成伤害。比如，一个女孩在某商场买了一条裙子，回来以后发现有许多不称心的地方，她将自己的不愉快发布到自己的微博中去，说她在某某商场买了条某某品牌的裙子，如何如何不满意。她这样随意的一发，也许对这个商场和品牌并没有什么恶意，只是随意发表一个“水博”，好玩而已，但效果上，会让人对某商场或这个裙子的品牌产生不良印象，博主本人大概都不一定能意识到。

另外，网民素质良莠不齐，对所发信息不能做到向专业记者那样多方求证，反复推敲，常常是口无遮拦，随心所欲。在对企业发起攻击的个人中，有些人是头脑不冷静的，他们常带有强烈的情绪，这就很容易带来观点和事实的偏颇。有的自媒体为了追求消息的发布速度，追求点击量，甚至有意无意地忽视消息的真实性，降低自身的道德底线。信息发布自由和泛化，缺乏守门员和把关人，导致了许多虚假消息和偏颇观点轻松出笼。

在传统媒体上有一个不成文的规定：一般不搞异地监督，比如江苏媒体不能跑到安徽来做批评类报道，当地的记者只能监督当地，不能跨区域监督。新媒体彻底打破了这个规则，每一条小的信息都是全国性的，甚至是全球性的传播。特别是博客、微博、播客等自媒体，具有强大的影响力，其发布的负面信息往往能够产生“蝴蝶效应”，会给涉事企业在全球带来严重的负面影响。

说明这种影响，最明显的例子就是淘宝网的店主。2013 年左右，连续有淘宝店主猝死的报道出现，后来证明都是因过度劳累而死。这种事件的产生很大程度上就因店主想提高网店的级别，争取消费者的好评。如果电商的产品用户不满意，在售后又没有很好的解决，消费者就会在自媒体上发布对电商的负面评价。

从营销的角度讲，读者是潜在的消费者，但是网络时代的潜在的消费者，同时也可能是潜在的批判者，他们既是信息的接受者、分享者，又是信息的传递者、制造者，每一个人都可以发布信息，从这个角度来说，网络自媒体时代，也是新的"大字报"时代。在旧的"大字报"时代，张贴大字报的人还要花费些笔墨和纸张的费用，还要劳神到外面张贴，而现在，个人发布信息不用任何费用，也可以隐匿自己的身份。从这个角度讲，现在的大字报比以前更加可怕和难防。

第三，对手和媒体再无大小之分。

越来越多的企业危机证明，企业危机公关的游戏规则正在改变。以前我们对名不见经传的个人或小媒体不太重视，但是，互联网已经把大公司、大媒体和情绪化的激进分子、小媒体拉到了同一水平线上，他们随时随地可能在网络上对你的企业发布不良信息。现在的所谓"小报"都有网络版，他们将批评报道发表到网络版上，实际上和"大媒体"具有同样的效力，如果料够猛，还会引起各媒体的转载，迅速扩散，甚至成为大众热议的焦点。所以，企业千万不能轻看这些小对手，他们能够凭借传统媒体的网络版、博客和播客、BBS等，给企业造成沉重的打击和伤害。

2)危机的爆发和处理变得更加不可控制

网络时代，企业遭遇风险和危机变得更加难以管理，难以驾驭。

在传统媒体环境下，由于传播的主体是明确的，传播的范围是明确的，所以，当危机发生时，只要管住传播的源头，自上而下施加影响，危机就可能变小或者消除。有时候请媒体的上级主管部门打个招呼，就可以使某些危机"胎死腹中"，但是，这种处理方式，在网络媒体的环境中，有可能不太顶用了。

首先，现在的媒体环境中，当网络危机发生时，我们往往不知道出处在哪，也不知道跟谁沟通。其次，危机的节奏加快了，过去企业的危机是慢慢升级的，在危机到来之前多少会有一些预警，有一些处理危机的时间，而现在网络上的危机分分钟就可能发生，而且对企业不利的消息会在网络上呈几何状的增长，一篇帖子可能有几千几万个跟帖，危机的蔓延和扩散是以前不可想象的。再次，互联网交互式传播的特点，吸引了一大批以观点发布、是非评价为目的的网民参与互动，当大家的议论对传播主体有利时，自然能够起到传播品牌，扩大知名度和美誉度的目的，但网评中往往夹杂着偏见和情绪化的言论，并且这种言论有时会像病毒一样地传染，朝着传播主体意想不到的方向发展，对企业产生严重的负面影响。

3)相关法律不健全，企业维权艰难

网络媒体让个人的声音得到充分的表达，个体的情绪找到了释放的出口，势必也会让一些与宪法、社会主流价值观和传统道德相悖的思想观念得以传播，甚至造成对其他人员和组织的伤害。如 2005 年，中国博客网（www.blogcn.com）上一个名为“长套袜”的博客网页上有一篇名为《烂人烂教材》的文章，指名道姓地对南京大学陈堂发副教授进行辱骂和攻击，陈堂发副教授却没有办法维权。自媒体是个人言论自由的延伸，应该受到法律的保护和规范。作为公民的一项权力，公民在自媒体上发布信息有很多界限是不能突破的，但是，尽管我国现在有一些法令和网络管制办法出台，但这些法令和规定还是不够全面，跟不上网络形势的发展，基本上还是停留在对网站的管理上。2013 年 9 月开始，中国大规模地掀起一场打击网络谣言的行动，抓了一些利用网络造势和造谣的“大 V”，试图规范自媒体的言论和行为，但这些行动更多的是出于“意识形态管理”的考虑，如何减少自媒体对其他人和组织机构的伤害，如何建立长效的法律机制，即保障公民在互联网上的话语权、监督权，又保障其他的个人和组织不受伤害，我们还有很长的路要走。

再来看看“美好”的一面。

1)互联网媒体门槛低、运作简单，使企业做媒体成为可能

要做一个传统媒体，无论是电视还是广播、报纸，都需要经过国家有关部门的层层审核、批准，并且年年需要年检，门槛很高。还有，兴办传统媒体需要大量的人力物力和财力，是一件很复杂的事情，不是一般的企业可以企及的。依托网络的媒体由于其运作简单，企业建立一个自己的网站，只需要有些简单的设计，租用服务器就可以运行，所以，在现在的网络时代，企业建立一个媒体变得方便简单，借助网络，企业很容易实现低成本的传播。

在新浪博客、新浪微博、优酷播客等网站上，用户只需要简单地注册，就可以利用网站提供的模版和工具，在网络上发布文字、视频和图片音乐等，创建属于自己的媒体，这些自媒体的建立，目前几乎不需要投入任何成本，也不需要拥有者有多深的专业知识，由于其运作简单，门槛很低，因此大受欢迎，发展迅速，现在，几乎所有的工商业品牌都有自己的官方微博，网站等。

2)正面评价的产生比传统媒体来得更加容易

上面说过，网络时代企业随时有可能遭到负面消息的侵扰，但是，反过来看，企业的正面消息也更加容易传播。

过去我们发布一条企业的正面宣传信息很困难，需要和传统媒体的记者处好关系，需要研究各种传统媒体的口味和口径，甚至需要进行一些"潜规则"，现在，只要在某个论坛、博客、微博或网站上发布一下，正面消息就马上传播出去了。所以，在网络时代，企业可以在媒体上多多释放好的信息，通过自媒体的影响，形成产品口碑，助推企业和品牌的价值。当然，发布的信息能起到多大的效果，传播的范围有多广多远，能不能形成众人的关注，这就看企业的策划能力了，这是后话，下面的我们还要讨论到。

3)与客户的对话更加容易

在讨论传统媒体的时候，我们说过：营销需传播，传播即营销。现在我们讨论新媒体，还要说一句话，就是：营销即对话，对话即营销。

在这个交互式传播的时代，仅靠广告获得影响力的方法已经显得落伍，对话正在成为一种新的营销方式。一个组织、企业或个人，在当今的关键技能，可能就是对话交流。能在对话中纠正和提高自己的服务，提升自己的影响力，这才是顺应互联网时代的企业。

利用互联网与受众对话有以下几个优势：

首先，互联网媒体可以形成“精准对话”。由于互联网媒体在是点对点的传播，这就给企业进行精准化传播提供了可能，企业可以将信息传播到自己的目标受众，这就犹如治疗感冒，传统的传播是广谱杀菌的药物，它不知道引起感冒的是什么病毒，只要是病毒的统统在杀之列，这样往往药量大，对身体毒副作用大，治病的效果差；而互联网媒体则是知道了引起感冒的“病菌”，直接将其消灭，对症下药。而且互联网媒体还能够通过反复地传播，使内容、效果得以强化。

其次，互联网媒体使对话的手段更加丰富。随着新媒体技术向智能化、个人化方向发展，传播主体可以用文字、图像、声音、图片等多种形态的信息向受众进行传播。

再次，互联网媒体使对话更具个性化和亲和力。一句“亲”的称谓，拨动了淘宝网上许多买家的心弦，使买家和卖家似乎更加相通了。新媒体交互式“点对点”的传播，采用的是类似面对面的交流方式，能够使交流亲和力和感染力更强，传播效果更好。

我们对网络时代的传播进行了分析，主要是想通过这种分析向企业的经营管理者提个醒：时代变了，传播的格局变了，企业的传播营销思路一定要改变！新媒体时代，一方面媒体的门槛低了，我们可以轻而易举地接收到许多真相和事实，另一方面，人人都可以是信息的发布者，各人的素质良莠不齐、背景各异，又使得谣言和虚假消息经常在网络中泛起，弄得我们真假难辨；一方面我们可以更容易地释放企业的正面信息，为我们的品牌增添“正能量”，另一方面我们的每一个消费者或竞争对手都有可能是本企业负面信息的制造者和释放者，而且传播的速度非常惊人，破坏力非常巨大。新的机会来了，新的麻烦也来了。

在这样的媒体环境下，我们如何实现企业形象的正面传播？如何解决企业随时可能出现的舆论危机？面对着播客、论坛、微博这些新兴的传播手段，我们如何掌控舆论的引导权？这是摆在每一个经营者面前的新课题。2013

年7月,习近平总书记在全国思想工作会议上指出:意识形态极端重要。针对网络媒体环境下新的传播格局,中央还提出了“意识形态”管理的概念,中央提出这个命题,是基于国家发展的考虑,要创造一个有利于国家稳定发展的舆论环境。其实企业也好,个人也好,如果要发展,又何尝不需要一个良好的舆论环境?现在从中央到各省市,都设有舆情监控系统,许多大的企业也开始设有这个系统,但是我们大多数的企业对舆论的重视和监控的手段还没有到这个份上。

比如,现在的新闻信息有来源于组织的,也有来源于个人的,如果我们的舆论危机是来源于组织,来源于传统媒体,我们处理起来可能得心应手。但如果来源于自媒体,来源于个人发布的信息,不良信息又在网络上快速疯长和复制,我们堵不胜堵,防不胜防,怎么办?我们往往就没有主张了。网络公关的时代已经汹涌而来,我们的企业管理者准备好了吗?我们针对新媒体的快速应对机制在哪里?

面对新媒体带来的传播环境,我们需要的不仅仅是技术上的跟进和投入,更需要的是传播态度和理念上的改变、创新和突破。同时我们还要看到,现在是新老媒体共存共荣的时代,是全媒体传播的时代,一件事情往往是先在新媒体上披露、发酵,引起网民的围观,传统媒体跟进报道,才在公众当中引起强烈反响的。没有传统媒体,新媒体想掀起大浪也不很容易,而新媒体普遍关注的事件,想让传统媒体失声,也不太可能。所以,企业的公关面临着要“攻”新老两种媒体,真正需要“两手都要抓,两手都要硬”。

还是回到狄更斯的那句话,我们认为,对企业的品牌营销来说,网络时代是一个“糟糕”的时代,更是一个“美好”的时代。就看你能否驾驭网络媒体,掌控信息的主动权,抑制“糟糕”的因素,释放“美好”的东西。

二、如何进行新媒体营销——新媒体营销的途径

新媒体的传播技术呈现出日新月异的发展势头,网络的平台和产品让人

应接不暇，人们刚刚为博客的自由表达而欢欣鼓舞，对话和交际能力更强的微博又被推到了我们的面前，接着就是微信、二维码等。新媒体的传播与公关对谁都是一个全新的课题，第一，因为新媒体诞生的时间不长。第二，也是最主要的，就是新媒体的技术、手段、平台翻新很快，还来不及总结，新的东西又出来了。随着网络技术的发展，新的技术平台、推广方式层出不穷，也正因为如此，企业利用新媒体进行营销的空间是巨大的，它投资少，见效快，越来越多的企业将营销的重点投放到网络等新媒体。

对企业的营销来说，网络营销有两个关键点：一是技术平台，二是创意。技术平台就是要知道有哪些网上的传播手段可以为我所用，创意就是怎样能够让我们的信息发布出去后更具有影响力，被更多的人知道，并且为企业树立起正面的形象，为企业积累正能量。下面我们讨论一下企业在网络媒体上传播和推广的主要方式，有的很简单，我们也就一带而过，有的则做细一些的讲解。

1. 付费广告

和传统媒体上的广告一样，新媒体的广告可以通过直接付费获得，一般有以下几种形式：

1)图片广告。在首页、频道页、内容页等处推出的广告，一般的网站均有图片类广告。

2)视频广告。在大的门户网站上出现，一般价格会比较高，比其他广告形态抢眼。

3)弹出广告。访客打开网页后强制弹出的广告，有全屏的也有小窗口的，有点类似电视广告，强行让受众接纳，一般为 flash 和视频等形式。它会打断受众正常的阅览，强迫观看。浏览者如果不想看该广告，可以关闭窗口（这一点电视广告是无法做到的），但是它们的出现没有任何征兆，而且肯定会被浏览者看到。

4)论坛置顶帖。在论坛的顶部，以帖子的形式发布的广告。

5)文字植入。打开一篇文章，文章中的关键字被设置成了连接，鼠标滑过的时候,会弹出广告框。这是一种对浏览者干扰最少,但却较为有效的网络广告形式。

6)客户端广告。如腾讯、msn对话窗口、软件上的广告。

网络广告虽然目前在整个广告市场上所占比重还不是很大,但是它的优势越来越被人们所认知:一是它投放的精准性,二是它传播的互动性,三是随着移动互联网的发展,它的传播更具备了贴身性和可移动性。网络广告传播的这些优势使其正日益成为企业实施现代营销的重要选择,尤其是销售对象年轻化的企业更是如此。目前,互联网媒体发展很快,他们合纵连横,做强做大,推动网络广告市场的迅猛发展,网络广告的投放效果也日益看好,发展空间极大。

2. 直接发布信息

这是企业网络营销中最原始的方法,找个相关的信息网站、贴吧或者论坛,将自己的产品信息或服务信息发布出去。注意,发布信息的平台一定要和产品定位吻合,比如,你是做化工的,就在化工网上发布,做五金的,就在五金网上发布,这样效果才会比较好些。

不过这些信息发的再多,都有被别人删除的危险,很不稳定,比较靠得住的,还是建立自己的网站。

3. 建立网站

2013年7月,中国互联网络信息中心(CNNIC)发布了第32次《中国互联网络发展状况统计报告》:截至2013年6月底,中国网民数达到5.91亿,位居全球第一。这些网民在购买商品之前,会先到网上进行初步的筛查和选择,有的还想通过网络和供应者取得联系,这就要求企业必须要有自己的网站,如果一家企业连自己的网站都没有,其产品、服务在消费者和同行当中的认同感就会大大削弱。

在中国,90%以上的企业都建立了自己的网站,企业网站也能给企业带来商机,通过网络寻找客户、寻找产品,已经成为人们的一种习惯。所以,网站营销是当今企业首选的一种自我营销的方式。

值得注意的是，虽然如今大部分的中国企业已经建起了网站，但是并不是有了网站，就有了网站的营销，有的企业是花了不少钱建网站，却不注重网站的更新和维护，也缺乏网络营销手段，结果是效果寥寥，眼看着竞争对手做上来，还不知道原因在什么地方。

4. 社区营销

顾名思义，社区营销就是在网络社区中对自己的企业进行宣传。比如在BBS里、QQ群里、微博中，通过发帖、在线交流、发表博客和微博客等方式，对社区里的网友、粉丝等施加影响。所以，社区营销中我们又可以分为BBS营销、QQ营销、微博营销等几种。

需要特别指出的是，进行社区营销，一定要巧妙、合适，润物无声。社区营销手段运用得好，会效果巨大，起到四两拨千斤的效果，如果宣传不好，效果会适得其反，许多人在BBS中发帖，由于广告味儿太明显，都有被骂过的经历。发帖人被骂一下都是无所谓，关键他所宣传的品牌在网民中的形象就会被糟蹋掉了。所以，进行社区营销，一定要周密策划，确保达到正面的效果才能实施。否则，帖子被删，品牌的名誉就会有损失。一般情况下，微博和博客中粉丝量比较大的都是名人、明星，借助这些具有大量粉丝群的名人、明星的博客、微博进行营销，也是企业应该考虑的，但是，这样的营销，技术性、技巧性都比较高，一旦某一名人的微博中发现有替产品做广告推销的嫌疑，对名人和产品都是一个伤害。

5. 搜索引擎优化

SEO(Search Engine Optimization)就是通过提高网站、品牌等在有关搜索引擎内的排名，让网站、品牌等在搜索中占据领先位置，以优势排名为网站引入流量，为产品信息增加点击量，从而获得收益。搜索引擎优化又叫竞价排名、搜索引擎营销。例如：我们在百度中输入“汽车”一词，如果我们看到的是奇瑞公司，那奇瑞的访问量一定大，这样一来知名度就会得到提高，这种排名是无形的力量，会给实际的销售带来好处。

英国石油公司BP在墨西哥湾漏油事件中，迅速和谷歌搜索引擎建立联系，在网民输入“漏油事件”后，出现在前面的都是BP公司怎么样采取措施进行环境保护的内容，并且将其公司的网站排在搜索的最前端，对其公司不利的舆论就被有效地排在了后面。这就像新闻里的头版头条一样，具有引导舆论的作用。英国石油公司的这一公关手段，为缓解那次震惊世界的漏油事件给公司带来的负面影响起到了很大作用。

近年来，“竞价排名”的做法遭到了网民的口诛笔伐，百度也因涉嫌滥用市场地位被河北一家企业申请反垄断调查，这家企业还申请对百度处以1.7亿元罚款。2008年11月15、16日两天，央视连续对百度竞价排名进行报道，对排名的积弊进行讨伐，百度因此被推到了舆论的风口浪尖。报道指出，百度已经覆盖95%的中国网民，竞价排名收入占百度总收入的80%以上。竞价排名以出资的多少决定排名的先后，严重影响搜索引擎的公正性。

但是，搜索引擎优化、竞价排名等做法并没有因此而止步，“优化”和“排名”犹如媒体里的有偿新闻，不断地被媒体和商家利用着。作为企业的管理者，用还是不用，全看是不是需要了。

6. 博客营销

博客(BLOG)最初的名称是WEBLOG，由英文WEB和LOG组合而成，字面意思就是“网络日记”。博客一般记录的是作者的知识、兴趣和生活体验，当博客成为一种流行的互联网产品的时候，它便具备了营销的价值。博客营销就是依靠博客进行产品信息传递和品牌推广的过程。

1)博客营销的优势

与传统媒体“大众传播”、“广泛传播”的特性不同，博客作为一种营销平台，其特点是“小众传播”，其核心是互动性和精准性，博客营销的优势如下：

一是针对性强。每一个博客都有其特定的受众，企业可以找准特定的人群，实现精准营销。

二是性价比高。博客营销的实质在于影响看博客的这一特定人群，是一种口碑营销，比面向大众的广告和媒体成本要低得多。博客中传播的内容易于浏览者口口相传，这样的口碑效应传播范围虽然窄，但带来的实际效果往往比广告的效果还要好。

三是影响力大。博客也是一种媒体，如果其点击量够大，其影响力也就必然够大，一些明星名人的博客，比一些著名报纸的发行量还要大，如果在这样的博客中发布消息和广告，效果可想而知。从某种意义上说，博客营销是站在巨人肩膀上的营销。

2006年6月，全球著名的微处理器厂商AMD公司正式宣布签约国内著名演员徐静蕾，并在其博客投放广告。具有“中华第一博”美誉的徐静蕾，正式成为AMD公司大中华区移动计算技术品牌的形象代言人。AMD看中徐静蕾的，除了其作为演员的知名度之外，更看中其在博客上超高人气。徐静蕾的博客有超过一千万点击率，AMD依靠徐静蕾开展了一场以博客营销为主导的网络营销。而芮成钢对故宫内星巴克的评论，一时间成为人人关注的媒体事件。这些事件都明白地告诉我们，博客渐渐成为意见领袖发表见解的重要平台，博客的言论和观点会形成热点、引导舆论，如果名人名博提及某企业，会对企业品牌影响巨大。

2)如何撰写博文效果更好

如果认为博客营销就是简单地利用博客来做广告，在博客里可以无所顾忌地宣传自己，那就大错特错了。我们看到许多博客就是这样做的，很直白的宣传自己的产品，自己的博客没有人看就别人的博客里到处留下自己的广告，甚至将自己的广告发到论坛上去，这样做的结果，不但劳而无功，还会遭人反感。有的人把博客写成产品说明书或产品资料，这些太简单的方法效果都不会很理想。如何撰写博文才能争取到较好的效果呢？

一是讲故事。如果将产品的功能写到故事中，用故事去表现产品的功能、用途，人们会自然而然地记住。下面是黄一哲先生写的一篇产品博客，题目是《妈妈用去年的粽叶包粽子》，就是想宣传电子防潮柜，由于采用了故事化的手法，博文发表之后，许多读者来咨询产品。

今天是端午节，往年都是老婆包粽子吃，今年可不一样了，老妈老爸到我这里来小住，正好赶上过端午节。老妈可是包粽子的高手，外婆和老爷是祖传的包粽子的买卖人，可能是耳濡目染吧，妈妈练就了高超的包粽子的功夫，从摘粽叶到吃粽子的整个过程都很讲究。

妈妈喜欢包有大红枣和芸豆的粽子，吃的时候，放些蜂蜜，真是香甜。今年，提前几天去市场上买粽叶，可是没有买到，只好用去年的粽叶。可能有的朋友不明白，去年的粽叶还能用吗？是这样，我们每次吃完粽子，把叶子都留着，先是清洗干净，再用开水烫一遍，晾晒干，卷好收在干燥处，下年再用，但最大的麻烦就是有粽叶可能第二年就发霉变质了，也就不能用了，可今年我心中有数，因为，去年的粽叶是放在电子防潮柜中的，不但不会发霉，而且取出来依然绿油油的，虽然不如新摘的，但也解决了大问题。

准备时，妈妈要用红枣和芸豆，老婆想了半天想起，还有半斤多去年从陕西寄来的红枣和芸豆，都一年多了，妈妈说：不行，红枣和芸豆肯定都生虫了。我赶快从电子防潮柜中把东西找出来，妈妈一看非常惊讶，枣子和芸豆都好好的，一没有发霉二没有生虫。妈妈一个劲地感慨：这电子防潮柜真是好东西，竟然储存的东西不发霉不生虫。

中午，我们全家人吃着妈妈包的粽子，其乐融融。这多亏了有了电子防潮柜，从根本上解决了干果干货不能储藏的问题。去年的粽叶包出来的粽子一样充满了温情。在此传统佳节，我祝所有的朋友们，端午节快乐！

由此可以看出，最好的赞美产品的方法，是将它的用途故事化、情节化，人们记住了故事和情节，就记住了你的产品。

二是追热点。在博客里一定要追逐热点，否则想获得高关注很难。将你的产品贯穿到热点事件里面，人们就会在关注热点的同时记住你的产品。比如，有段时间，有车一族们被碰瓷的现象比较多，怎样避免碰瓷成了人们热议的话题，一家出产行车记录仪的生产商就不断地抛出行车记录仪帮助某人化险为夷、讨回清白的事情。当大家都在关注某一话题时，你若就此话题制造故事，肯定会获得较高的关注度。

三是系列化。博文出来之后一般不可能出现立竿见影的效果，需要长时间的对这一群读者施加影响，甚至需要将博客始终定位在某一个诉求上，连续地从不同的侧面发表博文，有时要像电视连续剧，有发端，有高潮，有结尾，这样形成系列的博文，才会有规模效应，才会形成影响力。

3)如何提高博客的浏览量

博客的浏览量或说访问量，犹如电视的收视率，报刊的订阅数，网络的点击量。虽说博客营销是小众营销，但毋庸置疑，浏览量、访问量越大，宣传推广的效果越好，影响力越强。争取高浏览量的方法大致有以下几个：

一是高质量的内容。提高访问量的关键是高质量的内容。内容如何做到高质量，吸引人，前面提到的故事化、追热点、系列化等方法，都是可以参考的。

二是选择较好的博客平台。选择关注度较高的门户网站，博客就有可能被更多地点击和关注。

三是给博客取个好名字。如果是重在推广产品和品牌的博客，尽量不要用“XXX 的博客”这样的名字，因为这样的名字没有特色，不便于搜索引擎的检索。以博客的内容定位给博客命名是个不错的方式，比如，你是做出国留学中介的，你就起名叫“出国留学”，这样，所有想查出国留学信息的人都有可能在搜索引擎中查到你。

四是被浏览量大的博客加为好友。这样肯定会增加被点击浏览的机会。

五是博文经常更新。多发布原创和热点文章，一旦博文被推荐到门户网站的频道首页，就会带来很大的点击量。

提高浏览量的方法还有很多，这里就不一一列举了。

7. 微博微信营销

当一种新的互联网产品成为大众化的工具时，它往往就会成为网络营销的方式，当人们还在为博客的发明欢欣鼓舞的时候，微博以它快捷的对话功能和几何状的传播优势进入网民的生活，显示了它在营销方面的更加巨大的功能。前面我们在讨论传统媒体的时候得出过一个结论：传播即营销。微博出现过之后，我们便可以说：对话即营销。通过对话，可以实现与人的情感交流，增进彼此的了解。无数的例子都证明，人们的隔阂往往是因为没有对话，缺乏了解，比如任志强从2005年中国人最想揍的人之一，一跃成为2010年的微博知心大哥，任志强及其执掌的华远地产，在公众中的形象也发生了质的转变，越来越多的人认为，他不再是那个为富不仁的资本家，而是《皇帝的新装》里那个说真话的小孩。这个转变，和任志强这几年注重微博的经营是分不开的。

1)微博和博客的区别

微博和博客的区别大致有以下几个方面：

一是博文的长短、内容不同。微博最多只能有140个字(现在也可以发表长微博了)，要求短小精炼，重在表现发生了什么有趣的事情，有价值的见闻，个人观点、心情的表述等，不可能发表系统严谨的新闻和产品介绍。微博的价值在于关注自我，随时随地反映心情和状态：我在想什么、做什么、我知道什么。而每一篇博客文章则是一个独立的网页，因此要求内容完整，思维缜密，独立成篇。

二是传播模式不同。微博内容短小，发送方便，用手机就可以发送，所以微博彻底改变了信息传播的模式，任何一个人都可以实时传递自己身边的信息。微博可以通过粉丝的转发进行几何速度的传播，它的传播往往是以一传十十传百的方式进行的，传播的速度异常快捷，它是一种快速传播简短信息的载体。而博客的传播一般时效性不向微博那样高，但由于一篇博文就是一个网页，它可以受到读者长期的关注。

三是用户获得博文渠道的不同。用户利用电脑、手机等多种终端及时方便地了解微博信息，信息的碎片化、时间的碎片化是微博的一大特点，而博客往往是一大篇完整的文章，需要在电脑上细细阅读。

在传统媒体时代，传播者制造好内容，展现给受众，很多内容搭载了传播者的目的。在以微博为代表的社交媒体时代，传播变成了所有人对所有人的传播，每个人都是新闻的源头和接受者，微博所引发的信息革命是空前的，它颠覆了过去由所谓“主流媒体”主导传播的格局，给个人、企业的传播、营销带来了广阔的空间。微博是迄今为止最为即时的信息传播平台，是网络工具中最伟大的聆听工具、对话工具、检测工具，善用微博，将成为企业营销的必修功夫。

这是一个媒体“混战”的时代，微博的出现让让人欢喜让人忧

2)微博营销的优势

一是低成本营销。微博只需要一个手机或一个电脑就可以完成，其低成本是不言而喻的，主要靠的是创意。世界杯期间，4399 游戏网站站长蔡文胜发了这样一条微博：

“为感谢博友们支持，配合世界杯和大家互动一下。大家可以竞猜世界杯最后四强排名。一，只要评论我这条微博，写出四强顺序，如例：1 阿根廷，2 德国，3 巴西，4 英格兰。并转发到你自己微博留底。二，从现在开始 72 小时内回复有效。会以最先回复时间来计算前 32 位猜中者，送出 32 部 iPhone4。”

简单的一个活动，收获了 30 万人参与，同时这几十万人也把蔡文胜和“4399”记住了。

2010 年 5 月 17 日，新浪微博上出现一个很有意思的 ID：理想大厦 b1 便利店，这个成立了不到两天的微博账号引发了“小范围”关注，它的第一条微博如下：

“我是理想国际b1便利店，我开微博了，我会每天更新新品，大家如果有需要的商品可以给我发私信、@我、给我评论都可以，我们就给大家送上去。格式：商品名称、数量、楼层、分机号等联系方式。”

在不到两天时间，这条微博引发了361次转发和169个评论——这对于一个只拥有470个好友的“小影响力”账号来说，不是一个太小的数字。以上两例，都激发了微博用户的主动传播，使博主的品牌知名度迅速提高。

二是在对话中互动。一些对微博营销不是很了解的企业和组织，他们在微博上的营销依然是发发消息或发发广告，这类手法其实并没有脱离在社区和博客上发表文章的模式，没有把微博的功能调动起来，没有体验到微博的奥妙之处。互动和对话是微博的主要特点，微博营销的生命在于它和客户的交流，企业必须通过某种手段了解客户在想什么，需要什么，有了微博之后，对话互动变得直接和方便。

三是内容的即时性。在大街上、饭局中、地铁里，放眼望去，各个角落都有人埋头于手机，挥舞手指奋力织“围脖”，当然更多的人可能是在接收微博。由于现在80%的微博是靠手机发送和接收的，所以，微博在当下犹如手机短信一样具有即时性。即时性是微博的基本功能，也是很多企业最看中的，企业可以基于微博的即时性展开有效、精准的直接销售。

3)对话即营销——微博营销的方法

营销的本质就是，我们怎样跟消费者做沟通。我们今天有以微博为代表的社交网络，我们有了社会化的媒体，有了新的途径。我们怎样利用这些手段，说服我们的客户，吸引消费者接收我们的信息，并跟我们产生互动，这是一个很关键的问题。

据相关机构对微博用户的调查，微博用户最喜欢在企业微博中看到的内容是最新产品促销、打折信息和企业品牌、服务信息。微博用户是企业产品的潜在的消费者，他们虽然希望在微博中看到企业的信息，但是不希望看到很“硬”的信息，不希望企业微博在推送信息时赤裸裸地直接推送广告，所以，博文还是应该软一些。有的用户说：“看见广告并不是坏事，关键要看是什么样的营销模式和创意，平庸及伤害眼球的都不喜欢，给予生活趣味、启发、便利、幽默、有美感可寻的更容易被接受，甚至转发。”以用户可以接受的方式来推送信息，这是对企业微博内容制作提出了很高的要求。在微博中，即使是产品信息、促销信息也应该具有创意。这些创意通常体现在哪里呢？

一是讲故事。企业在互联网上传播自己的故事，有两个好的载体，一个是博客，一个是微博。博客记录完整信息，微博记录的是碎片化的信息。黑黛公司是一家经营治疗脱发产品的公司，他们每天在微博上讲述脱发人增添头发以后恢复信心的微故事。下面的这个故事是黑黛的一个发型师写的。

我叫 leon，三年前是名发型师，因为脱发问题丢了工作与自信，对生活失去希望。偶然一次知道了黑黛公司，在专家的帮助下，又长出了一头乌黑浓密的秀发，还被黑黛聘用，又成了一名发型师。同时，我在美丽的西湖之畔认识了一位杭州姑娘，成就了自己的美好姻缘。感谢黑黛，希望它能帮助更多的人。

这个故事很短，很美，很好，让人感觉黑黛是一个创造美的平台，它不是赤裸裸的产品推广，而是一种人文理念的传播，也是一种美的传播，宣传产品润物无声。随着微博的价值越来越被人们开发和利用，相信这样的微故事将来一定会很多。

二是及时对话沟通。微博的一大特点和优势是对话和沟通，广告获得的是人们的眼球，而沟通和对话获得的是人们的心。作为即时性很强的微博，可以经常反馈一些服务信息，及时消除顾客的抱怨，在这一点上，一些大的企业也未必做得很好，著名的“戴尔之痛”就是例子。2005 年 6 月，美国作家杰夫·贾维斯在自己的博客上发了一篇博文叫《戴尔真烂》，说他买了一台戴尔电脑，但是回来一看是次品，于是要求上门维修，戴尔的回复是需要用户自己送上门来，并且是 7 到 10 天之内。贾维斯先生很生气，于是写了《戴尔真烂》这篇博客。谁知戴尔公司对这篇博客采取了不闻不问的态度，于是抱怨戴尔的文章越积越多，致使上搜索网站上抱怨戴尔的文章排名不断上升，一度占领了戴尔关键词的首页，形成了互联网历史上有名的"戴尔之痛"。2006 年 7 月，戴尔公司的 Twitter 向公众开放，公司将它作为一个和公众沟通交流的渠道，戴尔设立了 80 多个不同定位的 Twitter 账号，与公众展开深入交流，关于戴尔的正面信息才又占领了搜索引擎的"首席"，"戴尔之痛"随之过去。

"戴尔之痛"让戴尔认识到微博倾听和对话对于一个公司的价值。戴尔对其微博公关团队非常重视并制定考核标准，包括发稿的数量和质量、粉丝人数、评价数、参与度、整体影响力、微博带来的业务量以及是否改善了戴尔的网上声誉等。在戴尔与用户沟通，实现整体目标方面，Twitter 起到了非常大的作用。

美国的 Zappos. com 以网上卖鞋起家，现在已经变成了一个网络百货商场，其首席执行官 Tony Hsieh 以 CEO 的名义开了 Twitter 账户，在很多年前就拥有 169 万之多的追随者，他非常坦诚地跟用户进行沟通，表明了 Zappos 乐于接近客户、理解客户的态度，在交流中建立开放诚实的关系，给整个公司的品牌带来了积极的影响。

三是组织微博活动。大韩航空公司在新浪微博上进行过一次成功的微博营销活动。他们先是在新浪网上发布活动的消息，然后用 7 天时间在网上征选了 3 名新浪微博博主，接着请三位博主在韩国济州岛进行了三天两夜的旅游，博主们的微博在新浪上 72 小时直播。此次征选博主的条件是：有一定的粉丝量，有旅行经历，精力充沛，善于拍照，并可以随时在网上传递信息。一路上，博主们围绕着组织者事先策划好的系列话题，在中国人气最盛的微博网站上连续十几天炒作着由韩国人精心设计的软文广告，还上传了几百张介绍旅游地的照片。下面是他们的一篇博文：

这次旅行非常愉快，体验了许多济州岛独一无二的美食、美景，尤其这次还安排了乘坐游艇海钓的项目，非常过瘾！当然这次也亲身体会了大韩航空优秀的客舱服务，品尝到了大韩航空的明星机内餐——拌饭，是真值得推荐的！这次我们也为网友们上传了很多旅游实用信息，欢迎网友们垂询！

从发布消息、活动预热、活动直播到收尾，十几天的时间里，三位博主实际上成了大韩航空和韩国旅游的宣传大使，把大韩航空和韩国旅游大大地炒了一回。

暖宝宝是一种季节性的快销品，此产品最初由日本人研发出来，它的原理就是让铁粉接触空气中的氧气发生氧化反应，产生热量。暖宝宝可以连续12小时释放温度在50度以上的热量，体贴暖身，避免了热水袋的一些缺点。2005年，日本的小林牌暖宝宝进入中国市场，先在线下销售，成果平平。2009年，国内的信阳核工业恒达实业公司借力网络销售，将同样的产品“贝贝熊暖宝宝”一下在线上销售到1.2亿的销售额，这基本上要归功于他们的网上体验活动。为了进行网上体验营销，恒达公司先在微博、qq群、博客和社区里开展讲述暖宝宝故事的活动，他们一次发出6000多片暖宝宝，吸引了12000多名粉丝参加，有几万个微博的转发和跟帖，讲述自己的体验。消费者很快认知了贝贝熊暖宝宝这个产品，大批的粉丝成了口碑的传播者，有一些消费者还提出了一些开发新产品的好点子。网上的体验传播，就是为了造就这些口碑的传播者，因为消费者购物信任的，除了亲人朋友，就是社交网络。

四是寻找热门话题和引力点。微博营销首先要使微博具有人气，我们要想一些聚拢人气的方法。很多吸引人的微博不一定要自己原创，适当转发大家喜欢的话题也是可以的。根据观察，如果发布一些“骂人”、揭黑、让人想入非非、幽默、感人的微博，往往能短时间内积累人气。当然，这里有个遵守法律和坚守道德底线的问题，否则，企业名气倒是上去了，声誉却下来了，得不偿失，企业营销的最终目的还是为企业聚集“正能量”。

五是注重情感营销。有的微博很直接，天天发布大量产品信息或广告宣传内容，基本没有自己的特色。这种微博虽然别人知道你是做什么的，但一般不会加以关注。微博的管理者要懂得用情感链连接起品牌的影响力。例如《新周刊》的官方微博，除了每天更新新闻，与读者互动外，该微博管理者还别出心裁地在早、午、晚三个时间段，分别发布对应的名人名言，很容易使其粉丝产生共鸣。

海底捞是一家著名的火锅店，2011 年 7 月 13 日，新浪微博网友“上海美食攻略”以“人类已经无法阻止海底捞！”为标题，转发另一位网友“栗栗栗栗子 Eko”5 月 2 日的微博，这条微博被认为是海底捞火锅店公关传播十分成功和典型的案例。

刚刚和林冀玮在海底捞吵架，一旁的服务员突然给我们递来了花束和贺卡，打开一看！就在刚才纯手写啊！那么快！我超感动啊！海底捞老板太欣慰了吧。哪找来这么多好员工！佩服啊！生意能不好么！?

这是海底捞有意进行的微博营销，从 2011 年 7 月底“海底捞体”诞生，各种在海底捞消费的经历和感受被海底捞的顾客们乐此不疲地发布在网上，上万条关于海底捞的微博被不断转发。人们对海底捞无微不至的服务深感兴趣，海底捞已经成功吸引消费者的注意力。海底捞利用微博将顾客的好评进行转发，并转贴到自己的网站上，获取可观的点击率，从而树立良好的口碑。

六是注意借力明星和意见领袖。明星和意见领袖是天生的传播资源，如果发挥了他们的传播优势，会起到四两拨千斤的效果。也有人将利用意见领袖去讨论、传播产品信息的营销模式称作领袖营销。像“围脖女王”姚晨的粉丝数量达到惊人的 1200 多万人，而一张国内主流日报的日发行量也就百万份左右，所以能否得到明星和意见领袖的关注，是微博营销要考虑的一大问题。如果能巧妙地借力明星和意见领袖的微博，将会给企业和组织带来很大的影响，当然，这需要很好的创意。明星和意见领袖不是那么好借力的。

在微博上做推广和营销，要做到故事化、趣味化、活动化，这样粉丝们才会容易接受。此外要提醒的是，虽然微博的活力在于即时性和更新速度，但过多过滥的“水博”，也会影响企业和个人的声誉，如果企业微博发布信息太多，给人有刷屏嫌疑，反而容易引起粉丝的反感。做微博也像做人、做事一样，需要讲究专注，因为一个人的精力是有限的，杂乱无章的内容只会浪费时间和精力，所以我们要做精，最好有持续性，重拳出击、组合拳出击才会取得好的效果。

微信是继微博之后腾讯公司推出的一个网络社交平台，许多人将其运用于网络的营销，不少企业纷纷开设公众账号，通过推送文字、图片、语音等信息和用户产生互动，希望以此开辟自己的微信营销渠道。拥有一个公众账号和二维码，是微信营销的“标配”，已成为当下经营者的潮流和时尚。

从目前看，公众平台热度高，但用户的粘度较低，微信营销现在还没有显示强大的功能。究其原因，也许微信的传播只是局限于朋友圈，相对比较封闭，微博的传播是呈金字塔形状，而微信的传播则是环形分布，信息发布者的影响力有限，不易形成广大而强力的舆论。微信作为朋友圈的一个交际平台，晒照片、发感慨、相互交流的多，用户基本上将其作为私人空间、朋友空间，他们在使用微信时一般不太喜欢关注公众用户。

一些开设公众号的企业不太懂得微信的传播技巧，他们把微信当成“营销神器”，想尽办法做大用户数量，然后轰炸式地向用户推送广告味很强的信息，这些信息会引起用户的疲劳甚至厌烦，最终导致大家退订。

所以，企业要想用好微信，首先要弄清楚微信到底是什么？你是把它当成一种社交平台、一种树立自身形象的媒体，还是把它当成一种直接推销产品的渠道和工具，这个很重要。我们认为，向用户提供优质的、符合他们口味的信息，突出服务性和趣味性，是微信营销的关键，过度地将它用于商业推广，往往效果会适得其反。一些餐饮企业，比如俏江南和海底捞等，都开有两个公众账号，一个用于形象和品牌的推广，另一个用于促销活动。

位于蚌埠市郊的安徽禾泉农庄是一个以休闲观光、展示皖北民风民俗为主的生态农庄。其公众号叫做“禾泉农庄慢生活”，推送的信息基本上是清新可人的美文，而这些美文又有一个中心的灵魂，就是倡导一种慢下来的生活，憧憬一种田园似的心情，与禾泉农庄的定位非常相符。其中“慢下来的时光”、“要不要追求浪漫主义的生活”等让人如沐春风，在纷繁的工作和巨大压力的工作中，这些文章如同禾泉农庄一样，成为人们解压的一个好地方。它偶尔配送一条类似“禾泉农庄草地露营已经开业，户外露营可缓解失眠”之类的信息，也并不让人有推销之感。

8. 网络视频营销

2012 年底，由安徽省旅游局、安徽移动公司与安徽网络电视台共同举办的“动感地带”杯“华语 V 势力”安徽省首届微视频大赛拉开帷幕。征集到的 1500 多个微视频作品在安徽网络电视台轮番展播，炒热了网络电视台这个平台，同时受益最大的无疑是中国移动和安徽旅游。这些参赛的微视频中或多或少地会带有企业和地区旅游的宣传与推广。

这种在个性视频中植入广告进行品牌宣传推广的方式，叫做播客营销，其实就是网络视频营销。视频营销可以延展品牌概念，用视频化、故事化的方式，使品牌效应深化。视频营销的手法随着视频技术的门槛降低，越来越能被一般的人员所掌握，从而越来越多地被企业和组织采用。

2012 年 7 月 15 日，YouTube 网站发布了韩国歌手朴载相的一首单曲《江南 style》。“江南 style”来自韩国俚语，韩国首都首尔有一个象征着富裕与时尚的上流社会聚集的地区——江南区，“江南 style”指的就是江南区豪华奢靡的生活方式。该曲发布 76 天之后，在 YouTube 网站点阅率突破 3 亿人次，吉尼斯世界纪录表示：《江南 Style》在 YouTube 得到 460 万次网友点击“喜欢”，成为 YouTube 历史上获得最多网友“喜欢”的 MTV 影片。

据说《江南 style》最初的创意目的就是为了宣传韩国的旅游业。情况也许超出了策划者的预料，戴着墨镜的鸟叔和他的《江南 style》以一种近似“木马病毒”的传播速度成为了世界级神曲，这首“神曲”也成为商业运作高手们手里的“武器”，旅行社推出参观《江南 style》MV 拍摄地自助游，韩国的著名富人区江南区一下成了韩国最知名的景点。《江南 style》流行期间，那里人满为患。“感受江南 Style 随鸟叔游首尔”这样的广告语处处皆是。

江南 style 的风行其实就是一次成功的微视频营销。我们来看看微视频营销有哪些特点。

1）时间短，观众容易接受

微视频的时长一般在 3 分钟左右，它突破了 5 秒、15 秒、30 秒常规电视广告的限制，相比电视广告，它可以更加全面地阐述品牌的特性和理念，观众可以利用 3 到 5 分钟的碎片时间观看，比如白领阶层可以利用中午休息时间轻松点开观看，不像看电影，观看需要一段专门的时间。

2）娱乐性强，发布成本低

微电影可以通过故事化、情节化的内容全面展示品牌内涵。由于其制作充满着创意，通常有故事性，有幽默感，消费者乐意在微博进行转发，容易形成口碑宣传，引发病毒式传播，从而大大降低了发布的成本。

3）商业植入巧妙，观众印象深刻

微视频可以实现与消费者多层面、深层次的沟通，而不单纯是电视时代的广告宣传告知的方式。微视频中，商业广告往往是剧情的一部分，策划得好，不仅不容易引起消费者反感，反而会让人拍案叫绝，留下深刻的印象，效果惊人。例如天语 W700 手机的宣传视频（视频网址：http://www.eweidian.com/html/wdy.html），将品牌、产品功能等巧妙地寓于情节之中，让人过目不忘。

行车记录仪销售公司网站的截图

由于微视频的如上特点，它的价值正被越来越多的企业和组织所认识，可以预见，微视频将成为企业宣传推广的又一引爆点。

2012年10月，网上流行着一条名为“行车记录仪拍下男子骑电动车碰瓷全过程”（http://news.xinhuanet.com/video/2012－10/25/c_123867411.htm）的视频，在百度中搜索“行车”二字，“行车记录仪”也是排到了第一的位置，打开一看，是一个卖行车记录仪的公司。很显然，这家公司针对搜索引擎进行了公关。网上流行的“行车记录仪拍下男子骑电动车碰瓷全过程”的视频，其实就是这家公司拍好之后上传的，目的就是配合行车记录仪的推广和炒作。

2012年，安徽韩美整形外科医院投资拍摄了一部微电影《绝色档案》，这部微电影充分利用安徽资源，为韩美整形外科做了一次大大的宣传。关于这部微视频的情况，当地的媒体做了一些报道，我们可以从报道中看到微视频的一些内容：

中国首部女性微电影《绝色档案》惊艳上线

——知名主持人刘刚倾情演绎

由安徽韩美整形外科医院投资、国内著名电视导演耿小强以及安徽省内最强影视团队制作的中国首部女性微电影《绝色档案》于7月18日全国上线。《绝色档案》作为国内首部女性蝶变微电影，在一定程度上填补了我国商业微电影整形美容项目的空白，让人们明白了整形美容不仅是容貌上的改变，更是自身心理与信心整体感受的提高。

《绝色档案》系列微电影首部《例假》作为此次系列微电影的首部重头戏，讲述的是一个娱乐圈男性与不同女性定时约会的故事，安徽综艺频道当红主持人刘刚的精彩演绎生动地刻画出当今社会大龄剩男的心理，在社会上引起了强烈的反响和好评，花絮视频在网络上线后点击率连日猛增，片尾最后的字幕独白"勇气，会让你爱上未来的自己"被一些媒体争相报道。整形，不仅是一种改变，更是幸福的来临。

安徽韩美整形外科医院作为华东地区唯一具备三级资质的国内最高级别整形外科医院，在规范和引领行业健康发展的同时，力求通过崭新的媒体模式让人们正确认识整形以及了解更多的整形知识，让安全塑美、理性求美成为每一个消费者的保障。

影视作品对一个地区和一个行业的推广是非常巨大的，比如人们知道庐山大约是通过三个路径，一是李白和苏东坡等人的诗词，二是这里曾召开过著名的庐山会议，三是有一部叫做《庐山恋》的电影。正是有了这些历史和文化的附着，所以尽管庐山的景色不如黄山，但它的名气却不小，游客也并不比黄山少。

也许正是看中视频传播的价值，黄山也开拍了首部反映爱情题材的微电影《因为爱情》，微电影以翡翠谷景区为事件发生地，讲述了廖美君与陈华凯这一对上海情侣25年前在翡翠谷相识、相知、相爱的故事。25年后，女主人公廖美君为了寻找当年的回忆，重回翡翠谷，并结识了在翡翠谷长大的女孩盈盈。廖美君与陈华凯的儿子陈宇唯在盈盈的帮助下在翡翠谷找到了妈妈，从上海赶来寻找妻子的陈华凯也在翡翠谷与廖美君冰释前嫌。翡翠谷，让这个家庭重拾了回忆的美好，也造就了一段新的爱情。拍摄这部爱情题材的微电影,是黄山汤口镇的一个大胆的尝试。大家都知道黄山翡翠谷有著名的连心锁,这个景区的一大特点就是能够表达年轻人的浪漫情怀,拍摄这样一部微视频,与翡翠谷的爱情主题紧扣,是一个不错的策划。

要特别指出的是,微视频营销对地方的形象和知名度的提升是有得天独厚的推广作用的,我们前面举的是庐山、黄山的例子,多年前网上还出现过"爱在XX广场"的微视频,说的是一对男女青年在上海某商业广场从相识到相爱的感人过程,这个商业广场之后人气大增。2013年初,杭州推出了杭州传奇微电影大赛活动,活动将浙江省的各个景区联合起来,以浙江省的这些景区为题材的微故事、微视频创作都可以参评。可想而知,这项活动会对浙江的旅游,对浙江品牌的提升会产生多么大的作用。

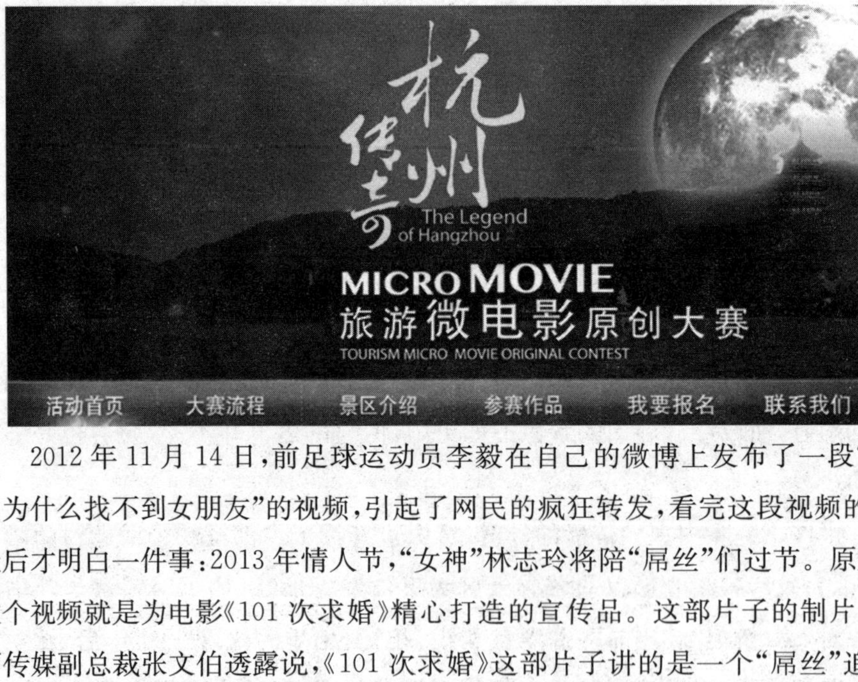

2012年11月14日,前足球运动员李毅在自己的微博上发布了一段"屌丝为什么找不到女朋友"的视频,引起了网民的疯狂转发,看完这段视频的人最后才明白一件事:2013年情人节,"女神"林志玲将陪"屌丝"们过节。原来,这个视频就是为电影《101次求婚》精心打造的宣传品。这部片子的制片,新丽传媒副总裁张文伯透露说,《101次求婚》这部片子讲的是一个"屌丝"追求"女神"的故事,要把这种属性放大,就要找一个符号式的人物。李毅是最合适人选,所以我通过朋友关系邀请他,他很快就答应了,于是便有了"屌丝为什么找不到女朋友"这段视频。就是在这样的宣传攻势下,《101次求婚》出笼了。这部电影实在是相当一般化，但是它的推广是花了心思的，这也是眼下国产片的一个怪象：电影拍得一般，钱和精力用不到片子上，而宣传上则用足力气。这是另外的话题，这里不谈。

微视频的创作和推广是一个系统工程，需要整合传播链条上的各种资源，微视频里品牌的宣传也绝不仅仅是在一个剧里用一下你的车、吃一下你的药那么简单，创意在微视频的创作中非常重要，要创造吸引年轻人的内容。微视频创作好之后，也并不是上传到网站就了事，而要进行全媒体推广，和大的媒体联盟、捆绑，还要在新老媒体上适当做一些炒作，只有做到这些，才能让你的视频发挥应有的宣传作用，提升品牌的传播力。

9. 网络图片营销

图片网络营销是指将企业或组织提供的产品、服务以及形象等信息制作成静态或动态的图片，通过多样的网络平台将信息传递到客户手中，并使客户产生需求，或使公众对企业或组织产生好感。

网络图片营销现在已经成为企业和组织常用的营销方式之一，我们时常会在 QQ 上接收到朋友发过来的创意图片，在各大论坛上看到以图片为主线索的帖子，这些图片中多少也参有了一些广告信息，比如：一些图片的右下角带有网址等，这其实就是图片营销的一种方式。图片营销和网络的其他营销方式一样，讲究创意。

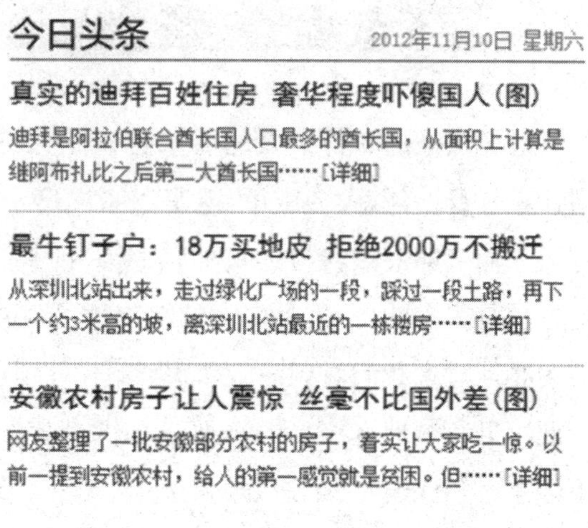
今日头条 2012年11月10日 星期六

真实的迪拜百姓住房 奢华程度吓傻国人(图)

迪拜是阿拉伯联合酋长国人口最多的酋长国，从面积上计算是继阿布扎比之后第二大酋长国……[详细]

最牛钉子户：18万买地皮 拒绝2000万不搬迁

从深圳北站出来，走过绿化广场的一段，踩过一段土路，再下一个约3米高的坡，离深圳北站最近的一栋楼房……[详细]

安徽农村房子让人震惊 丝毫不比国外差(图)

网友整理了一批安徽部分农村的房子，着实让大家吃一惊。以前一提到安徽农村，给人的第一感觉就是贫困。但……[详细]

2012 年 11 月 10 日，凤凰网截图

2012 年 11 月 10 日，凤凰网的论坛上出现了一个“真实的迪拜百姓住房 奢华程度吓傻国人”的帖子，紧接着下面，又出现了一个“安徽农村房子让

人震惊　丝毫不比国外差”的帖子。

凤凰网截图

过去安徽的农村给人的印象也许是又脏又差，贫穷落后，但这个图片确实让人耳目一新，大为震惊，这是安徽的房子吗？这确实是安徽农村的房子。过去人们接触安徽农村的负面信息多了些，其实，安徽农村如上图这样的好地方也是很多的，特别是广大的皖南地区，不光有美丽的外形，还有富有魅力的内涵。过去我们看到的“A 面”多了，看到这样的“B 面”，有人还不敢相信。由此可见一个地方还真的需要正面的营销，上面所说的图片营销，看起来很不经意，但对改善一个地方的对外形象确实作用很大。

网络图片营销有以下优点：

1)制作成本低。图片制作是由电脑软件合成的，成本非常低廉，关键是创意要够新鲜，能够抓住年轻人，因为上网的人群基本上还是年轻人居多。

2)推广的平台多。在互联网上几乎所有的互动平台都可以传递图片，并通过图片进行互动。

3)感性认知强。图片推广往往形象生动，让人记忆深刻，相比文字，图片的感性认知更强，能给人留下深刻的印象。

4)传播速度快，范围广。网络图片省却了传统印刷品的制作、运输、发行等环节，通过网络平台瞬间到达受众。只要是可以上网的人，可以在世界的任何地方接收图片。

10. 电子邮件营销

电子邮件营销就是将产品信息或组织形象以电子邮件的方式直接发到用户的电子信箱。通常是通过订阅的方式提供给所需要的用户，以此建立与用户之间的信任与信赖关系。

电子邮件营销有三个前提：用户许可、电子邮件传递信息、信息对用户有价值。因此，进行电子邮件营销必须解决以下几个问题：

1)技术基础。要从技术上保证用户能够自由地加入、退出邮件列表，邮件营销者要能对用户资料进行管理，对邮件发送和效果进行跟踪。

2)邮件地址资源。在用户自愿加入邮件列表的前提下，获得足够多的用户电子邮件地址资源，是电子邮件营销发挥作用的必要条件。

3)有效的内容。邮件的内容对用户有价值才能引起用户的关注，否则极有可能对用户形成骚扰，引起厌恶感，被用户将发件者拉入黑名单。所以有效的、对用户确实有用的内容是电子邮件营销发挥作用的基本前提。

邮件营销的优势非常容易看得出来：

1)目标精准。电子邮件是点对点的发送，具有定向性，可以针对某一特定的人群发送特定的邮件，也可以针对目标客户进行广告邮件群发，甚至可以针对某一个特定的用户发送特定的信息，目标精准，一步到位，运用得法，效果会非常好。

2)操作简单。不需要懂得高深的计算机知识，如果使用专业软件，单机可实现每天数百万封的发信速度。

3)成本低廉。所有的费用支出就是上网费。

4)用户黏性强。其他网络营销手法，用户大多是以随意浏览的心态进入网站的，并不是主动的。电子邮件营销是一种许可式营销，凡进入邮件数据库的都是主动填写表格、主动要求你推送信息的一群人。电子邮件营销的对象是有可能转化为付费客户的一群人。在经过几封邮件的联系后，只要你发送的信息对用户有帮助，他们将变成一群忠诚的订阅者。能数年保持与同一个订户的固定联系，在当今的互联网上是十分难能可贵的财富。以这种方式建立的信任和品牌价值是很少有其他网络营销方式能够达到的。

电子邮件营销要特别注意的是：邮件营销不是滥发邮件。把产品信息和形象广告发给错误的人，不会给我们带来销售的业绩。拉网式的盲目发送大量邮件有时只会造成用户的反感。在做邮件营销之前，我们一定要了解目标对象的需求。

11. 知识型营销

知识营销是通过传播知识的方法，将产品知识、经营理念和企业组织文化等传递给潜在的用户，使大众在摄取知识的时候逐渐形成对企业品牌和产品的认知。

格兰仕从 1995 年开始在全国各地开展了大规模的微波炉知识推广普及活动，他们聘请了大批专家学者花费一年的时间，编出了目前世界上最多、最全的微波炉食谱《微波炉使用大全及美食 900 例》，连同《如何选购微波炉》、《如何保养微波炉》等小册子组成系列丛书，在全国 30 多个城市的大型商场开展赠书活动，并印制几百万张微波炉菜谱光碟免费送给消费者。格兰仕人不遗余力地介绍微波炉的基本知识，大大地推动了微波炉的市场消费，使得微波炉这一产品观念深深地留在消费者心中，并且产生了购买微波炉的欲望。这种知识性营销，让格兰仕微波炉的销售呈现几何式增长，品牌价值翻翻。格兰仕一举成为中国微波炉行业龙头老大，与他们的知识营销密不可分，格兰仕公司的这种推广手段也成为知识性营销经典案例。

上海交大昂立公司开展的“送你一把健康金钥匙”的科普活动也是知识营销的成功案例，他们走进社区举办科普讲座，向市民赠送科学书籍，通过媒体举办科普知识竞赛，并不要求参加者购买产品，但效果却是任何形式的产品营销所达不到的。他们通过对消费者进行传道、授业、解惑，实现产品知识信息的共享。引发了人们对生物科技产品的需求，给他们的微生态试剂创造了广阔的市场，短短的10年间，销量从零发展到如今的近百亿元。

以上我们所说的是线下的知识营销，线上的网络知识营销方式有多种，百度在目前中国网民中有着广泛的影响，其下产品有“百度知道”、“百度百科”、“百度贴吧”和“百度文库”等，就成为较好的知识营销阵地。

百度知道：可以通过用户的提问与解答的方式普及相关知识，注入企业和组织的理念、产品信息等。网民上网的动机大致有两个，一是看新闻，二是找信息。如果我们帮助网民提供了他需要的信息，又让他接触到了我们的产品，岂不是利己利人的事情吗？比如“小儿咳嗽怎么办”这样的信息，相信很多有小孩的人家都碰到，也会上网寻找答案。如果你是一家制药厂的销售人员，你们的产品里面有对小儿咳嗽非常管用的药品，就可以在“知道”里推荐。利用百度知道，最好的策略就是去回答问题，在回答问题中提到自己的产品或链接自己的网站。“关键词自问自答法”是一种比较有效的方法，比如我的产品是出国留学中介和培训，那么我就可以在“百度知道”里问以下问题：出国留学哪家中介好？留学培训机构哪家好？留学培训机构到哪里找等。然后，针对这些问题，用其他账号回答，答案里可以做软文推广，并适当进行网站地址的外链。

百度百科：百度百科是百度主要产品之一，是一个非常重要的工具。一旦进入百度百科，就像进入词典一样，具有较强的权威性和长久性，你可以上传和你的产品相关的关键词，在参考文档或是扩展阅读里做好你网站的外链。每天光顾百科词条的人比较多，能带来比较可观的潜在用户。

百度贴吧：百度贴吧运用好了，也能提升你的网站的知名度并带去可观的流量。如果你是一个服装品牌，你建一个或是申请一个服装品牌贴吧吧主，并且组织开展一些相关话题讨论，发布相关的帖子，非常有利于你的品牌和网站推广，此法还能够帮助你在百度搜索引擎中够获得好的排名。

百度文库：把比较好的文章、资料编辑成各种文档的形式，里面做好自己品牌和网站的介绍、链接，注意为文档做好标题，那么，数量可观的文库信息将会大大提升你品牌的知名度，同时为你的网站带来比较可观的流量。百度文库是百度推出比较晚但比较重要的产品，也是在百度搜索结果中权重比较高的产品，其前途不可限量。

双汇瘦肉精事件发生后，双汇集团便采取了知识营销的手段，将“百度知道”等工具中的“双汇瘦肉精事件”全都输入了自己的编好的内容。

在“百度知道”中输入“双汇瘦肉精事件”搜索后出来的页面：

在影响广泛的“百度知道”中，出来的内容全都是双汇集团所采取的保卫食品安全的行动，却不见“瘦肉精事件”到底是怎么回事情。下面是输入“双汇瘦肉精事件”关键词在“百度知道”首页中搜索出来的内容：

保食品安全，双汇提档加速在行动

行动之一：生猪逐头检验，确保食品安全

从3月16日起，双汇集团实施生猪屠宰“瘦肉精”在线逐头检验，旨在从源头上确保食品安全。

近日，笔者应邀在双汇集团股份屠宰厂生产车间参观中看到，生产流水线多道工序前双汇员工各司其职，生产线运转井然有序，一切如常。笔者在一个“瘦肉精在线逐头检验”的标识牌前停了下来，只见工作案上摆放着试剂条，检验检疫和品管人员在忙碌地进行“瘦肉精”逐头检验。检验检疫人员告诉笔者，为适应生猪屠宰“瘦肉精”在线逐头检验的需要，3月16日以来，厂里又新增加了不少技术人员和设备。据双汇集团一位高管告诉笔者，改生猪屠宰“瘦肉精”“抽检”为“在线逐头检验”，全年预计增加“瘦肉精”检测费用3个多亿。

为安全不惜成本，不计代价，双汇是这样说的，也是这样做的，毫无疑问，实施“瘦肉精”在线逐头检验后，双汇的产品将更加安全、放心。

双汇集团引进先进的检测仪器对“瘦肉精”进行检测

行动之二：引入第三方检测机构　公开透明接受监督

双汇集团引入独立监督机构，建立产品安全第三方检测机制。目前，双汇集团与产品安全第三方检测机构——中国检验认证集团签订了食品安全长期战略合作协议。

据介绍，中国检验认证集团作为当今国内同行业最大的跨国公司，曾是北京奥运会、上海世博会唯一的商品检测机构。作为独立的第三方监督机构，中国检验认证集团将对双汇集团产品质量、食品安全和内控体系进行全方位的第三方监督审核和检测检验，并定期向企业和社会反馈结果，以期走出一条全新的食品安全监督模式，确保消费者的安全与健康。

有关专业人士认为，双汇集团引入独立监督机构，建立产品安全第三方检测机制，不仅是对本企业产品质量安全内控体系的一个完善，同时，对国内食品安全生产管理机制的完善与创新也都具有很好的借鉴意义。

行动之三:建立索赔机制　把好上游关

近日,双汇集团向广大供应商重申了旨在强化源头控制的索赔制度。制度规定,双汇集团生猪收购头头检验,原辅料进厂批批检查。供应商供应的生猪和原辅料要确保安全,供应前要签订质量安全承诺书,保证不采购有“瘦肉精”的生猪,不交售有“瘦肉精”的生猪,凡提供有毒、有害等非食品原料的供应商,除按照国家规定进行处理外,还要按“问题生猪”或“问题商品”价值的两倍进行索赔;供应商供应的各类物资,必须证件齐全、真实、有效,如弄虚作假,无论是供应商还是企业职工,都要负相应的法律责任和经济赔偿,决不让一头“问题猪”和“问题原料”流入双汇任何一个工厂。

行动之四:警钟长鸣　设立企业安全日

牢记教训,警钟长鸣。双汇集团将今后每年的 3 月 15 日设为“双汇食品安全日”,同时成立“双汇集团食品安全监督委员会”,邀请肉类行业、食品行业、公共媒体、政府监管部门等外部专家监督企业的生产经营;建立企业食品安全奖励基金,并于每年 3 月 15 日“双汇食品安全日”期间,对坚守食品安全的供应商、销售商进行公开表彰、奖励;设立举报制度,彻查、严惩危害食品安全的事件和责任者。以此让“产品质量无小事,食品安全大如天”的企业理念,深深植根于双汇集团广大干部职工的脑海中,落实到实际行动中,确保食品安全长治久安。

行动之五:发展养殖业,上下游联动保安全

“双汇集团将加快发展养殖业,进一步完善双汇产业链。屠宰加工厂建到哪里,养殖场就跟到哪里。围绕工厂配套建设年出栏 50 万头的养殖基地,并配套建设年产 20 万吨的饲料加工厂,以此来保证对上游生猪资源的安全控制。”万隆在接受媒体采访时言之凿凿。

12. 其他营销方法

网络营销的方法还有很多,诸如口碑营销、病毒式营销、直复营销、SN(SN:Social Network,即社会化网络)营销等,由于网络营销的方法太多,我们就不一一介绍了。网络营销的手段是随着网络技术和产品的研发而不断出现的，一如有了博客，就有了博客营销，有了微博，就有了微博营销，有了QQ和论坛这样社区化的网络内容，就有了社区营销。正当微博方兴未艾之时，微信产品又被开发了出来，微信又成了一些企业的营销工具。互联网产品翻新很快，令人目不暇接。

需要指出的是，新媒体的营销，往往是文字、图像、声音融为一体的，内容是否新颖、独到、有趣，成为营销成功的关键；其次，各种新媒体、各种网络营销手段都有自身的内容要求，营销的主体必须针对不同媒体和不同的营销方式制作合适的传播内容，这样才能吸引目标受众；再次，新媒体营销的优势是精准性，对目标受众进行细分，了解其兴趣爱好，为不同的目标受众制作不同的传播内容，可以大大增加网络传播制胜的把握。

三、网络炒作——走不远的模式？

网络炒作也叫网络事件营销。通常是炒作者策划出一个事件，利用幕后推手和写手在网络媒体上进行正反两方面的评论，从而引起网民的关注，增加人气，使被炒作的人或组织成为人们关注的热点，吸引媒体报道，最终达到营销的目的。

随着网络用户的普及，网络炒作事件几乎每天都在发生，著名的心理学家阿隆森早在网络时代到来之前就说："我们的时代将进入宣传的时代。"他的预言已经被应验。阿隆森所指的宣传就是传播者将组织、策划的内容有目的地传播给受众。在传统媒体一统天下的时代里，炒作也时有发生，而在网络媒体高度发达的今天，各种商业的、娱乐的炒作宣传铺天盖地，几乎达到无孔不入的地步。炒作之风日盛，与网络媒体的推波助澜有关，因为网络媒体似乎本身就有天然的炒作宣传的功能。

近年来，网络营销被广泛运用在"网络造星"和"明星炒作"方面，2008年11月，"倪震张茆激吻事件"曝光后，周慧敏与倪震从分手到闪电结婚又爆出，短短半个月内，周慧敏、倪震、张茆三人赚足了新闻版面；章子怡和当时的未婚夫 ViviNevo 在海滩度假的一组照片曝光，章子怡大胆半裸的照片在网络上疯狂流传，这些都是精心策划的网络事件，网络事件策划得好，能让娱乐记者心甘情愿地免费为事件的炒作打工。

1. 网络炒家的几种思路

事件不常有，但宣传要天天做，怎么办？许多事件需要策划、放大。纵观这些年的网络网络炒家炮制的炒作事件，其炒作的思路大致有以下几种：

1)制造悬念。制造一个神秘的悬念，先把大家的神提起来，然后根据事件进度，慢慢抖包袱，吸引人们关注。中华网就使用过这一招，中华网和新浪、网易、搜狐是中国四大上市网站，但在 2000 年，中华网集团总裁叶克勇公布了一个爆炸性消息，放言要收购其他三大网站，中华网将自己比喻为能在纳斯达克抗击风浪的大船，几条“小船”如果不傍着它，被淹着喊“救命”时就晚了。虽然此事后来是只见山高月小，不见水落石出，但中华网的名气一下子提振了起来，在网民心中树立了财大气粗的形象，当时的点击量也上去了不少。

2)绑定明星名人。前几章我们就一再说过，明星是天然的传播的“良导体”，是天然的优质传播资源。在美国年轻女子和成年男子搞恋情的多了去了，为什么莱温斯基被全世界记住了？因为她搞恋情的对象是克林顿总统。为了快速出名，达到一些商业目的，故意“惹”名人，利用名人来制造一些事由，这样媒体会不请自来，那样自己想不出名都难。

3)引发争议。制造事件、抛出观点引发社会讨论，吸引公众注目，如果新闻发出去之后反响不像预想的那样强烈，可以安排正反观点“媒子”在网上讨论甚至吵架，给舆论和事件加温，提高关注度，达到炒作目的。近年来一些学者特别是人文类的学者加入了炒作的行列，他们发表雷人观点，引发社会关注，以达到提高知名度的目的。什么“诸葛亮杀人无数，是条狗”，什么“药家鑫是激情杀人可以宽恕”，什么“三聚氰胺、塑化剂对人体无害”等，都是有炒作嫌疑的。

4)揭发内幕。揭发行业黑幕和所谓潜规则，是非常能够引起人们关注的举动。让社会知道黑幕，表明自己没有在行业的黑幕里，出污泥而不染，是一种很好的宣传自己的方法。石家庄珍极酱油的董事长曾和记者联手，策划曝光了石家庄有人用猪毛水制作酱油。消息一出，顿时引起轩然大波，人们纷纷寻找哪里的酱油才可靠，珍极酱油自然成为人们的首选。

5)借助热点。抓住广受关注的社会热点、社会新闻、明星等，展开网上炒作，让这些热点、新闻、明星与自己的品牌沾上边，提高自己的知名度。比如钓鱼岛事件正热火的时候，许多企业在网上发帖，支持中国政府的立场，一方面表达了企业的责任，更主要的目的却是在扩大企业的知名度。

6)扩大官司。将企业原有的一些纠纷放大，或干脆策划一个纠纷，以吸引社会的关注。一段时间之后，官司不了了之，但企业出了名，实现了炒作的目标。1999 年“乐百氏”健康快车果奶风靡市场，浙江“小家伙食品”有限公司则是一个默默无闻的食品企业。那年 9 月，“小家伙”将乐百氏告上了法庭，“小家伙”指出，乐百氏在媒体上大宣特宣的“旋风盖”，仿制了“小家伙”旋转式吸管瓶盖。双方争执不下，法庭宣布需要进一步审理，择日开庭审判。在此案中，专利产品引起纠纷，其实谁也没有受伤。要特别注意，不要让这类纠纷损害企业的声誉，如果不能对结果进行控制，则不能操作。

7)抢注商标。这些年出现了许多借抢注商标进行炒作宣传的事件，如大卫鼠药买断“木子美”注册商标，安全套注册“绿茶”商标，华邦有机大桃抢注“天安门”商标，沈阳飞龙抢注贪官郑筱萸做商标等，其成本只是申请了一个商标的费用。2003 年 12 月，被网络炒得沸沸扬扬的“木子美”三字被北京一家安全套生产企业抢注成安全套商标，后又被这家安全套生产企业以 3 万元的价格转让给了河南商丘大卫鼠药厂。“耗子药”和“安全套”是根本不搭界的两种产品，为何却掺和到了一起呢？专程来京购买“木子美”的河南商丘大卫鼠药厂厂长朱禾丰向记者说：“带有剧毒性的耗子药会危害到百姓的安全，而'木子美'同样是污染侵扰心灵的毒药,我们买断它不是为了使用,而是拒绝它进入社会。"

北京波特曼生物科技有限公司是一家生产安全套产品的公司,2003年,由导演张元执导、姜文和赵薇主演的电影《绿茶》上演,波特曼公司决定把"绿茶"作为安全套的商标。波特曼公司总经理李颉晖说,把"绿茶"作为安全套的商标,借鉴了电影《绿茶》传达的情调:一种温暖浪漫而且时尚的生活情调,这一点也正是安全套产品最想要的。李经理并不否认这是一种炒作,但他说在不违法的前提下这一切都是无可厚非的,他还说这对电影《绿茶》来说,其实也是一种宣传。

2. 网络炒作的步骤

我们在介绍"网络炒作"这个内容的时候,是心生疑问的:网络炒作是一个正常企业的正常传播手段吗?我们真的没有明确的答案。一方面,网络炒作作为一种宣传营销的手段被许多企业和组织所用,另一方面,网络炒作中成功的案例还非常少见,相反,人们感觉满眼都是一些恶俗的炒作,令炒作者名声败裂的炒作案例似乎俯拾皆是。

为什么全国人民几乎在一夜之间都知道了木子美、芙蓉姐姐、天仙mm、干露露?这些人物的幕后策划者是如何让她们一夜爆红?这些事件背后都隐藏着哪些商业目的和商业手段?2013年9月起,中国掀起了一股抓捕网络造谣者的风暴,立二拆四、秦火火等人锒铛入狱,他们的供述证明了之前一些媒体观察者的总结:网络炒作最核心的就是打造有网络传播价值的内容,让网民们能够自发地参与到传播的过程中去。通常,网络炒家在炒作网络事件和人物的时候,会采取以下几个步骤:

1)构思:什么样的信息网民感兴趣

发布什么样的信息,既能够宣传产品,又能够让网民感兴趣,这需要熟悉互联网、网民的特征,同时熟悉产品、企业的特征。综合这几年来网上出现过的热点事件,以下类型的事件最易在网络上流传升温。

第一是自然灾害和重大事件。

第二是令人感到愤怒的事件。只要是能引起公愤的东西，一定会引起大规模的关注，无论是传统媒体还是网络媒体都是如此。

第三是丑闻和令人恶心的事件。纵窥近来网络文化流行趋势，多以低俗为乐事。很多网络事件和所谓“网络红人”都是根据这个“潜规则”策划与炒作的。这种炒作虽然很恶俗，但是几乎一炒一个准，我们并不认可这种炒作，如果炒家都这样炒作的话，网络这个信息空间就会变得非常糟糕，网络社区的信任度就会被严重透支，网络传播的效果就会消减，网络的环境就会严重恶化。

第四是娱乐。但是娱乐的传播速度还比不上前三者。

第五是“重口味”事件。现在网上炒作出现了“重口味”的趋向。一般的娱乐新闻，一般的低俗和恶心在信息的江海里已经掀不起什么大浪，引不起人们的关注，在这种情况下，出格和重口味事件成为吸引人们注意力的法宝。车讯网在2012年的北京车展时非常出名，日均流量翻了50倍，就是因为他们在北京车展上找了一个网络红人干露露，几乎一丝不挂的“美女”。干露露为车展和车讯网站带来了很高的关注度。

第六是“审怪”。现在似乎进入到了一个“全民审怪”时代。中国改革开放的早期是全民审美，那是一个阳光灿烂的美好年代，中国人民从恶斗中苏醒，审美成为社会流行和崇尚的行为，经历过那个年代的人遥想当年的那些艺术作品还是怦然心动。接着就进入了审丑时代，丑星成为最吃香的人物。而现在，中国人似乎连审丑都疲劳了，中国人被拉进了一个“审怪”的怪异时代。一档名为“中国好声音”的选秀，选出来的却是怪形象和怪声音。

2)播种:在适当的网媒上传播

策划好事件之后，就相当于选好了种子，第二步就是要播种，有选择地在媒体上传播。在什么媒体上进行传播，要根据即将推出的产品性质、品牌内涵和网民的喜好。比如，你要炒作的是一家饭店，最好是利用这座城市的美食类网站。你要打全国的影响，就最好是在有全国影响力的新闻门户网站发帖。总之要具体情况具体对待。只要策划得好，有足够的“料”，一般不怕传统媒体不跟进。

在国外,互联网往往从传统的大媒体上找信息进行炒作,我国则正好相反,很多新闻事件,都是从网上开始被人炒的很热了,传统媒体才开始介入,而传统媒体的介入,又会引起新一轮的讨论。社会舆论议程的设置者,不再仅仅是传统媒体。当下,一个微博,一个帖子,一张图片和一段视频的上传,都有可能引起全国性的舆论和媒体的围观。

3)发酵:引导网民持续地关注

要制造一个事件、抛出一个信息让人们关注,并不是一件十分难的事情,技术含量比较高的事情是:如何让事件发酵,让网民们持续地关注。而任何一个企业和组织的炒作,既然投入了人力物力,都是想让影响持续得久一些,这样推广的效益才能最大化。

策划系列的活动是引发持续关注的重要办法。同一件事情,如果不是太"出格"、太重大,媒体不可能持续地关注,要想获得持续的关注,策划系列的活动,是一个不错的思路。《101 次求婚》是林志玲主演的一部"屌丝"向"白富美"求婚的电影,计划在 2013 年情人节上映。关于这部电影的宣传,策划者们打出了一套组合拳,下面是这部电影的部分推广活动和项目:

2012 年 2 月 14 日　情人节　电影项目启动

2012 年 8 月 23 日　七夕节　发布全民告白先导片

2012 年 11 月 11 日　光棍节　启动实体求婚事务所

2012 年 11 月 14 日　屌丝节　发布李毅《屌丝为什么找不到女朋友》视频

……

2013 年 2 月 14 日　情人节　正式上映

网络炒家们引发网民持续关注的另一个手法是组织评论帖子,写好软文,再套上"马甲"陆续群发。联系各大论坛版主利用他们掌握的网络资源散播软文。

一般情况下，企业进行网络炒作都是交给专业公司代理，因为在论坛等网络媒体上发表软文，需要有强大的论坛、贴吧资源以及发帖工具和大批量马甲账号，这一点一般企业都不具备。

3. 网络炒作的底线

网络炒作最能看出企业和媒体顾问公司的职业操守和道德境界。近年来，一些公司在炒作中不择手段，只要能达到“出名”和炒作的目的，不惜用隐瞒、欺骗、曲解的手段炒作网络事件，将公众玩弄于手掌之上，在真相揭露时，网民会感到受骗，对这种恶炒感到非常气愤。这种炒作是杀鸡取卵，企业必然要付出代价。中石化为了配合涨价而策划的“博客门”事件，就是试图用欺骗的手段达到炒作目的，事情败露之后，中石化的形象受到极大的损害。

2011 年，中石化办公厅出了一则《关于举办优秀网络博文评比的通知》在微博上被曝光，引发热议。通知说：“根据国际油价变化情况，当前成品油价格已到了上调窗口期，根据国家有关部委的要求，为给成品油价格上调营造良好的舆论环境，办公厅、思想政治工作部、股份公司财务部、石化报社研究决定于 2011 年 2 月 1 日－11 日，组织网络宣传员围绕成品油价格调整开展优秀网络博文评比活动。”

通知要求“各单位网络宣传员自选角度，以石化以外网民的身份，在各大论坛、博客发表不超过 800 字的文章。”通知要求博文叙述有理有据，使用通俗易懂、有说服力、网民乐于接受的语言。通知还称，该活动将作为 2011 年度网络宣传员考核的重要内容，并将评选出 20 篇优秀博文，予以奖励。

通知要求围绕三个口径进行创作和发帖：

1. 去年（2010 年）12 月 22 日国内成品油价格调整后，国际市场原油价格持续上涨，按照现行成品油定价机制计算，1 月 21 日国内成品油价格符合上调条件。

2. 由于近期国际市场原油价格上涨幅度较大，导致国内炼油企业成本大幅上升，如果国内成品油价格不能按机制调整，国内炼油企业又将陷入巨额亏损。

3.据测算，目前国内执行的成品油价格与按机制对应的国际原油价格相比已经低了约16美元/桶。

南方都市报的记者以相关关键词搜索，发现网上确有一些博客含有这些内容。于是展开调查，发现中石化的网宣员们将各自写的博文地址在QQ群中贴出，邀请互相去点击评论，以增加人气。看了多篇博文、网帖，发现多为以老百姓的角度论述成品油涨价的合理性，博文整体上看起来都是普通网民所发。这种弄虚作假、左右舆论的做法被曝光后，当然遭到了公众对操作者的反感。

到目前为止，我们看到大部分的网络炒作都是以透支炒作者的人格和信誉为代价的。正常的宣传推广不光是能够给企业和组织带来知名度，更重要的是带来美誉度和正能量，我们期待网络炒作成功的案例，但是网络炒作里这样的案例少之又少，由于成功的炒作少，恶性的炒作多，许多人发出了“网络炒作还能炒多久”的感叹，认为它极有可能是一种不能走远的模式。为什么会出现这样的局面？

我们都会说，炒作不能突破法律的和道德的底线，但是，谁能告诉网络炒家，法律和道德的底线在哪里？网名为“立二拆四”的杨秀宇在被抓之后向记者坦白：(当初发布虚假消息的时候)我内心还是有困惑的，对制造虚假新闻，我之前问过律师，说还没有明确的法律规定，这一点让我继续肆无忌惮。但我如今知道了，无论是普通的网民，还是有一定能力的网络推手，每一个人上网都要有份责任，这个责任首先就是诚信。

由于网络是个新生事物，法律和道德对它的规定都很模糊，我国一直是用宣传纪律和职业道德来管理舆论、宣传和新闻的，这一办法对传统媒体能够显示其作用，因为传统媒体有单位，有领导，有把关人等，但是对网络，它的效力就明显减弱，甚至失效，以至网络的恶炒之风一度泛滥成灾。

因为“正常的”事件一般不会引起人们的关注，为了吸引网民的眼球，增加点击量，炒家们常常突破法律和道德的底线，其具体的方法大致可以归结为挑战、挑逗和挑衅：

挑战：挑战传统道德和法制，挑战新闻真实的原则。如一度风靡网络的"别针换别墅"等事件完全是无中生有。因为此事太无厘头，曾引起网络的质疑和热议，但当时却无人追究，网络的质疑和热议反而让其传播更快。"7·23"动车事故发生后，立二拆四等人故意编造、散布"中国政府花2亿元天价赔偿外籍旅客"的谣言，但当时也没有受到追究。

挑逗：以色情或者明星为噱头来吸引眼球。如2011年2月16日，运动品牌锐步reebok开展的无裤日活动。20多名衣着性感的"正妹"，在台北东区街头模仿海外"无裤日"活动，成功吸引众人目光。

挑衅：挑衅传统的价值观、审美标准、心理底线。如芙蓉姐姐、木子美、流氓燕、凤姐的网络炒作就属于这一类，他们挑衅的是公众审美底线和忍耐力。为了博取眼球，他们也经常挑衅名人，如编造雷锋生活奢侈情节，捏造中国残联主席张海迪拥有日本国籍等。

立二拆四

"网络名人"秦火火说，炒作理念就是"三情"，即情绪、情感、情欲，以此来吸引眼球。他和立二拆四等人本着"先赚名，再赚钱"的思路，在互联网上创造很多热点事件、话题，先把自己炒红。他们在"创造"的时候完全不顾社会效果，不顾新闻真实，只关注能不能吸引公众眼球，他们坚信网络炒作的规律：一旦被关注，就会有价值，就会有企业愿意投钱请他们做事。他们进而认为，不会炒作的营销人不是一个好的营销人。锒铛入狱之后，立二拆四才追悔莫及："我做的事情是利用互联网制造虚假新闻，扰乱了网络秩序，也会让网络上人与人之间失去信任。我认识到自己犯了很大错误。"可惜他讲这话为时已晚。

由此可见，网络炒作是走在钢丝绳上的游戏，它的一边是法律道德，是新闻真实原则，另一边是公众眼球，是企业或个人博取知名度的渴望。负责任的网络炒作实际上要游走在这两者之间，在这两者之间寻找平衡。

网络发展到今天，我们不能再说它是一个虚拟的空间，可以肆无忌惮地在里面发布虚假信息，说话不负责任。网络是个真实的社会，每个人上网都是要负责任的，这个责任首先就是保证发布的信息真实、客观。

网络炒作之所以被人看作是一种走不远的模式，就是因为它杀鸡取卵、透支信誉、虚假成风，以至人们把它当成一种怪物，模式很快走到了死胡同。所以，网络的推广方式，从疯狂的炒作回归到真正的事件营销是必然的。

4. 网络危机的应对

网络的发达给企业和组织的宣传推广带来了新的空间，同时也让企业出现危机的几率大大增加。前文在讨论企业危机的时候已经分析了造成危机的几个原因，其中一条就是网络的发达，人人都是记者，人人都可以发布消息，使得企业和组织随时可能发生舆论危机，甚至“躺着也中枪”。在互联网上躺着中枪的案例有不少，大家知道 POLO 车一度被扣上了“二奶车”的帽子，其销量一下子滑了下去，这个事件的起因就是一个网友在论坛上的真实发言，她的发言引来无数回复，从此无辜的 POLO 被扣上了“二奶车”的帽子。

她的发言是这样的：

我是一个白领，在外企上班。月入 2000—3000 元。像我这种漂亮女孩买个 polo 开，会让人家认为是二奶吗？请大家给个建议。对了，我忘了说是美元。坛子里老是有些自以为是的人。就跟你有多少钱似的！你就是一个月挣 3 万我也不跟你！

紧接着就有人跟帖：

我是一个二奶，在外企上班。月入 2000—3000 元。像我这种漂亮女孩买个 polo 开。会让人家认为是白领吗？请大家给个建议。对了，我忘了说是美元。

我是一个二奶，在夜总会上班，夜入 2000～3000 俄罗斯卢布，像我这种漂亮的二奶买个 polo 开，会让人家认为是白领吗？请大家给个建议。

我是一个白领，在外企当 CXO。月入 200000－300000 第纳尔。像我这种漂亮女孩买个 polo 开。会让人家认为是二奶吗？请大家给个建议。

我是一个二奶，在国企上班。夜入 2000－3000 元。像我这种漂亮骚女买个 polo 开。会让人家认为是狐狸精吗？请大家给个建议。

我是一个小贩，在越南上班，月入 2000000～3000000 盾，像我这样的款贩应该找个二奶吧。要不要给她买部 polo 呢？请大家给点意见。

偶是一个男性服务员，在酒吧上班。月收入 2000－3000 元。（是美金噢，侬要搞清爽噢）像我这种金领，买个 polo 开，会接到更多二奶吗？请大家给建议，特别是女网友。

我是一个白人。在农场当 KO，月收入 2000～3000 元。哦！是英镑。像我这种老外。买个 polo 开。会让人家认为是托吗？请大家给个建议！

我是一个棉袄领，在村里当村长。月入 200－300 元。像我这种干部买个 polo 开会让村里人认为是受贿吗？请大家给个建议。

我是一个白领，在外企当 CFO。月入 2000000－3000000＄。（靠，吹牛谁不会啊。）像我这种帅哥买个 polo 开。会让人家认为是“玻璃”吗？请大家给个建议。

我是一个白痴，在医院当病人。月入 200000－300000KG 钻石。像我这种傻 X 买个 polo 开。会让人家认为我要找二奶吗？请大家给个建议。

谁也不会想到，一个网友随意的一个帖子，竟引来了这么多涉及 POLO 车的跟帖，POLO 到哪里喊冤去？这事件出来之后，POLO 并没有意识到事情的严重性，所以没有出台相应的网络公关对策，导致形象和销量大大受损。由此可见，在互联网时代，企业和组织要有点现代媒体知识和素养，提高维护企业形象的能力，提高处理突发事件的能力，提高引导舆论和公关的能力，提高运用互联网的能力。

那么当企业遭受网络信息危机的时候应该如何处置呢？传统的公关危机应对法则同样适用于新媒体形势下的危机处置：要传播正向的声音，要第一时间告知真相，要指定信息的发言人，要通报解决问题的过程，让人们知道你在不断地解决问题，要引入权威，帮助解决问题等。除了要遵守这些我们在前面讲到的一些公关处置原则外，我们还要知道一些网络公关的技术和手段。

1)建立强大的网络检测平台

舆论监控、舆情分析预测、信息管理现在成为各级政府部门的热词。政府部门关注网络上的风吹草动，是塑造地方形象的需要，凡是与本地区有关联的新闻信息，正面的和负面的，宣传部门都会委派专人，实时监控，每天汇报。

以往地方和企业只要关注传统媒体就可以了，但是现在的微博、博客、BBS等媒介每天发布的信息都是浩如烟海，要抓捕这样的信息，分析这些信息中哪些提及到本地方和本企业，用百度搜索的方式去搜索和监控信息是远远不够的。许多企业说，我们有能力多多释放好的信息，快速解决负面评论，但是关键的一点是：怎样在第一时间监测到有关自己的负面信息？

网络舆情监控需要建立强大的网络检测平台，随着舆情监控需求的增加，网络信息搜寻的软件也在不断地更新，最近流行的“微博管理专家”等软件，能够起到大海捞针的效果，在微博、BBS等自媒体上发布的信息，这些软件能够第一时间抓捕到，并帮助用户进行舆情趋势的分析。

比如我们通过舆论监测的工具发现，对同一款手机，既有好的评价，也有不好的评价，只有掌握了这些评价的来源，企业才可能与其对话，对产品形象有所改进。更重要的是，企业要根据这些评论进行良性引导，同时弱化负面评论，防止负面评论呈泛滥之势。总之，平台建设、舆论管理、正面推广这三者应该形成一个良性的交集。

对于一个大的企业来说，建立强大的舆情监测平台非常重要，否则，网上已经满城风雨地议论起你的企业了，你的公关人员还浑然不知，这对企业来说也许就是灾难的开始。

2)与强势网络媒体建立合作关系

许多企业和传统媒体的记者混得很熟，但对新媒体却知之甚少，往往忽视，其实，现代企业的危机，往往是起于青萍之末，微博中的一句话，一个小小的信息，就足以把企业推入危机的深渊。所以，企业要像过去重视传统的大媒体一样重视与新媒体关系的维护。三鹿公关代理公司曾建议三鹿与百度签订300万广告投放协议，以享受负面新闻删除保护。百度虽然立即就发表声明，称他们严词拒绝了三鹿代理公关公司的提议，未屏蔽任何相关搜索结果。但是，公关公司与新媒体这样的“合作”普遍存在着，每天都在发生着。

3）通过搜索引擎过滤内容

越来越多的网民是通过搜索引擎的关键词搜索获取信息的，所以，当企业发生危机并被大量报道之后，要在网络里迅速地减少负面报道带来的影响。在网络上，通过技术的手段可以屏蔽负面报道。

在搜索引擎上做文章，一是屏蔽信息，二是变化排序。

屏蔽信息通过一些技术手段是可以做到的，但往往是违法的，公关公司和企业应该慎用，即使用，也要给自己找到不违法的理由。

变化搜索引擎上的信息顺序是企业公关经常运用的手段。搜索引擎上，用什么方式让正面的信息排序在前，负面的排序在后，这是有一定技巧的。在本书第二部分里我们介绍了英国BP公司在墨西哥湾漏油事件上的处置，就是利用了搜索引擎，将正面的信息，即BP公司怎么样处置漏油的努力排在了前面，而将一些漏油事件中负面的评论排在了后面。

4）删帖、刷帖、沉贴、跟帖

删帖：企业在遭遇网络信息危机时，最想做的事情就是“删”。他们希望消除网络上对自己的不好的信息，就像对付传统媒体时毙稿和毙片一样。应该说企业的这种做法是可以理解的，因为网络上的信息和传统媒体信息不一样，传统媒体的负面信息会逐渐地过去，被人淡忘。互联网的信息特性是，它会被永久地保存在那里。起初一个信息可能会被大家逐渐淡忘，但也许过了一段时间，一件小事情都可能把之前的危机重新带出来。所以，危机就像伤疤一样，如果不彻底治愈（删除），则永远是一个心病，很可能在意想不到的时候重新冒出来。

删帖是有法律风险的。如果是编辑或者版主按照正常的程序删除帖子，这是正常的工作，网站根据自己的经验，或认为事实不准确，删除一些信息，属于合法行为。但如果是通过灰色交易，通过贿赂网站内部工作人员的手段来删除某种负面信息，可能会涉及商业贿赂罪。而如果是通过黑客手段，入侵网站删帖，非法侵入他人计算机获取数据，对计算机实施非法控制，或为实施这类行为提供程序工具，情节严重的，可以追究刑事责任。所以，删帖一定要合法地进行。

刷帖、沉贴:要想不让很多人看到某个帖子，不一定要用删的办法，通过纯技术手段去刷帖、沉帖，使负面帖子沉下去，关注的人可以大大减少。一些公关机构利用特制的软件，在各个论坛上快速发帖，用源源不断的新帖子把涉及企业负面的帖子快速沉下去，如此一来，既省了找相关网站删帖的麻烦，又神不知鬼不觉的起到了删帖的效果。哪个发帖人的“顶帖”速度也比不过机器的“刷贴”速度。当然，刷帖软件的费用也是不菲的，因此沉贴的技术现在只是在一些有实力的公关公司中使用。

跟帖:跟帖的作用有两个，一是附和舆论，二是扭转舆论。附和舆论自不待说，扭转舆论就是通过跟帖的办法，将不利于你的舆论扭转过来。比如现在网上有一个帖子发表了对你不利的言论，公关公司动员自己的员工在网上发布信息，说这个帖子内容并不属实，发帖者别有用心之类，然后叫人跟帖回应。一般情况下，只要说的人多，很快就会被人相信，毕竟大家只是从帖子上判断事件的真伪，不可能去实地调查。

我们上面介绍的是网络公关的一些技术和技巧，需要指出的是，这些技术和技巧运用得当，会帮助企业度过网络舆论的危机，成为企业的一种营销手段，如果运用不当，则有可能违反法律和道德，成为网络的黑公关。

这些年，恶意差评、发帖、删帖、刷帖等成为网络黑公关常用的手法，一些不良公关公司雇佣网络水军，利用种种网络手段，抹黑竞争对手，搅浑网络江湖，颠倒黑白，操纵舆论，严重破坏了网络环境，社会舆论对这种行为是非常鄙视的，国家也对一些网络大谣和推手进行了集中整治。

另外，由于网络技术和平台发展得很快，显现出法律在规范网络行为方面的滞后，很多网络公关行为还很难界定是合法还是违法，还行走在“灰色地带”，这就需要企业或组织在进行网络公关的时候，以道德良心作为行为标准，维护网络社会的公序良俗。因为网络环境被破坏了，网络信誉失去了，受害的将是所有的网络使用者。就像现在我们生活在其中的令人窒息的雾霾空气，其实是由大大小小的污染源造成的，焚烧垃圾、燃放鞭炮、汽车污染和燃煤排放等都是罪魁祸首，如果大家都做污染的事，那么伤害的最终还是自己。现实的空气被污染，我们心痛，无法呼吸，虚拟的网络世界被污染，全社会也将一样无人能够幸免。

参考书目

1. [美]戴维·亨德森. 管理者一定要懂媒体[M]. 解晓丽译. 北京:新华出版社,2012.

2. [美]威尔伯·施拉姆、威廉·波特. 传播学概论[M]. 陈亮、周立方、李启译. 北京:新华出版社 1984.

3. 陆地、陈学会. 中国网络文化发展报告[M]. 北京:新华出版社,2009.

4. [美]李普曼. 舆论学[M]. 林珊译. 北京:华夏出版社,1989.

5. [美]沃纳·赛佛林、小詹姆斯·坦卡德. 传播理论:起源,方法与应用[M]. 郭镇之译. 华夏出版社,2000.

6. 郭庆光. 传播学教程[M]. 北京:中国人民大学出版社,2004.

7. 哈尔·哈特. 打造成功的新闻发言人[M]. 卫五名译. 北京:北京大学出版社,2007.

8. 李希光:恐惧来自何方—关于非典报道的媒体批判[J]. 新民周刊,2003(21).

9. 陈力丹. 马克思恩格斯列宁论新闻[M]. 北京:人民日报出版社,2009.

10. 马尔科姆·麦肯姆斯、唐纳德·肖:大众传播的议程设置功能[J]. 舆论季刊 1972.

11. 唐·舒尔茨. 整合营销传播[M]何西军、黄鹂译. 北京:中国财政经济出版社,2005.

12. 唐·舒尔茨. 唐·舒尔茨论品牌[M]高增安、赵红译. 北京:人民邮电出版社,2005.

13. 拉扎斯菲尔德. 人民的选择[M]. 唐茜译. 北京:中国人民大学出版

社,2012.

14. 杨继红．新媒体生存[M]．北京:清华大学出版社,2008.

15. 潘知常、彭铁林. 怎样与媒体打交道[M]．北京:中国广播电视出版社,2008.

16. 朱华锋. 中国市场营销策划[M]．合肥:中国科技大学出版社,2009.

17. 指间柔纱. 微博营销一本通[M]．北京:人民邮电出版社,2011.

18. 单业才. 企业危机管理与媒体应对[M]．北京:清华大学出版社,2007.

19. 唐兴通. 社会化媒体营销大趋势[M]．北京:清华大学出版社,2012.

20. 窦含章、李未柠. 政府如何开微博[M]．北京:中共中央党校出版社,2011.